Das altbayrische Küchenjahr

DEN FREUNDEN DER PASSAVIA DRUCKEREI AG

Erna Horn

Das altbayrische Küchenjahr

Ein kulinarischer Kalender

PRESTEL

2. Auflage 1976
Passavia Druckerei AG Passau
ISBN 3 7913 0074 1

INHALT

VORWORT

Bestünd das ganze Jahr aus Feiertagen,
Dann wäre Spiel so lästig als Geschäft;
Doch nur die selt'nen Feste sind erfreulich,
Weil nur der sparsame Genuß ergötzt.

Wenn Moralisten auch behaupten, wir leben nicht, um zu essen, sondern wir essen nur, um zu leben, so ist doch das Essen so sehr in unsere Lebenskultur einbezogen, daß es müßig ist, nach Ursache und Wirkung zu fragen. Unser Jahreslauf ist von den Jahreszeiten und den Traditionen beeinflußt – und welch eine große Rolle bei all dem spielt das Essen! Vom Kindbett bis zum Totenmahl, von Sonnenaufgang bis Sonnenuntergang, von Dreikönig bis Silvester ist die Nahrung zur Freude wie zum Trost, zur Beschwörung wie zum Opfer, zur Ehrung wie zur Erinnerung da, und in nahezu allem Brauchtum, in Sitte und Gewohnheit, in der Küche wie in der Kirche, steht sie vorne an. Nicht von ungefähr haben die heilige Agatha das Brot, der heilige Ulrich den Fisch und Sankt Martin die Gans zum Attribut: Sie waren ja in unserem Land Volksheilige, hautnahe Vertraute, verständige Helfer.
Auch wenn Neonlicht, Klimaanlage, Tiefkühltruhe und Konserve die Menschen unabhängiger von den Jahreszeiten gemacht haben, im Suppenteller schwimmt immer noch ein Rest Natur. Natürlich ist es sympathisch, im Dezember eingeflogene Erdbeeren oder zartweißen Spargel aus der Dose, das ganze Jahr über Tomaten oder auch im Sommer Lebkuchen zu haben, aber dennoch sind die echten Saisongenüsse höher zu bewerten. Die ersten aromatischen Beeren, das Kletzenbrot im Advent, die schmale Fastensuppe aus Überzeugung, die frühen Äpfel im August, die selbstgesuchten Schwammerl, die Beute aus der gerade aufgegangenen Jagd – das waren einst die speziellen Höhepunkte im Küchenjahr und auf der Zunge. Der Gänsebraten, einmalig zu Martini, war mit der an ihn geknüpften Erwartung ein viel größerer Festgenuß, als es heutzutage der das ganze Jahr im Selbstbedienungsladen erhältliche Tiefkühlvogel je sein könnte.
Bekanntlich erhöht Seltenheit den Wert aller Dinge, und so muß es auch verstanden werden, daß die altbayrischen Culinaria gerade von ihrem jahreszeitlichen

Lauf die genüßliche Benediktion erhielten. Die dem Rhythmus der Jahreszeiten angeglichene Küche hatte laufend neue Erwartungen und Sensationen der Saison zu erfüllen und hielt die Gaumen dadurch immer erlebnisbereit. Das erhöhte die Aufgaben der Erzeuger wie des Markts und brachte anhaltende Freude für die Zunge, wie wir sie heute in ihrem ganzen Umfang kaum noch verstehen können, es sei denn, auch wir begnügten uns mit den ›natürlichen‹ Lieferterminen für unsere Speisen und erhöhten damit ihren Genuß entsprechend ihrer Seltenheit.

Alte, meist vergessene, jahreszeitlich bedingte Fest- und Fastenspeisen zu zeigen, mag manchen Menschen überflüssig erscheinen. Rezepte nach ältesten Kochbüchern und Handschriften wortgetreu nachkochen zu wollen, wäre ein müßiges Unterfangen. Vielleicht mag es ganz interessant sein, so etwas zu probieren, in der Praxis aber ist es unmöglich, denn abgesehen davon, daß sich unser Geschmack ganz wesentlich gewandelt hat, sind die frühen Rezepte zumeist sehr mangelhaft. Es fehlen vor allem die uns geläufigen Maße, jedenfalls die wichtigsten, und die Anweisungen sind nahezu stets, dem Bedarf der einstmaligen Großfamilie entsprechend, für große Mengen gedacht. Die heute oft unverständlichen Ausdrücke für Speisen, Gewichte oder Kochgeschirre und auch Zutaten ergäben überdies neue Fehlerquellen oder Rätsel.

Wir kochen und braten ja heute ganz anders; wir verwenden weder den Drehspieß am offenen Feuer noch den Eisentopf mit dem Glutdeckel. Unser Fleisch wird kühl gelagert, riecht also nicht mehr schlecht und braucht daher keine so starke, alles übertönende Würzung. Wir schätzen gezuckertes Geflügel oder in Honig eingelegten Hammelbraten ebensowenig wie Pfeffer im Gebäck. Schon wenn wir von eierschweren, überfetten, oft unverdaulichen Speisen und Zusammenstellungen nur lesen, überkommt uns Angst. Überdies kamen auch häufig beim Übersetzen und Interpretieren von alten Rezepten Irrtümer vor. So wurde beispielsweise das Rezept ›ain holl bröten‹ als eine ausgehöhlte Semmel (Brot) erklärt; in Wirklichkeit handelte es sich um einen ›Hohlbraten‹, d. h. einen Spießbraten. Hohl hieß er deshalb, weil das meist große Spießloch eine Höhlung ergab. In einem französischen Rezept aus dem 14. Jahrhundert wurde ›longe‹, die Kalbslende, mit ›langue‹, die Zunge, ins Englische übersetzt, weil entweder die Handschrift schlecht leserlich oder eine ungenaue phonetische Wiedergabe des Wortes erfolgt war. Jedenfalls wurde nun in der Folgezeit diese Anweisung dauernd falsch zitiert und erschien so in vielen Kochbüchern, weil ja Rezepte seit je interessante Freibeute aller Kochbuchautoren waren.

Deshalb sei allen Neugierigen empfohlen, beim Nachempfinden alter Rezepte entweder weise Zurückhaltung zu üben oder mildtätige Korrekturen vorzunehmen, sonst gibt es große Enttäuschungen. Aus diesem Grund wurden auch hier die Anweisungen in ein neues Gewand gekleidet, um notwendige ›Übersetzungen‹ zu ersparen und das Nachkochen zur Freude zu machen. Lediglich besonders originelle Rezepte erscheinen, soweit sie wirklich interessant sind, in ihrer eigenen Diktion oder ihres visuellen Schriftbildes halber, dann aber meist mit einer passenden Verdeutlichung. Die neueren, etwa im 18. und 19. Jahrhundert in Gebrauch gekommenen Rezepte dagegen sind meist schon so weit vom mittelalterlichen Wust vergangener Kochgebräuche und -ausdrücke gereinigt, daß man sie verstehen und nachkochen kann. Allerdings habe ich sie, bei aller notwendigen Belassung ihres altertümlichen Flairs, ›bereinigt‹, so daß sie beim Lesen oder Nachkochen nicht langweilen. Sie sind nämlich meist recht umständlich beschrieben, was sowohl auf die primitiven Gerätschaften wie auch auf die häufig ungewandte Ausdrucksweise der Schreiber zurückzuführen ist. Ganz früh konnten ja die Köche überhaupt nicht lesen oder schreiben und haben daher ihre Anweisungen an den Höfen oder in den Klöstern vorgelesen bekommen. Sie waren, wie dies damals so gehandhabt wurde, vielfach lateinisch aufgezeichnet und noch dazu in dem berüchtigten Küchenlatein, das selbst für Altphilologen eine harte Nuß ist. Wenn sich nun auch noch weitere Fehler vom Hörensagen einschlichen, so kann man sich vorstellen, wie schwer verständlich die davon wieder zurückübersetzten Rezepte ausfallen mußten.

Köche waren im ausgehenden Mittelalter und zu Beginn der Neuzeit, also im 15. und 16. Jahrhundert, zumeist ungewandte Schreiber, und Köchinnen noch weit mehr. Außerdem gab es noch keinen richtungsweisenden Duden und durch (altbayrische, oberpfälzische, schwäbische) Dialekte kam noch weiteres Kolorit hinein. Das Lesen eines solchen Rezeptes, das ein mühevolles Übersetzen in eine brauchbare Anleitung erfordert, gibt daher oft schwere Rätsel auf, die – wenn sie sich wiederholen – allmählich langweilen und infolgedessen die Lektüre insgesamt uninteressant werden lassen.

Wenn auch die hier vorgeführten Rezepte unserem heutigen Geschmack angepaßt sind – ihre altbayrische, vielfach bäuerliche Herkunft, vermischt mit höfisch-städtischer oder großbürgerlicher Abwandlung bleibt erhalten und gibt ihnen den Reiz. Nehmen Sie die Anregungen auf, gehen Sie doch wieder einmal auf den Kräutlmarkt, holen Sie den Weihnachtskarpfen, backen Sie den Seelenzopf und färben die Ostereier selber, lesen Sie älteste Wetter- und Eßregeln – Sie schenken sich neue Freuden.

In diesem Sinne wurde das vorliegende ›Kochbuch‹ geschrieben und ›erlebt‹. Es will kulinarisches Vergnügen bieten.

Natürlich gibt es bei allem Finderglück und Spürsinn nicht das, was man als die originale altbayerische Küche bezeichnen könnte, denn jede Regionalküche ist eine Sammlung von Schlicht bis Fein, von Primitiv bis Raffiniert, von Eigengewächs und importierter Idee. Sie mußte große Herren und arme Leute befriedigen, mußte locken und entsagen helfen, mußte sattmachen oder nur reizen. Aber der Querschnitt heißt doch altbayrisches Behagen, oberpfälzisches Sparen, schwäbisches Genügen, fränkische Lebenskunst.

Nachdem ja bekanntlich der Hunger und die Liebe die Welt regieren, hat diese Tatsache ihren deutlichen Niederschlag im gereimten Wort mit und ohne Ton gefunden. Verse und Reime gehören also eng zum Alltag wie zum festlichen Höhepunkt und sind daher auch hier, soweit sie kulinarisch untermalt sind, passend in den Text gestreut.

Da Altbayern ein Bauernland und der Großteil seiner Bevölkerung in der Landwirtschaft tätig gewesen ist, waren die Culinaria natürlich stark bäuerlich beeinflußt. Sie waren im wesentlichen auf den eigenen Boden beschränkt und ihm entwachsen. Daher sind denn auch die ländlichen, das Arbeitsjahr teilenden Heiligenfeste besondere kalendarische, traditionelle Akzente gewesen. Sie waren jahreszeitlich von Wachstum, Ernte, Vorräten und Witterung abhängig. So entstanden saisonbedingte Eßgewohnheiten, die selbst heute noch da und dort durch alte Spezialitäten in Erinnerung gebracht werden.

Sie aus dem Vergessen zurückzurufen in unsere Zeit, ist der Sinn dieses mit Liebe, Mühe und ›Nase‹ zusammengesuchten Kalendariums. Seine Heiligenfeste sind dabei Fixpunkte, was Datum und Brauchtum anbelangt.

Und damit die Rezepte auch im Sprachduktus ihre Herkunft zu erkennen geben, wurden bayerische Sprechgewohnheiten nicht unterdrückt. Das betrifft nicht nur *den* Butter, der den Bayern feminin recht fremd klingt, sondern auch vielerlei originale und unübersetzbare Ausdrücke. Zugereiste und Andersgläubige finden aber im Zweifelsfall hilfreiche Aufklärung am Schluß des Buches.

Damit beginne nun dieser bayerische Jahreslauf und zeige ohne Anspruch auf Vollständigkeit ein Jahr der Küche, wie es gewesen ist und wie man Rezepte von einstmals großenteils auch heute noch nachkochen kann. Vielleicht macht es schon allein Freude, im Lesen zu kochen, Erinnerungen hervorzuholen; auch das wäre Dank genug

der Verfasserin

JANUARIUS hat XXXI. Tåg.

I. Monat.	Der Heiligen Fest-Tåg im Jenner.	☽ Lau	☉en Aufg.	☉en Nider.	Erwåhlung der Aspecten, und vermuthlichen Witterung.
☉ 1.	Als 8. Tag erfüllet waren / Luc. 2.				Tagl. 8. Stund / 16. min.
Sonta.	1 A. Neu Jahr-Tag	♍	7.52.	4. 8.	☌ ☉ ☿, △ ♃, ☋, Wind
Monta.	2 b Macarius Abbt	♍	7.51.	4. 9.	△ ☉, und ☉ scheint wechs-
Erchta.	3 c Enoch, Genovef.	♎	7.51.	4. 9.	‡ □ ♃, △ ♀, ♃ i ♑ len.
Mitwo.	4 d Titus Bisch. M.	♎	7.50.	4.10.	☾ 9. Uhr / 54. min. Frühe.
Doner.	5 e Simeon Stilit.	♎	7.50.	4.10.	☌ ♄, ☌ ♂, ✶ ♃ widerum
Freyta.	6 f H.H. 3. Königen,	♏	7.49.	4.11.	✠ ✶ ☉, ☾ perig. unbe-
Samb.	7 g Canutus König,	♏	7.49.	4.11.	‡ ✶ ♀, ∴, ständig mit
☉ 2.	Da JEsus 12. Jahr alt war / Luc. 2.				Tagl, 8. Stund / 24. min.
Sonta.	8 A 1. Erhard Bisch.	♐	7.48.	4.12.	✠ ☾ vac. Schnee-Wol-
Monta.	9 b Julianus Mart.	♐	7.48.	4.12.	‡ ✶ ♄, ☌ ♃, cken und
Erchta.	10 c Marcianus Pr.	♑	7.47.	4.13.	☾ vacat. Sonnenblickern.
Mitwo.	11 d Hyginus Pab.	♑	7.46.	4.14.	● 2. U. 36. m. Fr. ☌ ♃ ☿,
Doner.	12 e Ernestus Prie.	♒	7.45.	4.15.	✠ ☾ vac. (☌ ♄ ♂ ♀ i ♑,
Freyta.	13 f Hilarius Bisch.	♒	7.44.	4.16.	✠ △ ♄, △ ♂, ☿ dir. ∴
Samb.	14 g Malachias Bi.	♓	7.43.	4.17.	‡ ✶ ♃, ✶ ☿, ungeheure
☉ 3.	Von der Hochzeit zu Cana / Joh. 2.				Tagl. 8. Stund / 36. min.
Sonta.	15 A 2. Nam JEsu	♓	7.42.	4.18.	✠ ✶ ☉ Wind, Sturm-
Monta.	16 b Marcellus Pa.	♈	7.41.	4.19.	□ ☉ ♄, ☌ ☉ ♀, □ ♄ ♀,
Erchta.	17 c Antonius Abbt	♈	7.40.	4.20.	☾ vac. (☌ ♃ ☿ u. Schnee-
Mitwo.	18 d Prisca Jungfr.	♈	7.39.	4.21.	☽ 3. U. 7. min. N. Wetter.
Doner.	19 e Fulgentius Bi.	♉	7.37.	4.23.	△ ♃, △ ☿, die Kälte
Freyta.	20 f Fabia. Sebast.	♉	7.36.	4.24.	□ ☉ ♂, ☉ in ♒, ♂ in ♏
Samb.	21 g Agnes Jgf. M.	♊	7.35.	4.25.	△ ☉ ∴, (☾ ap. lasset nach,
☉ 4.	Da JEsus vom Berg herab stige / Math. 8.				Tagl. 8. Stund / 52. min.
Sonta.	22 A 3. Vincentius	♊	7.34.	4.26.	☾ vac. ∴, jedoch steigen
Monta.	23 b Mar. Vermäh.	♊	7.33.	4.27.	△ ♄, △ ♂, ∴, Schnee-
Erchta.	24 c Timotheus Bi.	♋	7.32.	4.28.	‡ ☍ ♃, ☍ ☿, ∴ /
Mitwo.	25 d Pauli Bekehr.	♋	7.30.	4.30.	☊, □ ♄, Wolcken auf.
Doner.	26 e Policarpus Bi.	♌	7.29.	4.31.	● 3. Uhr / 48. min. Nachm
Freyta.	27 f Johann Chrys.	♌	7.28.	4.32.	☾ vacat. Es kommt tro-
Samb.	28 g Carolus Mag.	♍	7.26.	4.34.	✠ ✶ ♄, △ ♃, ☋ ckenes
☉ 5.	Vom Weinberg und Arbeitern / Math. 20.				Tag!. 9. Stund / 10. min.
Sonta.	29 A. Septuagesi.	♍	7.25.	4.35.	✠ △ ♀, △ ☿, aber
Monta.	30 b Martina J. M.	♍	7.24.	4.36.	☾ vacat. kälteres Wetter.
Erchta.	31 c Petrus Nolasc.	♎	7.22.	4.38.	‡ △ ☉, □ ♃, ∴

Die Monds-Brüche in disem Monat.

DEn 4. diß das letzte Viertel frühe um 9. Uhr 54. min. fangt an und endet es mit Schnee / in der Mitten wird es trüb und frostig.

Den 11. dito das Neue Liecht frühe um 2. Uhr 36. min. erreget ungestüm-stürmisch u. Schneereiches Wetter.

Den 18. dito das erste Viertel Abends um 3. Uhr 7. min. bringt Anfangs Linderung der Kälte / dann Schnee-Gewölck.

Den 26. dito das Volle Liecht Abends um 3. Uhr 48. min. führt trocken / und kältern Lufft mit.

Gut Aderlassen / den 3.6.7.8.9. 12. 13. 14. 15. 24. 28. 29. 31.

Kranckheiten von bösen Aspecten ☌ ♄ ♂ / Ohren-Schmertzen / Harn-Verstopffungen, Stein- und Grieß. □ ♄ ☉ / Apostem / Geburts-Schmertzen.

Jänner Januar

Januar recht kalt und klar, gibt ein gutes Erntejahr

NEUJAHR

Ein neues Jahr, neue Wünsche, neue Hoffnungen. Die Türen stehen den Glückwünschenden offen. Früher kamen die Nachbarskinder zum Neujahrsansagen mit einem Lied oder einem Spruch: Prosit Neujohr / A Brezn wia a groß Tor / an Lebzelt wia a Ofenplatt / Macht uns mitananda satt!
Mancherorts in Bayern, besonders im Fränkischen, kamen sie auch zum ›Fitzeln‹ ihrer Paten. Sie trugen Gerten und Zweige und fitzelten damit die Erwachsenen, die lachend die Schläge entgegennahmen und dafür Geschenke austeilten. In Franken bekamen die Mädchen früher eine Brot-, später eine Marzipanpuppe, die Buben einen gleichartigen Reiter. Auch Brezen, Eierringe und Hufeisen wurden überreicht, oft etwas Schmalzernes in einer lockeren Form wie Hobelspäne, Buben- oder Mädchenschenkel, Schmalznüsse und dergleichen. Die letzten Lebkuchen werden aufgetischt.
Im Niederbayerischen, aber auch sonst in Altbayern, hat man darauf geachtet, daß der Neujahrstag möglichst glatt verläuft und dem nachfolgenden Monat Beispiel sein kann. Man hat deshalb gut gegessen und getrunken, alles bezahlt, vor allem sämtliche Rechnungen beim Bäcker, Metzger, Eierhändler und der Gemüsefrau; man hat nichts verliehen oder ausgeliehen, nichts verkehrt gemacht oder andersrum angezogen, ist früh aufgestanden, hat nichts anbrennen lassen und hat gehofft, daß nur junge Leute als erste Gratulanten kamen und die schwarzen Katzen alle daheim blieben. Das Feuer im Herd durfte an Neujahr ebensowenig ausgehen wie das Geld im Beutel und die Schmalznudeln in der großen Schüssel.

Hobelspäne

350 g Mehl, 60 g weicher Butter, 2 Eßlöffel Zucker, etwas Salz und geriebene Zitronenschale, 1 gestrichenen Kaffeelöffel Backpulver und etwas sauren Rahm oder Topfen verknetet man zu einem halbfesten Teig, der nicht zu dünn ausgewalgt wird. Man schneidet den ganzen Teig querdurch in knapp fingerbreite Streifen und legt diese Bänder ins heiße Fett. Dann rührt man mit dem Kochlöffel einmal um, damit sich die Hobelspäne schön ringeln. Sie werden goldbraun gebakken, abgetropft, mit Zimt-Zucker überstreut.

Schnellkrapferl

250 g Mehl, 1 bis 2 Eier, 1 Eßlöffel Zucker, etwas Salz und wenig Milch verschlägt man sehr gut zu einem zähen dicklichen Teig, bis er Blasen wirft. Dann gibt man 2 bis 3 Eßlöffel Weinbeerl und 1 ganzes Packerl Backpulver dazu. Der Teig wird noch weiter sehr gut geschlagen. Dann setzt man mit einem Kaffeelöffel, der immer wieder in Fett getaucht wird, kleine Krapfen davon ins heiße Fett. Sie gehen durch die Backpulverzugabe etwa doppelt groß auf und werden schön goldbraun. Dann überzuckert man sie.

Wasserküchеln

Hierbei handelt es sich eigentlich um Brandteigkrapferl. 250 g Butterschmalz und 250 g Wasser läßt man mit etwas Salz aufkochen und gibt auf einmal 250 g Mehl hinein. Der Teig wird gerührt, bis er sich vom Topf löst und klumpig um den Löffel ballt. Man läßt ihn etwas abkühlen und schlägt dann hintereinander 10 bis 12 Eier (5 bis 6 tuns auch) hinein. Jedes einzelne Ei muß leicht untergerührt sein, bevor das andere kommt. Aus dieser Masse macht man gut nußgroße Häufchen auf ein bemehltes Backblech und läßt sie, ohne daß die Backröhre geöffnet wird, etwa 20 Minuten schön goldbraun aufziehen. Dann werden sie mit Zucker bestreut und frisch aufgetragen.

Bachene Scherben

100 g Mehl, 80 g weicher Butter, ein walnußgroßes Stück aufgelöste Hefe, 75 g Zukker, 2 Eier, wenig Milch, Salz, Zimt und Vanillinzucker verarbeitet man zu einem zarten Teig, der nach kurzem Gehen dicklich ausgewalgt und zu ungleichmäßigen Scherben oder Ecken ausgeschnitten oder ausgeradelt wird. Man bäckt sie in heißem Schmalz goldgelb und überstreut sie dann mit Zucker.

Schmalznüsse

80 g Butter, 3 Eier, 65 g Zucker, 1 Packerl Vanillinzucker, ein wenig Salz und Zimt rührt man gut durch und gibt 450 g Mehl und 2 gehäufte Kaffeelöffel Backpulver dazu. Der zarte Teig wird mit 2 bis 3 Eßlöffeln Rahm geschmeidig gemacht, dann dicklich ausgewalgt und zu kleinen länglichen Nüsserl ausgestochen oder ausgeradelt. Man bäckt sie in heißem Fett goldgelb und bietet sie noch heiß und frisch an.

HEILIGDREIKÖNIG
6. Januar

An Dreikönig sind die dunkelste Zeit des Jahres und auch der festliche Weihnachtskreis vorbei, die Kerzen am Christbaum brennen zuende. Noch in der Nacht vor Heiligdreikönig ist die letzte wilde Jagd der Losnächte ›zwischen den Zeiten‹ mit Scheppern, Johlen und Funkenstieben vorübergebraust. Jetzt wird es still – und heller.

Die Verehrung der Heiligen Drei Könige setzte in besonderem Maße bei uns ein, als die Reliquien der drei Weisen aus dem Morgenland 1162 von Mailand nach Köln gebracht wurden, ein Geschenk von Kaiser Friedrich Barbarossa. Der Dom in Köln, wo man die Reliquien in einem Schrein aufbewahrte, wurde zum Ziel großer Wallfahrtszüge, die aus ganz Europa kamen. Die Ungarnpilger, die wohl schon seit dem 12. Jahrhundert nach Köln zogen, erhielten von den Klöstern der Stadt kostenlose Verpflegung: Erbsen, Speck oder geräuchertes Fleisch, auch gekochtes Fleisch mit Gelben Rüben, Brot und Wein wurde ihnen gereicht. An Fasttagen gab es Erbsen, Stockfisch in Butter oder Öl gekocht, ein Stück Holländer Käse, Brot, Eier und Wein. Oft kamen so viele Wallfahrer, daß man ihnen auf der Straße Tische und Bänke aufschlagen mußte, wo sie ihr Essen zu sich nahmen. Man erzählt sich auch, daß die Heiligen Drei Könige vom Morgenland bis Köln gewandert und dort gestorben seien. Auf ihrem weiten Weg machten sie häufig Rast, so auch im oberpfälzischen Dorf Friedersried, zwischen Roding und Nittenau gelegen. Sie gingen in die später nach ihnen benannte Dreikönigskirche und erhielten von den Dorfleuten echte oberpfälzische Knödel als Wegzehrung.

An Dreikönig wird in vielen Landschaften auch heute noch das Haus ausgeräuchert: so legt man etwa Weihrauchkörner auf eine Kohlenschaufel und trägt sie durch das Haus und die Viehställe. Dazu wird Dreikönigswasser gesprengt. Der Hausherr holt vom Türbalken oben den Rest der geweihten Kreide, die viele Jahre hindurch dazu dient, Stuben und Stalltüren, auch Truhen und Bettstatt mit ›C + M + B‹ (Caspar, Melchior und Balthasar) und der neuen Jahreszahl zu zeichnen.

Wie alle Zeichen, hat auch das bekannte ›C + M – B‹ eine zweite Auslegung. Sie lautet: ›Christus mansionem benedicat‹, das heißt ›Christus segne dieses Haus‹. Der Vorläufer dieses Beschwörungszeichens war der Drudenfuß, der Unheil fernhalten sollte. Während die Kinder oder die Hausmutter noch Türschwellen und Räume mit geweihtem Dreikönigwasser besprengen, brennen die kleinen roten Rauch- und Kräuterkerzen ab.

So hoch die Bedeutung des Tages, so wichtig im Geschehen des Jahreslaufes, so fröhlich der Anlaß, weil es von Tag zu Tag heller wird, so fromm wird er auch begangen. Dreikönigstag ist ein alter Festtag. Wenn es dunkelt, wandern seltsam verkleidete Gestalten von Haus zu Haus. Es sind die Drei Weisen aus dem Morgenlande; sie verbinden mit dem heiligen Spiel ebenso gute Wünsche wie einen in der Tradition begründeten und daher berechtigten Bettelgang. Wer würde sie auch schon leer ausgehen lassen, die frierenden Könige oder Sternsinger, die so heilig-bunt verkleidet sind. Kaspar, Hoheit und Schatzmeister aus Nubien, ist schwarz, sein Gesicht glänzt von Stiefelwichse, und die goldene Zackenkrone aus Papier schimmert schwach im Schein der roten Laterne auf der hohen Stange. Sein langer blauer Mantel wartet Jahr für Jahr in der Truhe, um das Auftreten der Buben möglichst großartig zu gestalten. Melchior, aus Godolien, ist rot angetan, hat ein weißes Tuch auf dem Kopf und ist gelb im Gesicht, mit Salatöl glänzend gemacht; er trägt das königliche Zepter. Balthasar ist der Fürst aus Thorsia; er, der kleinste der drei, ist ganz in Weiß, sogar die rotgefrorene Nase ist mit Mehl überpudert. Der Melchior trägt eine Krippe mit dem wächsernen Jesuskind. So wandert die Gruppe würdevoll, mit Ansehen und Geltung, in die Häuser und singt im Wechselreim alte Weisen, von denen keiner mehr weiß, wer sie erfunden hat. Sie erzählen von ihrer weiten Fahrt, von Herodes, dem Christkind und Bethlehem. Dabei bringen sie Glückwünsche vor, damit der Sternsingerlohn entsprechend reichlich ausfällt. Sie singen:

Wir sind die Drei Könige aus dem Morgenland,
die Sonne hat uns so schwarz gebrannt.
Wir haben gesehen den lieben Gott
und täten bitten um ein Stückl Brot.

oder *Wir wünschen an goldenen Tisch,*
an jedem Eck an bachenen Fisch,
in der Mitt' a'Kanndl voll Wein.
Die Heiligen Drei Könige schenken schon ein.

Die Buben wissen nicht, daß ihre Lieder Reste sind aus Passions-, Mysterien-, Krippen- und Fastnachtsspielen; so kennt man die Freisinger Magierspiele seit dem 11. Jahrhundert, die Dreikönigs-Legende aus Weihenstephan und das Sternsingen in Nürnberg seit 1550.
Man glaubt, daß der schwarze König Kaspar der Ahn unseres Kindertheater-Kasperls ist. Er hat sich dabei stark verwandelt, ist aber in seiner Erscheinungsform den Volksspielen entwachsen. Unbewußt von dem alten Spiel- und Verkleidungstrieb geleitet, sind die Sternsinger glücklich in ihrem Spiel und freuen sich über die leiblichen Gaben, die dieser Brauch ihnen einbringt.
Sie wissen auch nichts von der Bedeutung der Drei Könige, die besonders im Mittelalter auch von allen Reisenden verehrt wurden, da sie zugleich die Schutzpatrone der Gasthäuser waren. Deren alte Namen, wie ›Zum Mohren‹, ›Zu den Drei Königen‹, ›Zum goldenen Stern‹, ›Königshof‹, ›Drei Kronen‹ und ›Zum wilden Mann‹ (dem schwarzen Kaspar) erzählen davon.
So war's altbayrischer Brauch mit den Sternsingern in Berchtesgaden, im Chiemgau, im Allgäu und noch lange Zeit in Münchner Vororten, in der Au oder in Giesing, bis dann die Kriege und die Verstädterung mit diesen hübschen alten Sitten aufgeräumt haben. Vielfach aber regt sich's schon wieder, und die ›Heischebräuche‹, also das Sternsingen, das Herbergsuchen, Frauentragen und ähnliches mehr werden mit Eifer von der Jugend neu eingeführt.
Natürlich haben die königlichen Gestalten, etwas versteckt, auch ein Körbchen oder einen Sack dabei, denn jetzt kommt die Belohnung. Die Hausfrau steckt ihnen die letzten Lebkuchen, etliche Kletzen, Birn- und Apfelschnitze und natürlich und vor allem auch ein paar Münzen zu. In Niederbayern gab es oft auch Krapfen und Rauher-Nudln, wie zum Beispiel auch im Ampertal die Nacht zum Dreikönigstag ›Nud'l-Nacht‹ genannt wurde. Küchel und Hasenöhrl waren ebenfalls im Gebrauch und Küchel tauchen sogar im Sternsingerlied auf:

Jesus in der Krippe,
Heiland in der Welt,
hat d'Hausfrau koane Küchel mehr,
hat's doch a Stückel Geld.

Sebastian Franck berichtet 1534 in seinem Weltbuch über einen heute vergessenen Dreikönigsbrauch: »An der heyligen drey Künig tag bacht einyeder vatter ein gueten leck kuechen oder letzelten, darnach er vermag vnd ein haußgesind hat groß oder kleyn, vnd knidt inn dem knetten ein pfennig darein, darnach schneidet er den gebachen leckkuechen in vil stuck, gibt yedem auß seinem haußgesind eyns.«
In einigen Gegenden wurden zu Heiligdreikönig spezielle ›Schuchsen‹ gebacken – im Rezept (S. 23) werden wir hören, woher der Name kommt –, und es war Sitte, daß Kinder, Burschen und arme Leute schon einen Tag vor dem Fest zum ›Schuchsengehen‹ von Hof zu Hof wanderten, um überall bereitwillig eine Schuchse zugesteckt zu bekommen. Das war ein Rest der einst geübten Brotspende an die Armen. Wer einer der ersten und am weitesten gelaufen war, hatte natürlich die meisten Schuchsen.
Neben den Schuchsen gab es gebietsweise auch für Kinder sogenannte

Rauhnachtsweckerl

Meist handelte es sich dabei um eine Art Semmel, die ein wenig süß gehalten, obenauf naß gemacht und mit grobem Zucker und Mohn bestreut wurde. Gelegentlich nannte man auch gewöhnliche Küchl einfach, dem Tag entsprechend, ›Rauhnachtsweckerl‹. Darum betteln zu gehen, war mehr Spaß als Notwendigkeit, wenngleich auch stets die Armen mitversorgt wurden.
Sogar Erwachsene haben ganz früher am Umtrieb dieses Tages teilgenommen. So fanden in München im 16. Jahrhundert am Dreikönigstag prunkvolle Schlittenfahrten statt – manchmal sogar im mühsam aufgeschütteten Schnee rund um den Marienplatz –, an denen das Herzogspaar, der Rat der Stadt und die Patrizier teilnahmen. Zum Abschluß gab es, auch weil das Fahren beendet war, ein Festmahl, zu dem das Wildpret vom Hof gestiftet wurde. Immer gehörten ja Prunk, Freude,

Gemüt und Magen zusammen; das gemeinsame Mahl – das große Bankett oder der gemütliche Familientisch – war ja stets Höhepunkt vieler Geschehnisse.
Wo es nicht zu großen Festen gereicht hat, etwa im armen Bayrischen Wald, da hat man wenigstens symbolisch mitgefeiert. In Bodenmais beispielsweise wurden die Gaben der Heiligen Drei Könige in Form von Myrrhen und winzigen Flinserln von Blattgold geweiht und die Flinserln wurden dann verschluckt, entsprechend etwa dem Danziger Goldwasser; vielleicht war damals auch schon etwas Bärwurz dabei. Im Lallinger Winkel bei Deggendorf hat man Brot in den Dreikönigsrauch gehalten und dann verspeist.
Wurde mittags noch gefastet, so gab es nachmittags schon einen guten Kaffee und einen nach altem Rezept gebackenen Dreikönigs-Kuchen. Dazu kann zwar jeder Gugelhupf verwendet werden, wenn er nur eine Krone trägt; der ausgesprochene Dreikönigs-Kuchen aber entspricht erst recht dem Sinn des Tages, der auch ein Los- oder Orakeltag ist. In den Kuchen wird nämlich eine zukunftsweisende Bohne, sei sie natur oder aus Silber, eingebacken. Wer sie erwischt, kann damit rechnen, noch in diesem Jahr Hochzeiter zu werden.
Die Bohne gibt aber auch noch Anlaß zu einem anderen Brauch: Sie erkürt den Bohnenkönig, der den Rest des Tages Herrscher in der Familie wird. Die niederländischen Genremaler haben diesen Brauch dargestellt.

Dreikönigs-Kuchen

400 g Mehl, 200 g Butterflöckchen, 100 g Zucker, 2 Eier, 1 gestrichenen Kaffeelöffel Backpulver, 1 Packerl Vanillinzucker und ein wenig geriebene Zitronenschale verknetet man und läßt den Teig etwas ruhen. Inzwischen werden 500 g Äpfel geschält, mit ganz wenig Wasser und Zucker weich gedämpft und abgetropft. Man gibt unter das dicklich geschlagene Apfelmus 100 g geschälte, geriebene Mandeln und die bewußte Bohne. Dann legt man eine gefettete Springform mit hohem Rand mit dem Teig aus, füllt die nicht zu nasse Apfelmasse darauf und gibt einen Teigdeckel darüber. Er wird am Rand fest angedrückt. Dann bäckt man den Kuchen bei Mittelhitze langsam gar und sticht unterdessen von einem Teigrest Sterne und Bäumchen aus; sie werden gleichfalls hell ausgebacken. Der Kuchen wird nun oben mit einem rosafarbenen Guß aus 200 g Puderzucker und etwas Himbeersaft dick überzogen; seitlich bestreicht man ihn mit dunklem Zuckerguß und steckt die gleichfalls mit Schokoladeguß überzogenen Sterne und Bäumchen wie eine Krone in den noch weichen Guß. Auf die Sterne und Bäume setzt man noch einige Silberperlchen, an den Rand des Kuchens streut man Mandelspäne.

Da, wie erwähnt, mittags noch gefastet wurde, gab es nun am Abend einen schönen Braten, vielleicht einen saftigen Hirschbraten, wie weiland in München.

Schuchsen

Schuchsen, vielerorts falsch auch Schuxen geschrieben, sind Schmalznudeln. Der Name stammt von ihrer Größe, und zwar »von eines Mann's Schuh Längen«. Sie waren also recht groß und vor allem im Voralpengebiet und im Chiemgau zu Hause. Sie sind dort ein spezielles Dreikönigs-Gebäck; die Bäuerin hat einen Tag vor Dreikönig Unmengen von Schuchsen gebacken, um sie allen, die auf den Hof kamen, zu schenken. Wer Lust hatte, konnte also betteln gehen und bekam überall eine Schuchse, nachdem er ein Verschen aufgesagt hatte. Wir wissen, daß das ehemalige Chorherrenstift von Herrenchiemsee aus sozialer Fürsorge jeden Samstag, besonders aber um Dreikönig herum, große saure Schmalznudeln aus Roggenmehl »von eines Mannes Schuh Längen« verteilte. Früher hat man diese Topfennudeln aus Roggenmehl gebacken; so schmecken sie auch am besten. Das Rezept ist einfach:

Rahmiger Topfen, nach norddeutscher Sitte heute zumeist Quark genannt, wird mit so viel Mehl verknetet, daß ein zarter Teig entsteht. Man gibt Salz und für süße Schuchsen etwas Zitronenschale, Vanillinzucker, Kirschwasser und ein wenig Zucker, für pikante dagegen Pfeffer und Muskat daran. Die länglich ausgewalgten Teigfleckerl bäckt man in heißem Schmalz goldgelb, wobei sie dick auflaufen. Die süßen Schuchsen mit Zimt-Zucker werden zu heißem Kaffee, die salzigen zu beliebigen Salaten oder auch zum Sauerkraut gereicht.

Hasenöhrl

250 g Mehl, 2 Eier, 10 g aufgelöste Hefe, 30 g Butter und Salz verknetet man zu einem zarten Teig. Vielerorts wird statt einem Hefedampferl nur etwas saurer Rahm verwendet; mit Hefe wird aber der Teig lockerer. Er wird nun ausgewalgt und zu rautenförmigen Ohren ausgeradelt, die in heißem Fett goldgelb gebacken werden. Die schön aufgegangenen Hasenöhrl werden mit Zimt-Zucker bestreut und resch aufgetragen.

ERHARDI

8. Januar

Das ist zwar ein weniger bekannter Heiliger, aber uns interessiert er, weil er in Bayern gelebt hat. Gebürtiger Schotte, war er kurze Zeit Bischof zu Ardacka in Irland gewesen, »ist hernach auff Regenspurg kommen / vnd alda An. 753 im Closter Nidermünster gestorben«. So erzählt der ›Historische Anzeiger vieler Heiliger und Hocherleuchteter‹ des Martin Zeiller von 1658.

Erhardus hat sich als Vieh-Heiliger bewährt und wurde der Patron des nach ihm benannten Erhardi-Brotes oder der lebkuchenartigen Erhards-Zelten. Man bäckt sie heute noch in manchen Gegenden Altbayerns und verteilt sie an seinem Tag in den Erhardi-Kirchen, besonders in der Umgebung von Regensburg; in Rainertshausen bei Mainburg wird das Erhardibrot heute noch am Erharditag an die Kirchgänger verteilt. Der Heilige war Bischof von Regensburg und galt als Fürbitter gegen Pest und ebenso wie Sankt Leonhard als Viehpatron.

Wie alle überkommenen Gebildbrote besteht der Erhardszelten aus Roggenmehl und Wasser, Salz und Sauerteig; man kann also gewöhnlichen Brotteig vom Bäcker dazu verwenden. Daraus werden kleine Stückchen abgenommen, in eine eiserne Form mit dem Relief des heiligen Erhard gedrückt und so lange an den heißen Kachelofen gehalten, bis diese Zelten mehr getrocknet als gebacken sind. Natürlich wird daraus kein Festgebäck, aber immerhin ein Heilbrot, denn man verabreichte es noch um die Jahrhundertwende kranken Tieren.

Ein verbessertes Fladengebäck, das man vielleicht aus Spaß an solch alter Tradition zum Erhardi-Tag nachbacken will, bereitet man folgendermaßen:

Erhardi-Brot

200 g Zucker, 4 Eidotter und 1 Packerl Vanillinzucker rührt man weißschaumig. Daran gibt man 200 g Mehl, etwas geriebene Zitronenschale, 1/2 Tasse Rosinen, 1 gute Messerspitze Backpulver und zuletzt den steifen Eischnee. Davon setzt man mit einem Kaffeelöffel mittelgroße Fladen auf ein gefettetes Blech; sie laufen noch breiter und brauchen daher Platz. Man bäckt sie bei Mittelhitze etwa 15 Minuten.

1
Peter Jakob Horemans
Die Köchin beim Bier

SEBASTIANI

20. Januar

Sebastian, je kälter und heller,
Scheuer und Faß dest' voller!

Die vielen Feiertage und die Verehrung zahlreicher Heiliger haben in früheren Zeiten das Jahr brauchtumsmäßig und auch kulinarisch recht abwechslungsreich aufgegliedert. Das war auch nötig, denn sonst gab es ja dazumalen wenig andere Unterhaltungen, und auf diese Weise kamen Gemüt und Magen gleichermaßen zu ihrem Recht.

Der Sebastianstag ist so ein Beispiel. Früher gab es ja in Bayern noch viel mehr Wastln oder Basti als heutzutage; Sebastian ist vor allem Schutzheiliger der Pestkranken. Seine Hirnschale wurde in Ebersberg viel verehrt. Der Heilige war auch Patron der Schützenbruderschaften. In Landshut ist der Heilige sogar Stadtpatron. Herzog Georg der Reiche hat 1491 eine ihm geweihte Schützenbrüderschaft und etwas später die Sebastianikirche gegründet, in welcher er noch heute mit einem Hochamt vom Oberbürgermeister samt Stadträten festlich geehrt wird. In Passau trank man einst nach der Sebastiani-Prozession mit dem Herrn Fürtsbischof mit Met die Sebastians-Minne; Passau war ja für seinen Met und durch die einzige Metsiederzunft in Deutschland bekannt.

Auch sonst sind mancherlei Sebastiani-Festlichkeiten gefeiert worden, und viele Kirchen und Kapellen wie auch spezielle Sebastiani-Märkte im Salzach- und Chiemgau oder in seinem alten Verehrungsort Ebersberg erinnerten an den Heiligen. In Ebersberg konnte man im ausgehenden 17. und frühen 18. Jahrhundert auf dem Sebastiansmarkt Käse von Tiroler Wanderhändlern und Lemoni (Südfrüchte) kaufen. Auch Lebzelter und Zuckerbäcker hatten ihre Stände aufgebaut. Auf diesen Märkten gab es die ersten Heller- und Pfennigbrezen, die nur vom 21. Januar bis zum Palmsonntag von den Bäckern gebacken und angeboten werden durften. Sebastian war nämlich der Brezenheilige. In Traunstein hatten nur zwei Bäcker das Recht, solche Brezeln zu backen, die reizvoll mit Äpfeln, Bändern, Kränzen, gekreuzten Pfeilen – dem Marterwerkzeug des Schutzheiligen – und seinem Bild geschmückt auf heinzenartigen Sebasti-Brezenbäumen aufgehängt wurden, um sie im Marktgetümmel herauszuheben, denn die Brezen war ein begehrtes Mitbringsel für die Daheimgebliebenen. Brezenbäume dieser Art gab es noch um die Wende des 18. Jahrhunderts in Irsing an der Traun, in Oberteisendorf bei Laufen und an anderen Orten. Am Schluß des Marktgeschehens wurden vielfach die Lehrbuben zur Bäckertaufe in die Roßschwemme geworfen, ähnlich den Metzgerlehrlingen, die im Fischbrunnen am Marienplatz zu München ein kaltes Bad nehmen mußten.

Auch zu scherzhafter Bedeutung kam die Breze: Junge Leute, insbesondere Brautpaare, haben sie bei Sebastiani-Wallfahrten, wie etwa nach Ebersberg, als lustige Weissagung verwendet: Wer beim Brezenhakeln den größeren Teil in der Hand behielt, sollte Oberhand in der Ehe bekommen, andererseits aber auch das ›Kreuz‹.

Etwaige Reste solcher Sebastiani-Brezen verwendete die allzeit sparsame Hausmutter dann zu einer sehr guten Suppe, der

Brezensuppe

In eine gute Fleischbrühe gibt man ganz zuletzt kleingeschnittene Brezen und reichlich Schnittlauch; man kann die Brezenscheiben aber auch in eine beliebige legierte Suppe geben. Wer es liebt, läßt sie ein wenig durchweichen; wer sie resch haben will, trägt die Suppe gleich auf.

Nach einem anderen Rezept aus Altbayern wird eine große Zwiebel gehackt, in Fett hell angeröstet und mit 3 bis 4 Eßlöffeln Bröseln kurz durchgeschmort. Man gießt mit Wasser oder Fleischbrühe auf und gibt zerbrochene Brezen, schließlich noch geriebenen Käse oder Schnittlauch hinein.

Süße Brezeln, die den Tag Sebastiani erinnerungsvoll begleiten, gab es auch:

Mürbe Zuckerbrezeln

100 g Mehl, 1 Packerl Mandelpuddingpulver oder 50 g Mondamin, 100 g Butter, 65 g Zucker, 65 g feingeriebene Mandeln und eine Prise Salz verarbeitet man mit kühler Hand rasch zu einem mürben Teig. Er wird nach kurzem Ruhen ausgewalgt und mit einer Brezelform ausgestochen, oder man legt dünne Teigwürstchen zu Brezeln, was am besten gleich auf dem Blech geschieht, weil der Teig sehr mürb ist. Die Brezeln werden schließlich mit Eiweiß bestrichen, dick mit grobem Hagelzucker bestreut und bei guter Hitze etwa 10 Minuten hell ausgebacken.

Schokolade-Brezeln

Aus 2 Eiweiß wird unter langsamer Zugabe von 125 g Zucker ein sehr steifer Schnee geschlagen. Dann werden 100 g Mehl, 75 g gewiegte Nüsse, die mit einem Kaffeelöffel Backpulver vermischt wurden, darunter gegeben. Zum Schluß fügt man eine kleine Prise Salz und 50 g erweichte Schokolade hinzu. Daraus werden kleine Brezeln geformt, die bei mäßiger Hitze gebacken und noch warm mit weißem Zuckerguß oder vor dem Backen mit Ei bestrichen und dann mit Hagelzucker bestreut werden.

Eine andere Spezialität im Zusammenhang mit dem Feiertag dieses so liebens- wie bedauernswerten heiligen Jünglings, der zugleich eine Verkörperung des Frühlings war, finden wir in den Bamberger Sebastianiringen. Sie sind in Größe und Zutaten variabel, enthalten aber immer Korinthen und werden mit Kardamom gewürzt.

Bamberger Sebastianiringe

Einen einfachen, halbfesten Hefeteig würzt man gut mit Zucker, geriebener Zitronenschale, Vanillinzucker und Kardamom und gibt eine Tasse voll Korinthen oder Weinbeerl dazu. Daraus formt man kleine Nudeln, steckt den Zeigefinger hinein und schlenkert sie rundum, so daß Ringe entstehen. Diese läßt man auf bemehltem Brett zugedeckt gehen und bäckt sie dann in heißem Butterschmalz. Zuletzt werden sie noch überzuckert oder mit heißem, gesüßtem und verlängertem Rum übergossen.

Mürbteigringe

Aus 300 g Mehl, 50 g Stärkemehl, 50 g geriebenen Nüssen, 150 g Butter, 180 g Zukker, 2 flachen Kaffeelöffeln Backpulver, 2 Eiern, etwas Zitronenschale, Kardamom und Mandelöl sowie 1 Tasse Rosinen bereitet man einen mürben Teig. Nach kurzem Ruhen walgt man ihn dick aus, sticht Ringe aus und bäckt sie hell. Sie werden mit etwas weißem Zuckerguß garniert oder geschmolzener Schokolade überzogen und gemandelt.

SANKT VINZENZ

22. Januar

Vinzenti Sonnenschein
bringt reichen Segen
an Frucht und Wein

Almrausch und Edelweiß, Jäger und Sennerin, Hochwald und Firnenglanz mögen für die meisten Leute, vor allem für den Städter, romantische Postkarten-Requisiten sein, für den bayrischen Holzknecht sind sie alltägliche Umwelt. Obwohl er heute als ›Waldfacharbeiter‹ registriert wird, ist sein Kampf mit dem Wald, dem Holz, dem Wetter und dem Berg der gleiche wie früher. Man kann nur ›g'standne‹ Männer dazu brauchen, solche mit Mut und Kraft und der Freude am freien Leben in der Natur. Es hat sich eine eigene Holzknechts-›Kultur‹ herausgebildet, mit besonderen Gebräuchen, Liedern, Festen, Speisen.

Wenn sie so das ganze Jahr gewerkelt haben, dann begehen sie mit ausgesprochener Hingabe ihr Sankt-Vinzenz-Fest, das heißt, sie ›vinzenzln‹. Auch wenn sie hoch droben im tiefen Schnee ziehen, also die gefällten Bäume aus dem Wald ›reißen‹ und dann mit Handschlitten zu Tal bringen, so nehmen sie sich Zeit, die ›Holzsuppen‹ entsprechend vorzubereiten und dann zu genießen.

Damit's verständlich wird: Sankt Vinzenz ist der Patron der Holzknechte! Daß er ein Märtyrer um das Jahr 300, also zu Diocletians Zeiten, war und seine Gebeine viel später erst als Reliquien nach Böhmen überführt wurden, ist ja sozusagen klassisch für einen echten und wirksamen Heiligen. An seinem Tag im Januar nun feiern die Holzknechte seit langem und noch bis heute in Berchtesgaden und Ruhpolding, in Reit im Winkl, Aschau, Inzell und anderswo ihr ›Vinzenzi‹.

Zuerst geht es in die Kirche zum Hochamt oder zum Zunftgottesdienst, an dem alle Holzmeister und Holzknechte teilnehmen. In Bischofswiesen wird sogar ein spezielles Vincentius-Amt gehalten. Und wenn einstmals der alte, den Holzknechten besonders verbundene Prinzregent Luitpold gerade in Berchtesgaden war, so zogen sie nach der Kirche zu einem feierlichen Huldigungszug in den Schloßhof.

Aber dann gehts los: zur Holzsuppen, an der auch die besonders geladenen Forstbeamten, die ›Sager‹ (Sägewerksarbeiter und Sägewerksbesitzer), der Umgebung kamen. ›Suppe‹ stimmt nicht ganz, denn es handelt sich um ein Festmahl aus Hirschbraten oder Rehragout mit Knödeln. Wer gerade sein ›Reissen‹ hat und daheim bleiben muß, der bekommt die ›Suppn‹ ins Haus getragen. Man gedenkt beim Mahl auch der inzwischen verstorbenen Kameraden. In einer Gegend stiften die Holzknechte das Mahl, in der anderen sind die Sägewerksbesitzer dran. Da schmeckts allen, und geredet, gesungen und geraucht wird, daß man zuletzt die zünftige Saaldekoration aus Tannengrün und Geweihen nicht mehr erkennt.

Nachmittags kommen die Frauen zu Kaffee und Kuchen, und oft gibt's noch den Holzknechtsball, an dem die vom Forstamt so lustig sind, wie die vom Wald.

Der Höhepunkt ist das ›Kasnocken‹-Essen. Einige Holzknechte machen aus Mehl und Wasser mit viel Fett eine Art Spatzen; sie werden mit Kas bestreut, in der großen Pfanne auf den Tisch gestellt und gleich von da aus gemeinsam ausgelöffelt. Bei lauter Musik und Gesang und viel Bier und Holzerschnaps geht die Stimmung hoch.

Wenn die Männer unter der Woche im Bergwald bei der Arbeit waren und die Holzerhütten oder die Winterstuben ihr Quartier abgeben mußten, verpflegten sie sich selber. Mit der Zeit, und dank älterer Lehrmeister unter ihnen, wurden sie zu recht geschickten Köchen, soweit das die mühsam auf dem Buckel herangeschleppten Lebensmittel zuließen. Hauptspeise war das mit meisterlichem Können gekochte Muas, der sogenannte Holzknechtsschmarrn. Die Holzknechte verwendeten für ihren Schmarren das sogenannte Nudelschmalz, das beim Bereiten der Butternudeln übrig bleibt. Nur in bestimmten Gebirgsgegenden kannte man dieses Schmalz: »Wenn man in Siegsdorf über den Berg hinaufkommt, dann sind die Budernudeln gar und das Nudelschmalz.«

Brennsuppe

Das ist nicht nur eine Suppe, sondern das alte bayrische Frühstück, das Frühmahl überhaupt. Sie macht richtig wach und warm, diese herzhafte, dunkelbraune Morgenmahlzeit. Einfach aus gebräuntem Mehl hergestellt, hat sie doch einen unvergleichlich vollen Geschmack. Eine resche Holzknechtsfrau aus Brand bei Ruhpolding, eine Freundin der Familie, hat sie uns mitschmausenden Kindern oft vorgesetzt, wenn wir mit in den Wald gezogen sind. Das war aber immer wieder eine andere Supp'n, einmal heller, einmal dunkler gebräunt, mit gequetschtem Kümmel oder gehacktem Sauerampfer, mit Muskat oder Majoran, mit Steinpilzen oder viel Schnittlauch, etwas Essig und Zucker gewürzt, zuletzt mit einer lose eingerührten Spirale sauren Rahms dekoriert.

Holzknechtsschmarrn

An etwa 500 g Mehl gibt man etwas Salz und soviel kochendes Wasser, daß ein grobbröseliger Teig, also keine zähe Masse, entsteht. Man kann den Teig mit dem Kochlöffel oder den Händen mehr bröseln als kneten und gibt ihn dann locker in eine halbtiefe Pfanne mit reichlich und gut heißem Fett. Mit dem Scherrer wird der Schmarrn nun unter dauerndem Umstechen schön braunkrustig gebacken; notfalls kommt nochmals Butterschmalz hinein, damit er ordentlich glänzt und saftig wird.

Wenn es Sommer war und man sich in der Nähe einer Sennhütte befand, so bildeten frische oder saure Milch die beste Zukost; ansonsten gab es Kletzen in der Brühe als ›Dauch‹ und im Frühsommer einen Hut voll selbstgepflückte ›Erschbirl‹ (Walderdbeeren). Das war ein wirklich waldnaher Genuß!

In Abwandlung dieses köstlichen Schmarrns kann man statt Wasser etwas Milch und 2 bis 3 Eier zugeben; dann ist er aber nicht mehr echt.

Dieser Schmarrn stammt aus der Ruhpoldinger Gegend. Weitere Holzknechtsrezepte aus diesem Gebiet sind:

Kartoffelschmarrn

Kalte, gekochte Kartoffeln werden aufgerieben, locker mit etwas Mehl und Salz vermischt und mit viel Schmalz in einer tiefen Pfanne herausgeröstet. Der Schmarrn muß fettglänzend und braunbröselig sein. Dazu gibt es saure Milch.

Kasnocken

Aus Mehl, Salz und Wasser bereitet man einen zähen, recht glatt geschlagenen Spätzlteig, der durch ein groblochiges Sieb in kochendes Wasser gegeben wird. Die aufgekochten Nocken werden sehr gut abgetropft, in Butterschmalz durchgeröstet und dann mit ›Suppenkas‹ durchstreut. Suppenkas ist selbstgemachter Bauernkas aus gereiftem Topfen; man kann aber auch geriebenen Hartkäse, der lange Fäden zieht, verwenden.

Butternudeln

Ein einfacher Hefeteig ohne Fett wird zu Nudeln ausgeformt. Man läßt sie gehen und setzt sie dann in einen Kessel, in dem 2 Pfund Butter und 1 Schöpflöffel Wasser kochen und legt den gut passenden Deckel auf. Die Nudeln gehen (ohne nachzusehen!) schön auf, fangen zu bruzzeln an und bekommen unten braune Ramerl. Man dreht sie um und läßt sie auch auf der andern Seite bräunen. Das noch reichlich vorhandene Butterfett dient als ›Dauch‹ (Soße) oder ein verbliebener Rest als Kochfett. Dazu gibt es Sauerkraut, nur in Wasser gekocht, denn Fett ist bei dieser Mahlzeit genug im Topf.

Topfen- oder Kartoffelpfannling

In einen einfachen Hefeteig gibt man etwa bis zur Hälfte Topfen oder geriebene Kartoffeln vom Vortag, läßt den Teig gut aufgehen und formt dann flache Flecken davon. Sie werden in Schmalz schwimmend ausgebacken.

Topfennudeln

Gleichviel Mehl und Topfen verknetet man mit Salz zu einem festen Teig. Daraus formt man fingerlange Würstel und brät sie in genügend Fett aus der Pfanne goldbraun.

Gebackene Bärentatzen

Bärentatzen oder Hahnenkämme sind Korallenschwämme, die in vielen feuchten Wäldern wachsen. Die bis zwei Fäuste groß werdenden, grauweißen Pilzpolster oder die kleineren gelb bis orangefarbenen, zarten Pilzästchen wurden von den Holzknechten gerne gesammelt, denn ein einziger derartiger Schwammerl macht schon satt.

Man taucht ihn in gesalzenes Ei oder Pfannkuchenteig, gibt ihn ins heiße Fett oder schneidet ihn klein und macht ihn mit Einbrenne zur ›Supp'n‹, also einer Art Ragout.

FEBRUARIUS hat XXVIII. Tåg.

II. Monat.	Der Heiligen Fest-Tåg im Hornung.	☽ Lau	☉en Aufg.	☉en Nider.	Erwåhlung der Aspecten, und vermuthliche Witterung.
Mitwo.	1 d Ignatius Bisch.	♎	7.21.	4.39.	☩ ◆ ☌ ♀ ☿, Schnee und
Doner.	2 e Mariå Liechtm.	♏	7.20.	4.40.	☾ 6. Uhr 24. min. Nachm.
Freyta.	3 f Blasius Bis. M.	♏	7.18.	4.42.	☩ ◆ ✶ ♀, ♄ Stat. ☾ peri.
Samb.	4 g Andreas Corsin.	♐	7.17.	4.43.	☩ ◆ ☾ vac. ∴, ☉schein
☉ 6.	Von vilerley Aeckern / Luc. 8. Taglånge 9. Stund / 30. min.				
Sonta.	5 A. Agatha J. M.	♐	7.15.	4.45.	☩ ◆ ✶ ♃ ♂, ♄ Retr. mit
Monta.	6 b Dorothea J. M.	♑	7.14.	4.46.	☩ ◆ ☌ ♃, ✶ ♂ Wolcken.
Erchta.	7 c Romualdus Abt	♑	7.12.	4.48.	□ ♄ ☿, ♀ dir. starcke
Mitwo.	8 d Johan. v. Math.	♒	7.10.	4.50.	□ ♂, Wind u. grosse Kålte
Doner.	9 e Apollonia J. M.	♒	7. 9.	4.51.	● 3. U. 48. m. N. unsi. ☉ fi.
Freyta.	10 f Wilhelm Herz.	♓	7. 7.	4.53.	☩ ◆ ✶ ♃, ☊, ∴, ☿ i ♒,
Samb.	11 g Euphrosina J.	♓	7. 5.	4.55.	☩ ◆ ✶ ♀, ∴, Es machet
☉ 7.	Vom Blinden am Weeg / Matth. 18. Tagl. 9. Stund / 52. min.				
Sonta.	12 A. Quinq. Hrn.	♓	7. 4.	4.56.	Faßn ☩ ◆ ☾ vac. ∴ helle
Monta.	13 b Jordanus Bei.	♈	7. 2.	4.58.	☩ ◆ □ ♃, ✶ ☿, Tag.
Erchta.	14 c Aller Faßnacht	♈	7. 0.	5. 0.	☩ ◆ ✶ ☉, □ ♀, Schnee-
Mitwo.	15 d F. Aschermitw.	♉	6.59.	5. 1.	☩ ◆ △ ☉ ♄, △ ♃ Wolckē
Doner.	16 e Juliana J. M.	♉	6.57.	5. 3.	□ ♂, △ ♀, mit mehrern
Freyta.	17 f Sabinus Bis.	♉	6.55.	5. 5.	☽ 0. Uhr, 23. min. N. Frost.
Samb.	18 g Simeon Bis.	♊	6.54.	5. 6.	☾ □ ♂ ☿, ☉ in ♓, Die
☉ 8.	JEsus wird vom Teufl versucht / Matth. 4. Tagl. 10. Stund / 18. min.				
Sonta.	19 Ar. Invocabit,	♊	6.51.	5. 9.	△ ♄, ∴, Kålte nimmt
Monta.	20 b Gabinus Mar.	♋	6.49.	5.11.	☩ ◆ △ ☉, ab, und wird
Erchta.	21 c Eleonora Kön.	♋	6.47.	5.13.	☩ ◆ ☍ ♀, trocken mit
Mitwo.	22 d F. Quatember,	♋	6.45.	5.15.	□ ♄, Anwachs der Kålte.
Doner.	23 e F. Edlberta Kö.	♌	6.44.	5.16.	□ ♂, Dann folgen unge-
Freyta.	24 f F. Matthias,	♌	6.42.	5.18.	☍ ☿, ✶ ♄, stůmme Wind
Samb.	25 g F. Walburga,	♍	6.40.	5.20.	◯ 6. U. 6. min. Fr. sich. ☾ fi.
☉ 9	Von der Verklårung Christi / Matth. 17. Tagl. 10, Stund 42. min.				
Sonta.	26 A2. Reminiscere	♍	6.39.	5.21.	△ ♄ ☿, △ ♀ / ☾ ☋, mit
Monta.	27 b Leander Bisch.	♎	6.37.	5.23.	☩ ◆ □ ♄ ♀, Schnee und
Erchta.	28 c Romanus Abt	♎	6.35.	5.25.	☌ ♄, □ ♀, ☿ i ♓, Nebel.

Die Monds-Brüche in disem Monat.

DEn 2. biß das letzte Viertel um 6. Uhr 24. min. Abends geht schön ein / und tritt mit starcken Winden aus.

Den 9. dito der Neumond / sambt unsichtbarer Sonnen-Finsternuß um 3. Uhr 48. min. Abends bringt Anfangs hell und sehr kalte Tag / am Ende Schne und Frost.

Den 17. dito das erste Viertl 23. min. nach der Mitags-Stund macht Eingangs temperirt und trocken / um das Ende kålteres Wetter.

Den 25. dito der Vollmond mit sichtbahrer Monds-Finsternuß um 6. Uhr 6. min. frühe / deutet auf Nebel / Schnee und Wind.

Gut Aderlassen / den 1. 3 4. 5. 6. 10. 11. 12. 13. 14. 15. 20. 21. 27.

Kranckheiten / ♄ Stationar. in der Waag viertågige Fieber, Melancholey / Aberwitz. □ ♄ ☿ / Schröcken / Schlag / Schlaffsucht / Husten, kurtzer Athem. □ ♂ ☿, Tobende Sucht / Hirn-Schmertzen / Bräune. □ ♄ ☿ / Halß Geschwer / Apostem / Lendenwehe und Verstopffung.

Hornung Februar

Beginnt der Tag zu langen, kommt das Jahr gegangen

MARIA LICHTMESS
2. Februar

Lichtmeß
bei Tag eß!

Lichtmeß ist eines der ältesten Marienfeste. In der Lichterprozession wird das mitgetragene Licht – die brennende Kerze – zum symbolischen Mittelpunkt: Christus ist das Licht. Nach der Osternachtsprozession mit der brennenden Osterkerze steht ihrem Rang nach unmittelbar die Lichtmeßfeier.

Die in der Kirche geweihten Kerzen haben besondere Schutzkraft. Die Lichtmeßkerzen werden vor allem bei schweren Gewittern angebrannt. Geweihte rote Wachsstöcke wurden den Wöchnerinnen um Hand, Fuß und auch um Geräte des Hauses gewunden, damit Mutter und Kind von schädlichen Einflüssen, wie Zauber, befreit waren.

Lichtmeß war ein Bauernfeiertag, an dem aufwendiger als sonst gekocht wurde. Heute ist er ein ›obgschaffta Feiadog‹, nämlich einer jener vielen ländlichen Festtage, die von der Obrigkeit außer Kraft gesetzt wurden; in ländlichen Gemeinden werden sie aber bis zu einem gewissen Grad noch gehalten, vor allem was das Essen betrifft.

Bereits eine volle, aber wichtige Stunde länger dauerte nun der Tag, und das gab dem Leben der Menschen einen anderen Rhythmus. Übertragen auf den Alltag, der in den vergangenen Jahrhunderten zumeist ein ländlicher Alltag war und stärker unter dem Einfluß der Jahreszeiten stand als dies bei der städtischen Bevölkerung der Fall gewesen ist, bedeutete Lichtmeß eine neue Ordnung des Hauswesens: »Maria bläst das Licht aus« oder »Lichtmeß bei Tag eß«. Man stellte die Winterarbeiten ein. Es hieß auch »Lichtmeß, die Frau das Spinnen vergeß«; die Zeit der Stubenarbeit war vorbei, denn:

Lichtmeß kalbt die Kuh,
legt das Huhn,
zickelt die Geiß.

Jetzt hatte auch die Frau draußen genug zu tun, der ›Aufwärts‹, der Vorfrühling, ist spürbar geworden.

Als Abschluß der winterlichen Tätigkeit, zum Dank für die Unterhaltung an langen Abenden, der ›Rocknroasn‹ (Spinnrockenreisen), gab es noch ein letztes Spinnstubenessen, zu dem die jungen Leute aus der Nachbarschaft sich zusammenfanden. Dazu wurde, besonders in der Oberpfalz, eine Mehlspeise aus Semmeln und Milch, der sogenannte ›Schoadlrocka‹, geboten, denn Fleisch ist aus ›Gesundheitsrücksichten‹ nun verboten. »Iß Lichtmeß kein Fleisch, wenn Du gesund bleiben willst«. Das waren sicherlich aber saure Trauben, denn von der Weihnachts-Sau dürfte nicht mehr viel vorhanden gewesen sein und die Fastnachts-Sau ist noch nicht fett genug. Aber der ›Schoadlrocka‹ schmeckte ja den meist nur Speisen aus Roggenmehl gewöhnten Zungen nicht schlecht.

Schoadlrocka

Die Grundlage zu dieser alten Mehlspeise sind Semmeln oder eigens dazu gebackene, weizene Zelten, flache Semmeln aus grobem Mehl, die nach dem Brot im Backofen nachgebacken und für die Zubereitung solcher Mehlspeisen aufgehoben wurden. Das Brot, in Streifen geschnitten, wurde in Milch getaucht, scheiterhaufenartig aufgebaut, mit Eiermilch übergossen und überbacken oder einzeln in zerklopftes Ei getaucht und in Fett gebacken. Man hat mancherorts auch Apfelspalten dazwischengelegt und eine Art Auflauf davon gemacht. Dazu gab's Kletzenbrühe.

Lichtmeß, bis 1912 ein Feiertag, war auch Überprüfung der Hausgenossenschaft. Die ›Ehhalten‹, die mit ihrer Hilfe die bäuerliche Ehe zusammenhalten, schlossen nun entweder für ein weiteres Jahr mit Handschlag den Arbeitsvertrag oder sie zogen zu einem anderen Bauern. Das geschah ohne den Zwang irgendwelcher Gesetze oder moderner ›Tarifregelungen‹ allein durch mündliche Übereinkunft. Schon eine Weile vorher wurde ›aufgesagt‹ oder ›Lichtmeß g'macht‹ oder der neue Einstand angekündigt.

In Rosenheim, Aibling, Wasserburg, Grafing, Ebersberg und auch in anderen ländlichen Gebieten gab es die Schlenklmärkte, wo man einen neuen Dienstherrn suchen konnte. Die freien Mägde trugen dabei als Kennzeichen zweierlei Strümpfe, rot und weiß, und die Knechte ein Strohbüschel am Hut.

Die Schlenklweil, seit dem Jahr 1616 in der bayerischen Land- und Polizeiordnung dem Gesinde ausdrücklich zuerkannt, dauerte ein bis drei Tage, von Lichtmeß am 2. Februar vereinzelt bis Blasius am 3., meist aber bis Agatha am 5. Februar. Und das war der ganze Jahresurlaub der Ehhalten! Daß diese Zeit natürlich auch gehörig genutzt wurde, ist verständlich. Man vergnügte sich auf dem Markt, in den Buden und im Wirtshaus und hat sich gütlich getan an der kurzen Freiheit, an dem süßen Kramzeug oder an der Hoffnung auf eine bessere Stellung:

Enker Kraut und enkere Ruam,
die ham uns vertrieben.
War's a wengerl besser gwen,
na war'n ma wieder blieb'n.

oder *S'Jahr ist aus*
und insa ganzer Trost:
mir kriagn a neie Bäuerin
und a andre Kost.

Die Bäuerinnen wußten dies genau und haben sich deshalb eigentlich immer bemüht, die Kost, die doch einen Hauptanteil der Entlohnung darstellte, befriedigend zu bieten. Besonders den Scheidenden gaben sie noch einen guten Ausstand mit Braten und Reiberknödeln und – vor allem anderen wichtig – Schmalz- oder Schlenklweilnu'l mit Kletzenbrühe.

Weil aber das Schlenkln drei Tage dauerte und das Bargeld gering war, weil ja auch von der Dirn noch die Kosten fürs Überführen der ›Kufern‹ und des Kastens (Gepäck) und von den Knechten die Kerzen für die Mägde fürs Bettmachen und Hematwaschen bezahlt werden mußten, so hatte die Bäuerin Verständnis und gab jedem Scheidenden einen Zehr- oder Schlenkllaib als Abschieds- und Wanderbrot mit, damit bis zum neuen Einstand oder bis zur Rückkehr an den alten Platz gesorgt war. Dieser wohlgemeinte Proviant wurde oftmals so üppig gestaltet – natürlich für damalige Begriffe –, daß schon im Jahr 1617 solche Gaben verboten wurden. So hatte man bald schon das Aufkochen ins Haus verlegt und die abziehenden Ehhalten mit Reinstriezel gut hinaus back'n und die kommenden mit einem saftigen Schlenklweilsterz einback'n. Oft gab's dazu für die neu Einstehenden noch den Weisertwecken.

Die Einstandswoche mit aufgebessertem Essen hieß die Kaswoche, die letzte Dienstwoche die Schinterwoche. In mancher Gegend herrschten genau abgestufte Gaberegeln, indem der erste Knecht neben dem ›Ausgmachten‹ von zwei Hemden, einer Schürze und einem Paar Schuhen auch noch sechs Laibe Schlenkl- oder Helbrot (Hel-Licht) und sechs Küchel, der zweite Knecht neben den Hemden und Schuhen nur noch drei Laibe und drei Küchel bekam. Auch bei den Dirnen war es genau geregelt, was außer dem Stallgeld, dem Schürzenzeug und dem übrigen ›Drangeberts‹ an Brot und Nudeln zu leisten war. Zum Militär einrückende Burschen erhielten überdies einen Taler Zaumgeld.

Die Kerzenverteilung ging auch sorgsam abgestuft nach Alter und Verdienst vor sich. Da wurden in der Kirche große und kleine, schwarze Schauer-, lange Toten-, rote Bittkerzen, gewundene Wachsstöcke, oft kleine Kunstwerke, und Seelenlichterl geweiht und an alle verteilt. Im ›Kuchlbuch‹ der Abtei Seeon von 1772 sind über 70 Leute aufgezählt, vom Hofrichter bis zur Bötin, die alle Lichtmeßkerzen bekamen. Ebenso zeigen Klosterrechnungen von Gars am Inn zu Ende des 18. Jahrhunderts den Verbrauch für die Kerzenweihe in der Kirche. Ganze Körbe voll wurden vor den Kirchenportalen angeboten.

Um sich mit all den dicken und dünnen, kleinen und gedrehten, weißen, roten und buntgeschmückten Kerzen zu versorgen, besuchte man zuvor die reichausgestatteten Wachs- und Kerzenmärkte in Traunstein und anderen größeren Städten.

Sogar in München gab es eine fröhliche Schlenkelweil für scheidende Dienstmädchen. Sie gingen mit ihrem Soldaten zum Lebzelter Thumberger in der Neuhauser Gasse und ließen sich dort Met, den heiligen Wein, schmecken. Ihre Freizeit – so würde man heute sagen – war ja sowieso nur recht kurz.

Wenn dann, streng hierarchischem Gesetz folgend, vom Baamer (Baumann: erster Knecht, früher Stangenreiter) bis zur Hausdirn und zum Stallbuam, die Braut vom Bräutigam, die Goden vom Göd, die Hausfrau vom Ehemann, jeder seine in der Lichtermesse mit Lichterprozession und Wachsweihe gesegnete Kerze bekommen hatte und auch die Frauen ihre schönen neuen Wachsstöcke ins Glaskastl zu den anderen gelegt hatten, dann kehrte der Alltag wieder ein.

Zum Schmausen gabs:

Bavesen oder Gfranste Schnittl

Sie werden auch Ehhalten-Schmaus genannt und sind dicke Weißbrotschnitten oder halbierte Semmeln, die in leicht gesüßte Milch getaucht und vorsichtig ausgedrückt werden. Sie dürfen nicht zu weich sein. Zwischen je zwei Schnitten gibt man dickes Zwetschgenmus, nach Belieben auch andere Marmelade, und taucht dann beide Hälften in zerklopftes, gezuckertes Ei. Sie werden rasch in heißem Schmalz herausgebacken und mit Zukker oder Zimt-Zucker überstreut oder mit beliebigem Kompott aufgetragen.

Diese Mehlspeise und auch ihr Name soll, natürlich bajuwarisch umgestaltet, aus dem Italienischen stammen. ›Pavese‹ bedeutet Schild und die Brotschnitten könnten bei großer Phantasie ja auch einem Schild ähnlich sein. Überzeugender wäre freilich die Ableitung von der ›Zuppa pavese‹, einer aus Pavia stammenden Fleischbrühe mit Brotschnitten.

Dazu ein nettes Gstanzl:

Zwetschgen-Bavesen
Wo bist so lang gwesen?
In 44 Wochen bin i in'Himmel aufikrochen,
kimmt Kathrein mit einer Schüssel voll Brein,
ham ma denkt, i muß schlecka,
komt d' Eva mit'm Stecka,
haut mi aufi auf Blecka,
haut mit aufi auf d'Krei'
daß i vom Himmel abifei!

Ähnlich den Bavesen sind:

Zimtstriezel

Semmeln werden geviertelt, in Milch eingeweicht und vorsichtig ausgedrückt. Man wendet sie in zerklopften, leicht gesüßten Eiern und bäckt sie dann in Fett heraus. Zuletzt bestreut man sie dicht mit Zimt und Zucker.

Schlenklweil-Nudeln

Einen zarten Hefeteig mit 2 bis 3 Eiern und etwas Zucker, geriebener Zitronenschale und Vanillinzucker sowie Salz schlägt man zuerst sehr gut durch und knetet ihn dann so lange auf dem dünnbemehlten Brett, bis der Teig nicht mehr klebt. Daraus formt man kleine längliche, daumendicke Nudeln, die nach dem Gehen in Fett goldbraun gebacken und dann überzuckert werden. Heiß und frisch schmecken sie am besten

Regenwürmer

500 g Mehl und etwas Salz gibt man auf ein Nudelbrett und fügt 2 bis 3 Eßlöffel zerlassenen Butter, ein nicht zu kaltes Ei und ganz wenig Milch hinzu, so daß ein weicher Teig entsteht. Er wird gut verknetet und etwa 1/2 Stunde beiseite gestellt. Man dreht dann aus kleinen Teigstückchen lange Würmer, läßt sie wieder eine Weile ruhen und stäubt ganz wenig Mehl dazwischen, damit sie nicht zusammenkleben. In eine Reine gibt man nun etwas Schmalz und Milch; wenn sie heiß sind, schüttet man die Regenwürmer hinein. Sie müssen von der Milch bedeckt sein. Man läßt sie gut durchbacken, streut Zucker darüber und sticht sie vorsichtig um, bis sie eine gelbe Kruste haben. Die Regenwürmer müssen schön saftig sein. Dann bringt man sie mit Kompott zu Tisch.

Gebackene Wachsstöcke

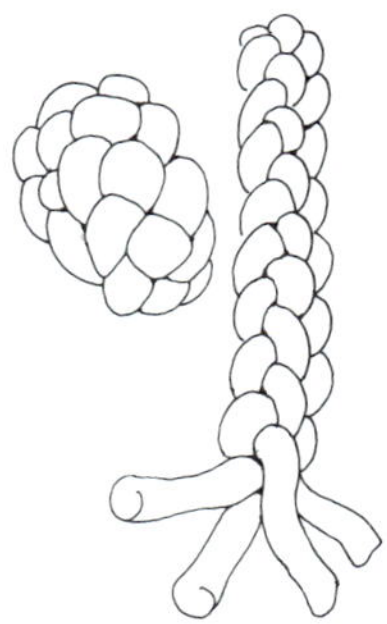

Dieses Gebildbrot, das gern zu Lichtmeß oder Ostern gebacken wurde, ist nahezu in Vergessenheit geraten; da es aber so hübsch ist, soll es hier wieder in Erinnerung gebracht werden.

Zuerst bereitet man aus 20 g mit etwas lauwarmer Milch und Zucker aufgelöster Hefe einen kleinen Vorteig, der an 500 g erwärmtes Mehl gegeben wird. Während er geht, rührt man 125 g Butter schaumig und fügt 125 g Zucker, 2 Eier und 1 Eßlöffel Rum daran. Diese Masse knetet man mit etwas Salz und 1 Päckchen Vanillinzucker und nötigenfalls noch mit ein wenig Milch unter das Mehl. Der ziemlich strenge Teig muß gut gehen. Man teilt ihn in gut faustgroße Stücke; diese selbst werden noch einmal geviertelt. Aus den Teigstücken formt man nun gleichmäßige lange Stränge, die zu einem Viererzopf geflochten werden. Dann rollt man ihn wie eine Schnecke auf, so daß die Enden unten eingeschlagen sind und der mittlere Zopfteil schön nach oben gewölbt daliegt. Die Wachsstöcke werden mit verklopftem Eidotter bestrichen und nach dem Gehen goldbraun gebacken.

Reis-Schmarrn

Zu einem dicken Reisbrei, den man nach dem Erkalten mit einer Gabel etwas auflockert, gibt man 5 bis 6 Eier, 2 Eßlöffel Mehl, etwas Salz und 1 Eßlöffel Zucker und füllt die Masse in eine mit genügend Fett versehene Pfanne, aus der man den Schmarrn wie üblich Schmarrn heraussticht. Zuletzt wird er mit Zucker und Zimt überstreut.

Fleckelschmarrn

Aus etwa 500 g Mehl, 1 bis 2 Eidottern und einer Prise Salz wirkt man einen festen Teig ab, walgt ihn dünn aus und schneidet beliebige Fleckel, also Vierecke oder etwas längliche Stückchen, daraus. Sie werden in heißer Milch kurz gekocht. Man muß dabei umrühren, damit die Fleckel nicht zusammenkleben. Nach kurzem Aufkochen siebt man sie heraus und gibt sie in eine Reine mit genügend heißem Fett; sie werden kurz mit einem Löffel verrührt. Hierauf schlägt man 3 bis 4 Eier mit etwas Milch gut durch und kann nun entweder Zucker und Zimt oder Salz oder Pfeffer darangeben.

Diese Eiermilch gießt man über die Fleckel und läßt sie in der Röhre goldgelb überbacken. Dann sticht man die Speise wie einen Schmarrn um und gibt ihn entweder mit Kompott oder pikant mit Kraut oder einem anderen Gemüse zu Tisch.

SANKT AGATHA
5. Februar

Wer weiß heute schon noch etwas von der heiligen Agatha? Für die Ehhalten von einst war aber ihr Tag sehr wichtig, denn die kurze Schlenklweil hatte damit ihr Ende gefunden, die neue Stelle mußte angetreten werden. Der von der neuen Bäuerin oder Hausfrau überreichte Schlenkllaib oder Weisertwecken, ein gewöhnliches oder manchmal auch schon weizernes Brot, war nur ein geringer Trost, aber es war eine gute Gabe zum Einstand.

Die heilige Agatha hat eine seltsame dreifache Rolle als Fürbitterin: Als christlicher Märtyrerin war ihr vor dem Feuertod in der Folter eine Brust abgeschnitten worden und diese Brust hielt sie auf den ältesten Darstellungen in einer Schale anklagend dem Beschauer hin. Spätere Betrachter glaubten ein kleines Brot zu erkennen und machten Sankt Agatha zur Helferin in Feuersnöten, bei Brustkrankheiten und zugleich auch als Segensspenderin des Brotes. Sie erhielt daher Feuerzange und Kohlenbecken und oft auch die abgeschnittene Brust oder das vermeintliche Brot als Attribute. Auch ein Palmzweig zum Zeichen ihres Sieges über Tod und Leid wurde ihr häufig zugedacht.

Aus all diesem ist Agatha, zu griechisch: die Gute oder Sanfte, zur Helferin in vielerlei Nöten geworden. Sie übt ihr vielschichtiges Amt auch als Schutzpatronin so mancher ihr geweihten Kirche, wie etwa in Schmerlenbach bei Aschaffenburg, aus. Dort gibt es den besonderen Agathen-Segen und in Aschaffenburg den Agathen-Zettel, der, an Türbalken und Scheunentoren angeheftet, vor Feuer und vor Fieber schützen soll.

Zurückgeblendet und für uns kulinarisch interessanter, gilt Sankt Agatha als Hüterin des Brotes. An ihrem Tag wurde das Agathenbrot gebacken, es wurde auch in Form kleiner Weizenbrote in den Kirchen geweiht und an Kinder, Alte und Kranke verteilt. Reste davon gab die Bäuerin dem Vieh vor dem ersten Weidegang oder Almenauftrieb, den Kühen vor dem ersten Einspannen und vor dem Kalben. Sogar in den Städten, besonders in München, trug man Lichter, Wasser und Agathenbrot am 5. Februar zur Weihe in die Kirche. Und selbst bis heute kommt noch mancherorts der Geistliche in Bäckereien, das Brot zu segnen. Wir können uns gut vorstellen, wie feierlich sich der festlich angetane Priester mit seinen Ministranten in der Backstube ausnimmt, wenn er Ofen und Brot weiht. Denn wie eh und je galt und gilt die Bitte: Unser täglich Brot gib uns heute!

Nachdem die Brotsegnung der heiligen Agatha schon alt ist, waren die ihr zugedachten Semmeln anfänglich wohl von einfachster Art, wahrscheinlich sogar aus Roggenmehl. Das soll uns aber nicht anfechten, in Erinnerung an diesen Tag auch ein feineres Agathen-Semmelgebäck zu backen.

Agathen-Semmeln

Ein sehr gut verschlagener, blasenwerfender Hefeteig wird durch Zugabe von Zucker, etwas Öl oder Butter, Vanillinzucker und geriebener Zitronenschale, ein wenig Rum oder Rum-Essenz und Weinbeeren verfeinert. Man dreht runde Semmeln daraus und läßt sie gehen. Dann macht man querdurch einen tiefen Einschnitt und bäckt sie bei guter Hitze rasch durch. Zuletzt werden die Semmeln noch mit Zuckerguß bestrichen.

Im Chiemgau waren die sogenannten Hauberlinge, haubenförmige Nudeln, daheim. Man hat sie gerne im Winter zu besonderen Gelegenheiten, wie Lichtmeß, Agatha usw., gebacken.

Hauberling

Zuerst bereitet man einen gut geschlagenen, halbdicken Hefeteig und fügt 2 kleingehackte Zwiebeln oder Schnittlauch darunter. Daraus macht man mit einem Eßlöffel kleine Küchel, setzt sie in eine Pfanne mit reichlich Fett und läßt sie darin backen. Wenn sie auf der Unterseite goldbraun sind, wendet man sie und läßt sie insgesamt noch schön braun werden. Man reicht sie, vor allem den Gästen, zu Bier oder Wein.

MATHEIS
24. Februar

Wenn es in den Hühnerställen zu gackern anfing, wußte man schon, was man sich an Eierspeisen wünschte, denn die alten Kalkeier aus dem großen Steintopf hatten schon lange ihre Frische verloren. Darum galt Sankt Matheis viel; die modernen ›Eierfabriken‹ waren ja noch ferne Zukunft. Welche Freude einst dem frischen Ei galt, läßt sich aus einer Vielzahl origineller Rezepte in alten Kochbüchern erlauschen. Einige davon haben wir ausgesucht. Freilich mußten wir ihre altertümliche Sprache unserer heutigen anpassen.

Harte Eier mit Kren

Eine beliebige Anzahl von gekochten Eiern wird aufgeschnitten. Dann mischt man eine große Tasse süßen Rahm mit 4 Eidottern und gibt die gerösteten Würfelchen von 1 bis 2 Semmeln darunter. In eine gebutterte Form kommt nun eine Lage Eierscheiben, darauf eine Lage aufgeriebener Kren, wieder Eier und Kren und zuletzt gießt man die verschlagenen und gesalzenen Eier mit dem Rahm darüber und läßt alles im heißen Rohr aufziehen. Man kann noch geriebenen Käse oder Kräutchen darüberstreuen.

Harte Eier mit Senf

Eine beliebige Anzahl von gekochten Eiern schneidet man auf; würfelt 2 bis 3 Semmeln klein, bäckt sie in Schmalz goldgelb und verquirlt dann 1/4 l sauren, dicken Rahm mit 2 bis 3 frischen Eiern. Man fügt Salz, Schnittlauch und 1 bis 2 Eßlöffel Senf hinzu, gibt die Semmelbröckerl darunter und verteilt dann die hartgekochten Eierscheiben mit dem Eier-Rahm abwechslungsweise in eine gut gefettete Auflaufform, bis alles verbraucht ist. Man bäckt die Eier in der Röhre, bis sie fest geworden sind.

Verlorene Eier, auf Sauerampfer gespickt

Beliebig viele Eier werden nacheinander aufgeschlagen und in kochendem, leicht gesalzenem Essigwasser gegart. Es handelt sich also um verlorene Eier; die Dotter sollen aber noch nicht ganz fest sein. Dann schneidet man Krebsschweiferl (man kann auch große Krabben verwenden) in feine, längliche Streifen und steckt sie mit Hilfe einer

Spicknadel dicht nebeneinander in die Eier. Inzwischen kocht man Sauerampfer (an dessen Stelle man auch Spinat nehmen kann) in Salzwasser ab, schneidet ihn nudelig fein und schmort ihn in etwas Butter mit Salz schön zartweich. Dieser Sauerampfer oder Spinat wird in eine Schüssel gegeben; darauf setzt man dicht nebeneinander die gespickten Eier. Sie werden noch kurz in der Röhre durchgehitzt, damit sie schön warm zu Tisch kommen. (Aus einem handgeschriebenen Kochbuch von 1835)

Gebackene Eier oder Ochsenaugen

Zuerst bereitet man eine beliebige Anzahl von verlorenen Eiern, indem man die einzeln aufgeschlagenen Eier in leichtes Essig-Salzwasser fallen läßt und darin 2 bis 3 Minuten kocht. Sie dürfen innen noch nicht ganz fest sein. Man nimmt sie mit dem Sieblöffel heraus, wartet bis sie etwas übertrocknet sind, wendet sie dann in Ei und Semmelbröseln und bäckt sie in heißem Schmalz goldbraun. Sie werden auf Sauerkraut oder sonstigem beliebigen Gemüse aufgetragen oder auch in eine Suppe gegeben.

Ein Amulett oder Eier in Schmalz

Für 6 Personen schlägt man 10 Eier auf, gibt Salz und Pfeffer daran und schlägt sie gut ab. Man bereitet daraus eine Art Rührei, läßt es aber fest werden und leicht bräunen, ohne es zu berühren. Die ganze Masse wird wie ein Eierkuchen in eine zweite Pfanne mit heißem Fett gestürzt und wieder schön braun gebacken. Das ›Amulett‹ soll noch saftig bleiben; dann bringt man es rasch zu Tisch.

Ein lutherisches Ei mit Schmalz

Hier handelte es sich um eine Eierspeise, die, während der Fastenzeit zubereitet, nur von Lutherischen verzehrt werden durfte, weil verschiedene Fleischzutaten und vor allen Dingen Butterschmalz zu ihrer Bereitung verwendet wurden.

Man schneidet eine überbratene Kalbsniere und ein Bries in gleichmäßige Würfel und gibt etliche Krebsschweiferl (auch Krabben) oder Spargel darunter und würzt mit Petersilie, Salz und etwas Muskat. Daran schlägt man 12 Eier (6 tun's auch), fügt ein wenig Rahm hinzu und füllt die Masse in eine gut gebutterte Pfanne oder in eine feuerfeste Form. Man bereitet eine Art Rührei daraus und richtet es an, solange es noch zart und saftig ist. Darüber gießt man ein wenig übriggebliebene Bratensoße oder einige Eßlöffel fette Fleischbrühe.

Allgäuer Eier

12 hartgesottene Eier werden geschält und aufgeschnitten. Man gibt sie in eine Schüssel und streut Ingwer und Pfeffer, natürlich auch etwas Salz darüber. Dann gibt man in einen Topf ein Stück Butter und 3 mit etwas Milch verquirlte Eier, die mit ein wenig Essig und Wasser aufgegossen wurden. Diese Soße, die gut scharf sein soll, wird kurz durchgekocht und über die Eier gegossen. Zuletzt beträufelt man sie nochmals mit geschmolzener oder brauner Butter oder mit gebräunten Zwiebelringen.

Eine Kaiserpastete

Dies war eine Art Yorkshire-Pudding, also ein Eier-Auflauf. Das üppige Rezept ist zwar originell, aber heute nicht mehr zeitgemäß. Es soll hier trotzdem einmal im Original und einmal in modernisierter Form gebracht werden, denn es beweist, wie gut man damals zu kochen wußte.

Man treibt 1/2 Pfund Butter recht pflaumig ab, rührt 16 Eyerdotter einen nach dem anderen darein, dann 6 Eßlöffel süßen Rahm, und 6 gute Löffel voll Mundmehl dazu. Wenn alles gut verrührt ist, schneidet man ein Kalbsbries und Euter, welches gut blanchiert ist, gewürfelt auf und rührt es ebenfalls darunter, wie auch feine Limonienschalen, etwas Muskatennuß und ein wenig Salz, füttert eben auch eine Reifschüssel oder eine flache Casserolle mit Butter oder mürben Teig aus und giebt das Gerührte hinein und bäckt es ganz langsam eine Stunde in einem nicht zu heißen Ofen. Wenn sie ausgebacken ist, wird sie oben ganz zerspringen. Dann stürzt man sie heraus und giebt sie zur Tafel.

Heute würde das Rezept so aussehen:

100 g Butter rührt man schaumig und gibt 6 bis 8 Eidotter, eins nach dem anderen, 3 Eßlöffel Rahm und 3 Eßlöffel Mehl daran. Man kann nun ein gekochtes, in Stückchen geschnittenes Kalbsbries oder etwas Schinken oder Stückchen von Hühnerfleisch dazugeben und mit Zitronenschale, Salz und Muskat würzen. In eine feuerfeste Form oder eine kleine Reine kommt dann ein gutes Stück Butter; wenn sie sehr heiß ist, gießt man den halbflüssigen Teig hinein. Er steigt schön auf und wird etwa 20 Minuten in der Röhre gebacken. Dann zerschneidet man die Pastete in Stückchen und serviert sie noch heiß. Diese Kaiser-Pastete paßt ausgezeichnet zu einem soßigen Braten und besonders gut auch zu Wild. Sie muß rasch aufgetragen werden, sonst fällt sie zusam-

Zwei weitere Originalrezepte:

›Eingerührtes mit Käß‹

Nimm frischen Butter und geriebenen Parmesankäß sammt ein wenig Wasser, rühr's so lang auf der Glut, biß der Käß und Butter zergangen; thue hernach die verklopften Eyer darein und rühr's solang, daß sie nicht gar so hart werden.

Es handelt sich dabei also um eine Art Käse-Eierstich, den man sowohl als Einlage in die Suppe wie auch als Beilage auf eine Käseplatte verwenden kann. Zweckmäßig würzt man noch mit etwas Muskat oder ein wenig Knoblauchpulver nach.

›Frikassee mit Zwibel‹

Nimm geklopfte Eyer so vil du wilt, hernach 3 oder 4 geschälte Zwibel, schneide sie rund und röste sie in einer Pfanne mit Schmalz, daß sie braun werden und rühr sie unter die Eyer.

Hier handelt es sich um ein Rührei, mit gebräunten Zwiebelringen untermischt. Man kann mit etwas Knoblauch und Pfeffer nachwürzen. Auch Kräutchen oder etwas geriebener Parmesan passen gut dazu.

FASNACHT

Februar

Lustig ist die Fasinacht,
Wann die Mutter Küchl bacht,
Wann sie aber keine macht,
Pfeif' ich auf die Fasinacht.

Während der große städtische Karneval einige Wochen dauerte und sich nur durch vielerlei Festlichkeiten, Schlittenfahrten, Maskeraden und sonstige Kurzweil auszeichnete, war die eigentliche, vor allem die ländliche ›Fasnacht‹ lediglich eine Sache von fünf tollen Tagen, am Schluß mit einem ausgesprochen kulinarischen Gesicht. Beginn sind der unsinnige oder gumperte Donnerstag mit der Kindermaskerade, der rußige Freitag mit der großen ›Schlacht‹, der schmalzige Samstag mit der Krapfenbacht. Das bedeutete Schlachtschüssel und Würste und Berge von Küchel und Krapfen. Wenn die Bäuerin nicht bis Mitternacht fertig war mit dem Backen, durften die Dorfburschen Heu- und Mistgabeln zum Küchenfenster hereinstoßen und alle drei Zinken mußten bis zu den Spitzen mit Krapfen vollgesteckt werden. Das war ihr Realzins. Die nochmalige Unterteilung in eine Pfaffenfasnacht, eine Herrenfasnacht, eine Kinder-, Weiber- und eine Mannerfasnacht gab neben der ›jungen Vasenacht‹ am 26. März und der ›alten Vasenacht‹ am 19. Februar noch allerhand weitere kulinarische Aspekte, die das Rezeptuarium der Fastnachtsgenüsse recht lang werden ließ. Die verschiedenen Küchel, Krapfen, Strauben und Striezel in vielfältigen Formen aus phantasievollen Teigen sind denn auch lebendig gebliebener Beweis der reichen Fest- und Gaumenfreuden dieser Wochen.

Dem Faschingssonntag mit Maskeraden, Umzügen, Trunk, Scherz und üppigem Genießen folgten dann, trotz dem eigentlich schon erreichten Höhepunkt, noch die letzten zwei Narrentage: Rosenmontag und Faschingsdienstag. Den Namen ›Rosenmontag‹ haben wir vom Rheinland übernommen. Ehemals wurde er kalendarisch als Montag vor Aschermittwoch eingereiht. Daß er gerne zu übermäßigem Genuß von ›Flüssiger Nahrung‹ verführte, kam so: Der Montag vor dem Aschermittwoch bildet kirchlich bereits die Einleitung der vorösterlichen Fastenzeit. Die

Altäre in den Kirchen werden zum Zeichen der Trauer mit blauen Tüchern verhangen und die Gläubigen gehen zur ersten Fastenmesse. Danach hat aber in früheren Zeiten vielen die Arbeit nicht mehr geschmeckt und sie feierten einen ›Blauen Montag‹, was sich allmählich zu einer Art von Recht entwickelt hat. Bei diesem ›Blaumachen‹ nun wurde viel getrunken und die Wirtshäuser, die armen Ehefrauen und die machtlosen Arbeitgeber mußten sich dreinschicken.
Den Schlußakkord bildete der tolle Dienstag, der in München mit dem Tanz der Schäffler und der Marktweiber am Viktualienmarkt, mit dem Metzgersprung am Marienplatz, mit der Geldbeutelwäsche, dem wirbelnden Kehraus und dem Heringsschmaus samt Wassersuppe endete.
In Nürnberg wurde 1658 beim Schembartlauf eine 656 Ellen lange, 514 Pfund schwere Riesenwurst von zwölf Knechten durch die Stadt getragen und dann gemeinsam aufgegessen. Bis zur Gegenwart hat sich noch eine 20 Meter lange Wurst als Karnevalsvergnügen gehalten.
Die kulinarischen Bezüge sind vielfältig: Nach einem alten Volksglauben erhält fleißiges Krapfenessen den Mädchen die Jungfernschaft und zerfältelt ihre Schönheit nicht. Oder: Wer den ›Wurstfahrern‹, also den bettelnden Masken, nicht reichlich von der Fastnachtssau abgeben wollte, der hatte auch kein Glück. In diesen festlich-fröhlichen Tagen haben sich vielerlei spielerische Orakel entwickelt. Wer sich zu ›Fasnacht‹ Blutwurst zu Gemüte führt, bekommt kein Fieber!! Beim Fischessen sagte man sich vertrauensvoll: Soviel Schuppen, soviel Geld! Oder wenn man quellende Speisen ißt, wie Erbsen oder Hirse, dann muß das Geld genauso quellen.
Das haben sich vielleicht auch die Zinsherren, Klerus und Adel, gedacht, als sie die Bauern Erbsen und Hirse essen ließen, am Faschingssonntag, früh und nüchtern. Dann konnten eben die Bauern um so leichter für das Faschings-Wohlergehen der Herren sorgen und ihnen die obligaten Fastnachtshennen zinsen, wie es uns vom Fürstbischöflichen Hof von Augsburg 1544 bezeugt ist. Je Kopf war eine Henne abzuliefern; nur Wöchnerinnen waren davon befreit. Später, nach der Aufhebung der Leibeigenschaft in Bayern, im Jahr 1808, konnte diese Fastnachtssteuer in Geld abgegolten werden.

Altbayrische Eßgewohnheiten begleiten also auch das ganze Karnevals-Geschehen, zuerst mit allem Auf und Ab der Freude und des Übermuts, dann mit den Realsteuern, der Besinnung und zuletzt der selbstauferlegten Buße. Beste Zeugen sind da die Rezepte.

Schmalzgebackenes

Die bayrischen Schmalztöpfe und nicht zuletzt der einstige Mangel an anderen Backmöglichkeiten haben das Schmalzbackene in den Vordergrund aller Gebäckarten geschoben. Das offene Feuer ließ ja nichts anderes als eben den Kessel mit dem heißen Fett oder den schweren Deckeltopf zu, der rundherum in Glut eingebettet wurde und der Vorläufer des Backrohrs war. Die letztgenannte Art des Backens war natürlich ebenso umständlich wie unzuverlässig und verlangte viel Erfahrung und sorgfältiges Abwägen der durch die Glut erzeugten Hitze. Da war es wesentlich einfacher, im offenen Topf den Backvorgang kontrollieren zu können.
Der immer volle Schmalztopf in Bayern, die gegenseitigen Anregungen und der Ehrgeiz der backenden Hausfrauen haben denn auch eine unglaubliche Vielzahl von Gebäckformen entstehen lassen. Und merkwürdig, obwohl es sich im Grunde um ziemlich die gleichen Zutaten handelt, die einzelnen Küchel und Krapfen, Scherben und Zipfel, Nockerl und Ringerl schmecken tatsächlich immer wieder anders und haben sogar viele Spezialisten unter den Genießern ausgebildet. Sie haben ihre gewissen Tageszeiten und Eßgewohnheiten; die einen ißt man noch heiß zu einem guten Kaffee am Nachmittag, die anderen gelten als Gevatter- und Kindergeschenk, die nächsten werden abends zum Zeitvertreib schnabuliert, wieder andere ergeben eine ganze Mahlzeit. Und an gewissen Tagen, besonders dem Ende der Fastnachtszeit zu, standen in jedem Haus den ganzen Tag über allen Hausbewohnern, Besuchen, Narren, Kindern und Bettlern schmalzgebackene Köstlichkeiten zur Verfügung, denn »Fastnacht verhungert keiner«. Ein anderer, natürlich auch der Erfahrung entsprungener Spruch sagt: »Fastnacht braucht jeder seine Pfanne selber«. Überall also herrschte Üppigkeit!

Faschingskrapfen – Fasnachtsküchel

Gestern, morgen, heut
Krapfen in alle Ewigkeit

Ja wirklich, sie haben ein langes Leben. Gestern, das war bereits um 1200, ist schon auf einem Speisezettel das Wort ›Craphum‹ zu lesen, womit wir wohl die älteste Namensform des Krapfens haben. Die Sage weiß hingegen, daß 1605 eine Bäckerswitwe Cäcilia Krapf sich und ihre Kinder durch das Backen der nach ihr benannten ›Krapfen‹ ernährt haben soll, und der Nürnberger Hans Sachs hat schon 100 Jahre früher gesungen:

Ich hab' zu Fastnacht Euch geladen,
daß Ihr Euch Krapfen holt und Fladen
und heut mit mir wollt Fastnacht halten
dem Brauche nach, dem guten alten.

Es gab damals auch schon die Zunft der Krapfenbäcker, und in jeder Gegend hat man die Krapfen etwas anders geformt. Ein neuerer Krapfenspruch lautet

Der oa Krapf' wird scho brau
der ander setzt as Häuberl o,
den dritten leg' i neb'no.
Oa Krapfen schaugt den andern o
wia der im Schmalz schö tanz'n ko.

Sie hatten, wie gesagt, nicht immer die gleiche Form und den gleichen Namen. In Nürnberg und im Schwäbischen, etwas flacher, heißen sie Fastnachtsfladen, in Oberbayern oft Pfanzelten oder Fasenachtnu'l und im Oberfränkischen Hornaffen.
Aber überall waren und sind es goldgelbe, herzhafte:

Faschingskrapfen

25 g Hefe werden in 1 Tasse Milch mit 1 Kaffeelöffel Zucker aufgelöst und mit 1/4 l Milch an 500 g erwärmtes Mehl gegeben. Man fügt noch 5 Eidotter, 50 bis 100 g zerlassener Butter und etwas Salz hinzu. Der Teig wird gut geschlagen, bis er Blasen

wirft, und dann warm gestellt. Man formt kleine Nudeln daraus, füllt sie mit etwas Aprikosenmarmelade und schließt sie wieder. Das muß sehr sauber geschehen, sonst tritt die Füllung in das heiße Fett aus und spritzt und schäumt. Zweckmäßig verwendet man dazu eine Gebäckspritze, die einen Krapfenfüllansatz hat. Die Krapfen werden zugedeckt und müssen schön gehen. Dann werden sie in heißem Fett goldgelb gebacken, mit dem Sieblöffel herausgenommen, abgetropft und mit Puderzucker überstreut.

Wenn sie allerdings im Fett sinken, dann sind sie zu wenig gegangen oder das Fett war nicht heiß genug.

Springnudeln

Aus 500 g Mehl, 30 g Hefe, 3 Eidottern, 60 g Zucker, gut 1/4 l Milch, 100 g weicher Butter und Salz macht man einen gut abgeschlagenen Hefeteig. Wenn er gegangen ist, wird er nochmals tüchtig geschlagen, bis er Blasen wirft, damit er recht zart wird. Dann gibt man eine Handvoll gewaschene und wieder getrocknete Rosinen dazu. Nun sticht man aus dem Teig mit einem Eßlöffel Nudeln, die in bemehlter Hand rund gedreht und auf ein bemehltes Brett gelegt werden. Sie werden zugedeckt; man läßt sie nochmals gehen, bis sie fast doppelt so groß sind. Mit einer in Fett getauchten Schere schneidet man kreuzweise in das Oberteil der Nudeln ein und legt sie sofort in heißes Fett, das man zudeckt, damit die schön aufspringenden Nudeln durchbacken. Sie werden abgetropft und dick mit Zucker eingepudert.

Auszogne Küchel

Den gleichen Teig wie zu Springnudeln ohne Weinbeeren formt man zu runden Nudeln, läßt sie zugedeckt schön gehen und nimmt sie dann mit beiden Händen in der Mitte und dreht sie dabei rundum, so daß der Rand gleichmäßig dick, das Innere jedoch ganz dünn wird. Bei schön ausgezognen Kücheln heißt es, man müßte eine Zeitung durchlesen können. Die Küchel werden vorsichtig ins heiße Schmalz gelegt, damit die dünne Innenseite nicht ins Schmalz taucht, sondern schön weiß bleibt und hochsteigen kann. Das sind jetzt echte bayrische Küachl, wie man sie das ganze Jahr gerne bäckt.

Bärentatzen

Zuerst bereitet man einen dicklichen Pfannkuchenteig und schlägt ihn recht gut. Man gießt ihn auf zwei- oder dreimal in eine gefettete Springform und läßt ihn darin ganz hell backen. Der Teig muß noch weiß bleiben, darf aber ziemlich durchgebacken sein.

Dann schneidet man die einzelnen Schichten wie einen Kuchen in je 10 bis 12 Stücke und macht in den Rand eines jeden einzelnen Stückes zwei tiefe Einschnitte. Diese dreizehigen Tatzen werden in heißes Fett gegeben, in dem sie schön aufgehen. Wenn sie goldbraun sind, nimmt man sie mit dem Sieblöffel heraus und streut Zucker darüber. Sie müssen recht resch sein und sollen daher gleich ganz frisch aufgegessen werden.

Bachene Nockerl

250 g Mehl, 30 g weicher Butter, 50 g Zukker, 1 Ei, 40 g grobgehackte Mandeln, etwas Salz, Zitronensaft und Zitronenschale, 1/2 Packerl Backpulver und knapp 1/4 l saure Milch, noch besser sauren Rahm, verschlägt man zu einem zarten, zähen Teig. Davon sticht man mit einem Kaffeelöffel kleine Nockerl ab, gibt sie in heißes Fett und bäckt sie goldbraun. Die schön aufgehenden Nokkerl werden abgetropft, mit Zucker bestreut und sofort aufgetragen. Sie werden mit Vorliebe zum Kaffee gereicht.

Schmalz-Rosen

250 g Mehl, knapp 1/2 Packerl Backpulver, 100 g Zucker, 50 g Butterflöckchen, 1 bis 2 Eier und ganz wenig Salz verknetet man zu einem zarten Mürbteig. Er wird ausgewalgt und dann zu je drei verschieden großen Plätzchen ausgestochen. In jedes derselben macht man außen 3 bis 4 Einschnitte und setzt dann je 3 Plätzchen so aufeinander, daß das kleinste obenauf ist. Man drückt alle drei in der Mitte mit dem Finger fest zusammen, wodurch sich die ›Rosenblätter‹ ein wenig aufbiegen. Dann bäckt man sie in heißem Fett goldgelb und füllt hierauf je 1/2 Kaffeelöffel Marmelade in die Mitte der nunmehr schöngeformten Rosen ein. Die Spitzen bestreut man dicht mit Zucker.

Topfennudeln

An 250 g Topfen gibt man 1 Eßlöffel Butter, etwas Salz, 2 Eidotter, 1 bis 2 Eßlöffel sauren Rahm und dann so viel Mehl, daß man einen halbfesten Teig verkneten kann. Daraus dreht man fingerdicke Nudeln, gibt sie in eine Bratpfanne mit heißem Fett oder auch in schwimmendes Fett und läßt sie beiderseits schön goldgelb backen.

Topfenkrapferl

80 bis 100 g Fett rührt man schaumig und gibt 50 g Zucker, 2 Eier und 40 g in wenig lauwarmer Milch aufgelöste Hefe dazu. Es folgen 400 g Topfen und 300 g Mehl, 3 bis

4 Eßlöffel Rahm, 50 g Rosinen, etwas Salz und ein Packerl Vanillinzucker. Der Teig wird geschlagen, bis er Blasen wirft, und dann zum Gehen warm gestellt. Davon sticht man mit einem Löffel kleine Nudeln ab und bäckt sie in heißem Fett goldbraun. Die Krapferl werden mit Vanillinzucker bestreut und warm zum Kaffee aufgetragen.

Topfenzipfel

250 g Mehl, etwas saure Milch oder Topfen, 1 bis 2 Eier, Salz und 1 Kaffeelöffel Zucker wirkt man zu einem halbfesten Nudelteig und knetet ihn sehr gut durch. Man walgt ihn dünn aus und radelt Vierecke aus. Für die Fülle rührt man 2 Löffelstich Butter, 2 Eier, 3 Eßlöffel Zucker, Vanillinzucker und Salz schaumig und gibt die geriebene Zitronenschale und 250 g Topfen dazu. Man kann die Masse noch mit etwas Rum oder Mandelöl abschmecken. Damit füllt man die Teigflecke, schlägt sieübereck zusammen und drückt die Ränder fest. Dann bäckt man die Zipfel in heißem Fett goldbraun und streut zuletzt noch Zucker, Vanillinzucker oder auch Zimtzucker darauf.

ASCHERMITTWOCH

Jetzat san Fasttag,
Jetzt hat's Maul Rasttag

Der Fasching ist zu Ende; rasch werden die Larven und Pritschen weggeräumt, der Aschermittwoch ist eingezogen mit Bußwilligkeit, Stille und Besinnung. Seit Gregor dem Großen beginnt das vorösterliche Fasten am Aschermittwoch. Symbol und zugleich Magenletze ist der saure Hering – Fisch, Fasten, Abkehr von aller üppigen Süße und Freude.

Der durch sein Aschenkreuz auf der Stirne gekennzeichnete Tag der Einkehr ist schon seit dem 7. Jahrhundert in der christlichen Welt nachweisbar. Er war der erste strenge Fasttag in der langen Reihe bis zum Ostersonntag. Man enthielt sich aller Fleischspeisen und kochte fettarm, einfach, sparsam. Gemüt und Magen sollten sich erholen von der Faschingszeit und ihrem Schmalzgebackenen. Spaßvögel meinten dazu:

Für a Trumm Fleisch
gab i 's ganze Fasten her.

Aber die Besonnenen und auch die Ärzte meinten schon seit ältesten Zeiten, daß man ›Fasten‹ erfinden müßte, gäbe es nicht bereits ein strenges Gebot dafür.

Schon zu Mittag begann das Fasten mit den für diesen Tag typischen Speisen. Verschieden, je nach den örtlichen Gegebenheiten, wurde dann abends eine ausgesprochene Fischpartie abgehalten, die heute meist zu einem Heringsschmaus zusammengeschmolzen ist, oder es gab Dampfnudeln und deren diverse Nudelgeschwister.

Hechtenkraut

Das ist ein altes bayrisches Fastengericht und war eine der Lieblingsspeisen König Ludwigs II. Seine Köche mußten es ihm, wiewohl umständlich und aufwendig zuzubereiten, sogar in der Blöckenau bei Hohenschwangau, in der Blauen Grotte in Linderhof, am Fernstein, oder wo sonst gerade der König zu weilen Lust hatte, vorsetzen. Das war schwierig, weil die Eßzeiten stets unbestimmt und plötzlich angesetzt wurden und weil ja neben allen Lebensmitteln auch alle Küchen- und Tafelgeräte, das kostbare

Speiseservice, Gläser, Dekorationen und so weiter mitgeschleppt werden mußten. Denn der König liebte es, sehr prunkvoll zu speisen.

Etwas weniger umständlich, darum aber nicht weniger fein, lautet ein modernes Rezept dafür:

Ein Hecht wird wie üblich vorbereitet und in genug Butter gargebraten. Man löst das Fleisch vorsichtig von den Gräten, zerlegt es in schöne Stückchen und schichtet es mit im Butter geschmorten Zwiebeln zwischen gekochtes Delikateß-Sauerkraut in eine feuerfeste Form ein. Darüber gießt man eine Mischung aus saurem Rahm, Eidottern, Parmesan, Salz, Muskat, Pfeffer und Eischnee und bäckt das Hechtenkraut dann goldgelb.

Heringssalat mit Erdäpfeln

1 bis 2 gewässerte Salzheringe werden von Kopf, Schwanz und der Gräte sowie der Haut befreit und kleingewürfelt. Man mischt kleingehackte Zwiebel und aufgeschnittene Kartoffeln darunter. Der Salat wird mit Öl und Essig und so viel Salz wie nötig, reichlich Zucker und nach Belieben auch mit geriebenem Apfel angemacht.

Hering nach Hausfrauenart

Matjeshering wird gereinigt, kleingeschnitten und in etwas Milch eingelegt und dann mit einer Mischung aus saurem Rahm oder Joghurt, geriebener Zwiebel, Salz, reichlich Zucker, 1 großen, feingeriebenen Apfel, etwas feingewiegter Essiggurke und 1 bis 2 Kaffeelöffel Gabelbissengewürz versehen. Man gibt die Masse in einen Steintopf und sorgt dafür, daß die Rahmbrühe übersteht. Der Hering wird nun eine Weile kaltgestellt und dann mit heißen Kartoffeln aufgetragen.

Aus den Aufzeichnungen des Klosters Obermünster vom Jahr 1743 geht hervor, daß es am Aschermittwoch ›Germnudeln‹ gab. Vielleicht schmecken sie uns heute auch noch; wir nehmen an, daß es sich dabei um die bekannten Dampf- und Rohrnudeln handelte.

Dampfnudeln

Dazu ist der einfachste Hefeteig am besten. 25 g Hefe löst man in 1 Tasse lauwarmer Milch mit 1 Kaffeelöffel Zucker auf und gießt sie an etwa 500 g vorgewärmtes Mehl. Man fügt noch etwas Milch, 50 bis 70 g weichen Butter, 2 bis 3 Eßlöffel Zucker, eine Prise Salz und nach Belieben 1 bis 2 Eier hinzu. Für den Alltag läßt man in

Bayern die Eier weg. Der halbfeste Teig wird gut durchgeschlagen, bis er Blasen wirft. Dann läßt man ihn zugedeckt gehen und formt mit dem Löffel kleine, eigroße Nudeln daraus, dreht sie rund auf ganz dünn bemehltem Brett und legt sie nebeneinander unter einem Tuch zum Gehen in die Wärme.

In der Zwischenzeit kocht man in einem großen, breiten Tiegel mit einem schweren und gut passenden Deckel so viel Milch, daß der Boden 2 cm hoch davon bedeckt ist. Man gibt 1 bis 2 Eßlöffel Zucker und 1 Eßlöffel Fett hinein. In diese kochende Milch setzt man dicht nebeneinander die gut gegangenen Nudeln und deckt den Topf rasch zu; es darf kein Dampf entweichen! Nötigenfalls legt man ein Tuch zwischen Topf und Deckel.

Die Nudeln werden zuerst 20 Minuten bei guter Hitze gekocht, bis die Milch einzieht und zu bruzzeln anfängt. Dann stellt man den Topf beiseite oder man stellt die Hitze auf ganz klein und läßt die Nudeln nochmals 10 bis 15 Minuten durchgaren, bis sie unten schöne, braune Ramerl haben. Der Deckel darf in der Zwischenzeit nicht gehoben werden, sonst entweicht der Dampf und sie fallen zusammen. Die fertigen Nudeln werden aus dem Topf gestochen; die Milch soll dabei ganz eingekocht sein und braune Karamelkrusterl haben. Man stürzt die Dampfnudeln auf eine Platte und reicht eine Vanille- oder eine Weinsoße oder auch warmes, gut gesüßtes Apfelmus dazu.

Apfel-Dampfnudeln *werden genauso zubereitet; man legt nur in die kochende Milch die Schnitze von 2 bis 3 Äpfeln mit etwas mehr Zucker.*

Rohrnudeln *entstehen, wenn man die schön aufgegangenen Dampfnudeln in eine Reine mit reichlich Fett dicht nebeneinander legt und sie dann in die Röhre schiebt, in der sie goldbraun gebacken werden.*

Fastenbrezel

Die Fastenbrezel ist ein wichtiges Kultgebäck, das zuerst nur in den Klöstern des Mittelalters aus Weizenmehl hergestellt wurde und als Armenspeise galt. Sie wurde erst nach dem Aschermittwoch verteilt und hatte die Form eines Ringes um ein Kreuz. Es ist nicht ganz sicher, ob es sich dabei ursprünglich um eine Grabbeigabe oder um eine Belohnung für fleißige Klosterschüler handelte. Der Name Brezel wird einerseits vom lateinischen ›bretiolum‹ abgeleitet, was so viel heißt wie kleiner Brei, andere wieder sagen, er käme von ›bracchiolum‹, was ineinandergeschlungene Ärmchen bedeutet. Das würde auf ein Totenkultgebäck hinweisen.

Jedenfalls aber hat sich diese Fastenbrezel wie überhaupt die Brezel bis zum heuti-

gen Tag gehalten und ist ins Brauchtum eingegangen. Es gab spezielle Fastenrezepte dafür, damit das Gebäck ja nicht in Üppigkeit ausarten konnte. Man hat sogar die Milch als Beigabe gespart und nannte sie deshalb dann Wasserbrezel.
Etwas üppiger gestaltet sind:

Fastenbrezel mit Kümmel

Einen einfachen Hefeteig aus 500 g Mehl, 30 g Hefe, 1/4 l Milch, 1 Ei und 50 bis 80 g Butter verknetet man sehr gut und gibt etwas Salz und gewiegten Kümmel daran. Der feste Teig wird nach dem ersten Gehen nochmals mit 80 g Butter durchgearbeitet. Dann formt man eine große Rolle daraus und schneidet gleichmäßige Stückchen ab. Aus ihnen werden dünne Walzen und Brezeln geformt, die man gut gehen läßt. Dann werden sie mit verklopftem Eidotter bestrichen, mit Salz und Kümmel bestreut und schön goldgelb gebacken. Wenn man den Kümmel bäckt, ist er noch aromatischer.

Speise aus Fastenbrezeln vom Jahr 1604

Nimb Brezel / weich sie in Milch eyn / thu sie in ein Turtenpfannen / vnd kleine schwartze Rosein darvnter / thu frische Butter / die vngeschmältzt ist / darober / scheubs in Ofen / vnnd laß backen / oder auff heisser Aschen / daß vnten und oben heiß ist / vnd wens gebacken / so stürtz es vmb in eine Schüssel / beträw es mit Zucker / vnd gibs warm auff ein Tisch. (Rumpolt)

MARTIUS hat XXXI. Täg.

III. Monat.	Der Heiligen Fest-Tag im Mertz.	☽ Lau	☼en Aufg.	☼en Nider.	Erwählung der Aspecten und vermuthliche Witterung.
Mitwo.	1 d Albinus Bisch.	♏	6.34.	5.26.	✠ ● △ ☉, ∴, Es lässet
Doner.	2 e Simplicius Bis.	♏	6.32.	5.28.	⚹ ☉ ♃, ☌ ♂, ☾ perig. sich
Freyta.	3 f Cunegund Kays.	♐	6.30.	5.30.	✠ ● ⚹ ♀, □ ☿ temperirt
Samb.	4 g Casimirus Bei.	♐	6.28.	5.32.	☾ 1. Uhr, 49. min. Fr. an.
☉ 10.	JEsus treibt einen Teufl aus / Luc. 11.				Tagl. 11. Stund, 8. min.
Sonta.	5 A3. Oculi Gerasi.	♑	6.26.	5.34.	☾ vac. (♀ in ♒, Es fah-
Monta.	6 b Victorinus M.	♑	6.24.	5.36.	✠ ● ⚹ ☉, ☌ ♃, ret mit
Erchta.	7 c Thomas v. Aqui.	♒	6.23.	5.37.	✠ ● ⚹ ♃ ☿, △ ☉ ♂ Neb-
Mitwo.	8 d Johannes Dei,	♒	6.21.	5.39.	□ ♂, len u. Schnee, Wol-
Doner.	9 e Francisca Witt.	♒	6.19.	5.41.	✠ △ ♂ ☿, △ ♄, cken fort.
Freyta.	10 f 40. Ritter M.	♓	6.18.	5.42.	✠ ● ⚹ ♃, ☊, kalt.
Samb.	11 g Rosina J. M.	♓	6.16.	5.44.	● 6. U. 28. m. Fr. unsi. ☉ fi.
☉ 11.	JEsus speißt 5000. Mann, Joh. 6.				Tagl. 11 Stund / 32. min.
Sonta.	12 A4. Lätare,	♈	6.14.	5.46.	✠ ● ⚹ ♀, ☌ ☉ ☿, Nach
Monta.	13 b Euphrasia J.	♈	6.13.	5.47.	✠ □ ♃ Regen oder Schne
Erchta.	14 c Mathildis Kö.	♉	6.11.	5.49.	☍ ♄, kommt ☼enschein,
Mitwo.	15 d Longinus Mar.	♉	6. 9.	5.51.	✠ ● □ ♀, ☿ i ♈, darauf
Doner.	16 e Christian Mar.	♉	6. 8.	5.52.	⚹ ☉ ☾ apog. wird es ge-
Freyta.	17 f Gertraud Jgf.	♊	6. 6.	5.54.	✠ ● △ ♀, wölckig u. kalt.
Samb.	18 g Narcissus Bis.	♊	6. 4.	5.56.	✠ ● ☾ vac. Schnee oder
☉ 12.	Die Juden wolten JEsum steinigen / Joh. 8.				Tagl. 11. Stund / 56. min.
Sonta.	19 A5. Judi. Joseph	♋	6. 2.	5.58.	☽ 8. Uhr, 21. min. Frühe.
Monta.	20 b Claudia Mart.	♋	6. 1.	5.59.	✠ ● ☍ ♃, Regen.
Erchta.	21 c Benedict Ord.	♋	6. 0.	6. 0.	□ ♄, ☼ in ♈, Frühlings
Mitwo.	22 d Octavianus,	♌	5.58.	6. 2.	△ ☉, Anfang, Tag und
Doner.	23 e Theodoricꝰ M.	♌	5.56.	6. 4.	□ ♂, ☍ ♀, Nacht gleich.
Freyta.	24 f Mar. Schmer.	♍	5.54.	6. 6.	☾ vac. ☋ naß-kalte Wite-
Samb.	25 g Mar. Verkün.	♍	5.52.	6. 8.	✠ ● ⚹ ♀ ☿, ♂ Stat. rung.
☉ 13.	Von Christi Einreitung / Math. 8.				Tagl. 12. Stund / 18. min.
Sonta.	26 A6. Palm-Tag,	♎	5.51.	6. 9.	● 5. Uhr, 44. min. Nachm.
Monta.	27 b Rupertus Bis.	♎	5.49.	6.11.	✠ ● □ ♃, ♂ Retr. Es
Erchta.	28 c Vitalis Mart.	♏	5.47.	6.13.	☌ ♄, ☍ ☿, wird windig.
Mitwo.	29 d Mechtildis J.	♏	5.46.	6.14.	☍ ♄ ☿, ☌ ♂ sehr kalt und
Doner.	30 e Gründonnerst.	♐	5.44.	6.16.	✠ ● △ ☉, ☾ perig. bringt
Freyta.	31 f Charfreytag,	♐	5.42.	6.18.	✠ ● △ ♄ ♀, Schnee.

Die Monds-Brüche in disem Monat.

Den 4. diß das letzte Viertel um 1. Uhr 49. min. fruhe / geht mit Schnee ein, darauf Neblen und trübes Gewölck folget.

Den 11. dito das Neue Liecht mit unsichtbarer Sonnen-Finsternuß um 6. Uhr 28. min. fruhe / bringt Ein- und Ausgangs Schnee oder Regen / in der Mitten Reiff und Frost.

Den 19. dito das erste Viertl um 8. Uhr 21. min. fruhe / deutet auf naß und kalten Lufft.

Den 26. dito das Volle Liecht Abends um 5. Uhr 44. min. zihlt auf windig, kalt- und feuchtes Wetter.

Gut Aderlassen / den 1. 3. 7. 9. 10. 12. 13 15. 17. 18 20. 25. 27. 30. 21.

Kranckheiten. ☍♄♃ Schröcken bey Kindern, Schwindel bey Alten / Schlag Flüsse / Traurigkeiten / Engbrüstigkeit.

Lenzing März

Viel Feldarbeit im Märzen erlaubt im Herbst viel scherzen

FASTENZEIT

In den Fasten
leert man Keller und Kasten

Das Fasten gehört sicherlich zu den ältesten Begleiterscheinungen des Essens. Ob die Urzeitmenschen sich dabei schon dessen bewußt wurden, daß es gut war, nach einem aufgefressenen Mammut eine Pause einzulegen, mag dahingestellt sein. Jedenfalls hat sich die Übung, gelegentlich zu fasten – sei es aus Nachschubmangel, Überfütterung oder Besinnung, die allmählich in religiöse Gesetze überging – aus alten Anfängen entwickelt. Jede Religion und Philosophie hat sie übernommen und unter den verschiedensten Aspekten und Geboten dem Volk auferlegt. Daß gesundheitliche Überlegungen und jahreszeitliche Versorgungsschwierigkeiten gleichermaßen mitspielten, ist mit Sicherheit anzunehmen. Der einzelne Mensch hatte früher, schon infolge des Fehlens von Massenmedien, gar keine Gelegenheit, sich seiner Eßnotwendigkeiten bewußt zu werden. Er gehorchte – völlig einfach – seiner befehlsgewaltigen Obrigkeit und ahnte wohl mehr als er wußte, daß sie für ihn richtig dachte und lenkte.

So feierte man ab und zu üppige Feste, die aber immer wieder durch rechtzeitige größere oder längere Fastenzeiten abgelöst wurden. Sie verteilten sich über das ganze Jahr. Hatte sich also zum Beispiel in der Erntezeit ein Ränzlein gebildet oder wurden zu Ende des Winters die Scheuern und Kammern leerer, so schaltete die Kirche wohlweislich Fastenzeiten ein, und Mensch und Wirtschaft fanden einen guten Ausgleich. Das Ganze hatte einen wohlgefälligen Mantel umgehängt bekommen, war gesund und sozialpolitisch geschickt arrangiert.

Dabei sind die Fastenzeiten gar keine Erfindung der katholischen Kirche, sondern sind viel älter. Um sie dem Volk zu lassen, weil sie heilsam sind, hat man das Vierteljahrsfasten seit Ende des 5. Jahrhunderts zu einem kirchlichen Brauch umgewandelt und allerlei wichtige Bezüge dazu geschaffen. So wurden Frühjahrs-, Pfingst-, Herbst- und Adventsfasten daraus mit Buß- und Weihefasten, Fron- und Zinsterminen, aber auch Arbeitswechsel. Die vier großen Fasten- und Zinsperioden, obwohl mit Ostern beweglich, teilten das Jahr in vier gleiche Abschnitte und bildeten, aus dem lateinischen ›quattuor tempora‹, die Grundlage zu dem religiösen

Kürzel ›Quatember‹. Sie spielten in der katholischen Kirche eine bedeutsame Rolle.

Natürlich war es oft unbequem, sich längere Zeit aller leiblichen Genüsse zu enthalten, und so hat man sich bemüht, bei aller wortgetreuen Erfüllung des Fastens doch da und dort ein Hintertürchen für den genüßlichen Adam offen zu lassen. Alte, insbesondere bayerische Kochbücher und klösterliche Küchenzettel zeigen dies in oft amüsanter Weise. Es gab sogar Kochbücher, deren Hauptbestandteil Fastenspeisen waren, was bei den häufigen Fastenzeiten nur zu verstehen ist. Das ›Augsburger Kochbuch‹ von 1717 enthält z. B. allein 136 Fastensuppen. Denn es gab ja neben dem Dreikönigsfasten das vierzigtägige Fasten vor Ostern, das Ernte-, das Martini-, das Weihnachts- und das Sylvesterfasten und noch etliche weitere, kleinere Fastenpausen und überdies den allwöchentlichen Freitag. Insgesamt war ein Drittel des Jahres, etwa 120 Tage, Fastenzeit.

Die Mühe des Fastens und die Hoffnung, daß bald wieder üppigere Zeiten kämen, haben sich natürlich auch im Sprichwort widergespiegelt. So heißt es »Kurze Fastnacht, lange Fasten« Oder »Wer lange gefastet hat, dem sind rohe Bohnen gut«. Ein Hinweis also darauf, daß selbst die einfache Kost aus rohen, getrockneten Bohnen noch besser sei als zu langes Hungern. »Auf Fasten folgt Ostern«. Das zeigt deutlich die Hoffnung auf bessere Zeiten. »Langes Fasten heißt nicht Brot sparen«.

Trotz der oft strengen Gebote konnten Fastentage auch üppig gestaltet werden, denn »Jedes Fasten hat wenigstens drei Freßtage«.

In früheren Zeiten wurde das Fastengebot noch so streng eingehalten, daß man nichts, was von gewissen Tierarten herkam, ja nicht einmal Eier und Butter, genoß, sondern selbst in Bayern, wo doch gar kein Ölbaum wächst, nur mit Olivenöl kochte, bis 1480 Papst Sixtus IV. eine Befreiung vom ausschließlichen Gebrauch von Öl erteilte. Eine gute Weile länger aber dauerte noch die gänzliche Enthaltung von allem Fleisch. Man begnügte sich mit Mehlspeisen, Gemüsen, Früchten von Ölpflanzen, Hülsenfrüchten, Brot und Brotspeisen und insbesondere mit Fischen. Einer Legende zufolge sollen die Fische deshalb zur ausgesprochenen Fastenspeise geworden sein, weil bei der Sintflut alles vernichtet wurde, nur die Fische nicht.

Im übertragenen Sinne bedeutet dies, daß während der Fastenzeit alles andere als verloren anzusehen ist, daß man sich also nur auf Fischnahrung einzustellen hatte.
Gerade die Fische aber waren es, die schlauen Mönchen einen Ausweg wiesen: Sie gesellten den Fischen einfach andere Wassertiere zu, wie etwa den Biber, den Fischotter, Robben, Schnecken, Frösche, ja sogar ›Duckäntel‹, Rohrhühner usw., die es in den bayerischen Gewässern allenthalben noch in Mengen gab. Sie wurden eben einfach zu Fischen oder Fastenvögeln erklärt, weil sie ja im Wasser lebten, und sie bildeten, später sogar kirchlich als Fastenspeisen sanktioniert, auf diese Weise wohlschmeckende Abwechslung. Und wenn die geistlichen Herren noch weitere Gelüste auf Fleisch hatten, dann soll der Herr Abt zu einem Spanferkel oder Biber sogar mit feierlicher Stimme »Ego te baptizo carpam – ich taufe dich Karpfen« gesprochen haben. Eine erstaunlich übereinstimmende Parallele gibt es dazu aus Japans Klöstern zu berichten: Um das Verbot des Fleischgenusses einzuhalten, bezeichneten die Mönche das Wildschein kurzerhand als ›Bergwal‹.
Auf einer originellen Fastenlegende beruht auch das Ulrichswunder. Der fromme Bischof von Augsburg hatte seine Neider. Die sagten ihm nach, daß er den Freitag nicht einhalte, und man schickte ihm daraufhin von Rom aus einen Spion nach Augsburg. Und wirklich, sei es, daß der Bischof den Freitag vergessen hatte, oder daß er den hohen Besuch recht bewirten wollte: Es roch nach einem saftigen Truthahn aus der Küche. Als aber der Topfdeckel gehoben wurde, um das Corpus delicti zu enthüllen, schwammen zwei veritable Hechte im Topf. Seitdem trägt der heilige Ulrich zwei Hechte als Attribut im Arm.
So hatten die Fastenspeisen in Altbayern ihre eigene Gloriole und es sind uns sogar Fastenbankette von ausgesprochen üppigem Ausmaß überliefert. Da gab es zuerst etwa das übliche Manscho Blanco (blanc manger), dem gebratene Wasservögel, Fischkarbonaden, Hechtenknödel, Karpfenbavesen, gebratene Meerspinnen, Krebswandel, ein Biberschwanz mit Mandelsoße, eine Pastete von Meerhund (Robbe), süßer Spinat und Kräutertarteletten folgten. Obst, Quittenkäse und Konfekt bildeten den Abschluß.
In alten bayerischen Kochbüchern über die zahlreichen Fastenspeisen zu lesen, ist schon aus sprachlichen Gründen amüsant. Da finden wir beispielsweise im ›Baier'-

schen Kochbuch‹ der Anna Klara Messenbeck von 1850 noch Duckentchen. Es gab: »Ganz ordinäre Fastensuppe, Weiße Schü-Suppe zu Fastenspeisen, Zwudelsuppe, Fastenknödel, Pastöttn zur Fasten aus Fisch und Aal, Karpfen gefüllt mit Austern zur Fasten, Pastete von Hechten mit Krebsen und Forellen (Fastenrezept), Lungenbraten von einem Karpfen, Hechten mit Champion-Soß, Gebratener Biber, Gebratener Fischotter zur Fastenzeit«. In Kochbüchern der Krescentia Buchner, München 1813, im ›Bayrischen Kochbuch für Fleisch- und Fasttäge‹ der Johanna Maria Huberinn von 1800 in Stadtamhof, im ›Nürnberger Kochbuch‹ der L. F. von 1841, in der ›Bayrischen Köchin‹ der Anna Neudecker, München 1805, im ›Altadlichen Bayer'schen Kochbuch aus dem Nachlaß einer berühmten Gräfin‹ von 1857 und im ›Regensburger Kochbuch‹ der Marie Schandri von 1856 fand man auch noch »Frösche in der Soß, Fastenpanade, Fastenpastettlein« usw.

Auch die Wirte waren bei Strafe verpflichtet, nur erlaubte Fastenspeisen zu bereiten oder zu dulden. In jahrhundertelanger Übung kamen infolgedessen auch hier vielerlei und recht schmackhafte Fastenspeisen zusammen.

Der große Kosmopolit und Schilderer des damaligen Alltags, Michel Eyquem de Montaigne, hat in seiner ›Badereise‹ aus dem Jahr 1580–1581 erzählt, daß ihm in Königsdorf in Oberbayern, wo er Zwischenstation machte, Eier in der Fastenzeit angeboten wurden. Das war ihm neu; er kannte Eier bisher nur als Salat. Seine Notiz jedenfalls gibt uns einen Hinweis darauf, daß auch im Wirtshaus gefastet wurde.

›Große‹ Herren aber konnten sich natürlich vom Papst dispensieren lassen, um dem Fasten zu entgehen. Sie mußten dafür entsprechende Bußen bezahlen. Auch um sich Teildispense zu erwirken, damit man Butter, Eier, Käse und Milch essen durfte, mußte der Genießer zumeist tief in den Beutel greifen.

Den Beginn aller Fastenrezepte, die, wie erwähnt, einen recht ansehnlichen Anteil am jahreszeitlichen Rezeptuarium einnehmen, sollen hier nun die Suppen, die Fastensuppen, machen. Sie sind ja sehr oft der Mittelpunkt einer Mahlzeit gewesen und mußten trotz aller Abkehr vom ›Fleischlichen‹ wohlschmeckend, sättigend und doch fastengemäß sein.

Fastensuppen

Brotsuppen eröffnen die Fastenzeit, sie versinnbildlichen den Willen, zu entbehren »bei Wasser und Brot«. Zudem bildeten sie sehr oft eine ganze Mahlzeit.

Aufgeschmalzte Semmelsuppe

2 bis 3 aufgeschnittene Semmeln werden in Salzwasser gut durchgekocht. Man röstet dann einige Zwiebelringe in genügend Butter goldbraun und gießt sie über die Suppe, die noch mit Schnittlauch und etlichen Tropfen Suppenwürze abgeschmeckt wird.

Aufgeschmalzte Wassersuppe

Schwarzbrot wird in dünnen Schnittchen in eine Schüssel gegeben. Darauf setzt man 2 bis 3 aufgeschlagene Eier und 1 große in Scheiben geschnittene und in reichlich Fett goldbraun gebackene Zwiebel. Über das Ganze gießt man Salzwasser und gibt zuletzt reichlich Schnittlauch darüber. Die Suppe wird nur kurz einmal mit dem Schöpfer umgerührt. Man kann noch etwas sauren Rahm dazugeben.

Brezensuppe

In eine Suppenschüssel gibt man aufgeschittene oder zerbrochene Fastenbrezen, darauf eine Lage Parmesankäse und eine Handvoll feingeschnittene und in Butter hellbraun geröstete Zwiebeln. Dann gießt man kochendes, leichtes Salzwasser darüber und läßt die Suppe noch kurz einmal aufkochen. Man deckt sie zu und hält sie dabei warm, damit das Brot recht schön auflaufen und weich werden kann. Zuletzt streut man Petersilie, Schnittlauch oder Kresse darüber.

Stoaknödel oder Suppenwuchteln

(Rezept aus dem Bayerischen Wald)

Semmelknödelteig wird mit etwas Fett, am besten Butterschmalz, verknetet. Man rechnet je Knödel etwa 1 Teelöffel voll. Daraus werden Knödel geformt, die man flach drückt und in einer gut gefetteten Reine im Rohr goldbraun herausbackt. Die Knödel werden dabei einmal umgewendet und dann in eine gute Fleischbrühe gegeben; man hat auf diese Weise sogar eine feine Sonntagssuppe in der Fastenzeit.

Schwarzbrotsuppe mit Rotwein

Schwarzbrotreste werden in Wasser eingeweicht und dann mit ganz wenig Salz völlig weich gekocht und durchgedrückt. Man gibt 1 Glas Rotwein, etwas im Butter geröstete Zwiebel, 1 Spritzer Essig und nach Belieben noch 2 bis 3 mit Rahm verschlagene Eier bei.

Panadelsuppe

In ein Seidel Fleischbrühe schneidet man von 3 bis 4 altbackenen Semmeln die Rinden hinein und läßt sie gut verkochen. Dann treibt man sie durch einen Seiher, erhitzt sie aufs Neue, gibt etwas Petersilie oder Schnittlauch darüber und richtet sie an.

Rezepte aus dem Buch der Huberinn von 1800:

Straubinger G'schwollene Gans

In Selbstironie nennen die Straubinger Hausfrauen eine Brotsuppe so. Sie besteht aus je einer mehrfach eingekerbten Semmel, die wohl die Gans darstellen soll. Man gibt sie mit reichlich kleingeschnittener Zwiebel, die in Schmalz geröstet wurde, in die ansonsten magere Fastensuppe und läßt die Semmeln darin schön aufgehen, bis sie geschwollen sind. Zuletzt streut man reichlich Schnittlauch oder Petersilie darüber.

Körbelkraut-Suppe

Eine Handvoll Körbelkraut, halb so viel Sauerampfer und ein wenig Petersilie werden klein gewiegt und in Butter gedämpft. Man gibt 1 Löffel voll Mehl daran und gießt mit Gemüse- oder Fleischbrühe auf. Man würzt mit Salz und Muskatblüte und verquirlt vor dem Anrichten noch einige Eidotter mit süßem Rahm, die untergerührt werden. Die Suppe wird über gebäkte Brotschnittln gegossen.

Zitronensuppe

4 Eidotter werden mit etwas geriebener Zitronenschale und dem Saft von 2 Zitronen sowie 4 Eßlöffeln voll Kirschwasser und 2 bis 4 Eßlöffeln Zucker gut verschlagen. Man rührt die Masse dann über leichtem Feuer, bis sie etwas dick geworden ist und verdünnt dabei unter ständigem Rühren mit etwas Wein.

Eine sehr gute Fastensuppe

In einen Topf gibt man ein Stück Butter und legt 2 aufgeschnittene Zwiebeln, 2 bis 3 geschnittene Petersiliewurzeln und Gelbe Rüben, ein Stück gewürfelten Sellerie, Kuttelkraut (wahrscheinlich Majoran), Basilikum, Pfeffer, Muskatblüte, Ingwer und Nelken und dann das Fleisch von einem ausgelösten Karpfen oder einer Schleie darauf. Man läßt alles braun anlaufen und gießt dann mit einer Gemüsebrühe auf. Wenn der gesamte Inhalt zartweich gekocht ist, treibt man alles durch ein Haarsieb, salzt die Suppe und reicht sie mit gebähten Semmeln oder nur mit Schnittlauch überstreut.

›Eine herrliche Krebs-Suppen‹

25 Stück Krebse werden in Salzwasser gekocht. Man nimmt die Nasen und das Unreine weg, stößt alles Übrige in einem Mörser und läßt den Brei in guter Fleischbrühe oder Hühnersuppe (?) sehr gut aufkochen. Dann röstet man einige Semmelwürfel in Butter schön, fügt Pfeffer und Salz und noch etwas Muskat hinzu, gibt die Krebssuppe durch ein Sieb und läßt sie mit dem Brot noch einmal einen kurzen Sud auftun. Dann wird mit Schnittlauch, Kerbel oder viel Petersilie angerichtet.

Fröschsuppe

(Originalrezept aus dem ›Neuen Augsburger Kochbuch‹ 1840)

Man nehme 24 Stück recht schöne frische Froschschenkel, wasche sie und trockne sie mit einem reinen Tuche ab, dann nehme man die Krume (Musel) von einem weißen Kreuzerbrod (3 bis 4 Loth) und stoße sie in einem messingenen Mörser zusammen, daß ein Teig daraus werde, den Teig thut man in eine Kasserolle und dämpft ihn, gießt einige Löffel voll Wasser daran und treibt ihn dann durch ein Sieb. Man läßt das Durchgetriebene noch einmal recht heiß werden, und richtet es über gebähte Brodschnitten an. Man kann auch etwas Erbsendurchschlag und Fleischbrühe zusetzen, wenn kein Fasttag ist. (Erbsendurchschlag war das, was heute Suppenwürze ist.

Suppe von gefüllten Catücken

(Original-Rezept)

Nimm schönen Kopf-Salat, so viel du vonnöthen hast. Brühe ihn ab in Wasser, lass solchen nur einmal aufwallen, und sodann gleich wieder in frisch Wasser legen; mach darnach eine Fülle von frischen Eyern und allerley guten Kräutern, fülle den abgebrüh-

ten Salat an und richts in ein irdenes, oder anderes Geschirr mit frischem Butter, darauf lass es fein gemach auf der Glut kochen, als denn richt das Brät in die Schüssel und begieß es mit guter Brühe auf der Glut. Den gefüllten Salat theile voneinander, und richts fein schön auf die Schüssel, daß man die Fülle sehen kan auf der Höhe und garniert zwischen den Salat mit kleinen jungen Spargeln, mit Krebsschwänzen und Karpfenmilch, auch einem Karpfenkopf in der Mitten.

Es handelt sich hier also um gefüllte Salatblätter. Die Bindung der Fülle dürfte zu gering sein, deshalb gibt man wohl zweckmässig etwas gekochten Reis oder Semmelwürfelchen darunter.

Krebssuppe mit Mandeln

10 bis 12 Krebse werden gewaschen, gekocht und ausgelöst. Die Krebskörper zerstößt man in einem Mörser mit etwas Butter ganz fein und läßt sie so lange schmoren, bis die Butter rot ist. Man gießt mit Wasser auf, siebt dann die Suppe ab und nimmt die schön rote Krebsbutter oben ab. Die Suppe selbst wird mit etwas Milch, einer guten Prise Zucker und ganz wenig Zimt abgeschmeckt. Man gibt die Krebsschwänzchen und das übrige gute Krebsfleisch hinein und garniert mit gebähten Semmelschnittchen oder gerösteten Semmelwürfeln. Zuletzt kommt noch eine Handvoll süßer, abgezogener Mandeln dazu. Zuletzt wird die Suppe mit feingehackter Petersilie überstreut.

Fastensuppe von Pilzen

In Salzwasser gibt man reichlich Suppengrün (Petersilie, etwas Sellerie, Lauch, Gelbe Rüben) und läßt es gut auskochen. Man kann auch 1 bis 2 Eßlöffel getrocknetes Suppengrün verwenden. Dann wiegt man gut geputzte Pilze, einen Teller voll, sehr fein, schmort sie mit etwas Butter, fügt gehackte Petersilie, Zwiebel und geriebene Zitronenschale hinzu und läßt alles gut durchgaren; nach Belieben kann man die Masse durch ein Sieb drücken. Zuletzt wird sie mit 2 bis 3 verquirlten Eiern und 1/2 Eßlöffel Stärkemehl gebunden und nochmals mit Kräutchen, ganz wenig Essig oder Zitronensaft abgeschmeckt und mit Semmelwürfelchen versehen.

Suppe mit Fischrogen

Aus etwas Fett und Mehl bereitet man eine Schwitze, die man leicht gelb anlaufen läßt. In der Zwischenzeit hat man Fischrogen in Essigsalzwasser mit etwas gehackter Zwie-

bel gargekocht. Man gießt mit dem Kochwasser auf und gibt den verquirlten Rogen, reichlich Petersilie, etwas Salz, nach Belieben einige gebräunte Zwiebelringe und entweder dünne, gebähte Weißbrotschnittchen oder geröstete Semmelwürfel hinein.

Wein-Suppe mit Mandeln

(Original-Rezept aus Huberinns ›Bayrischem Kochbuch‹ 1800)

Nehm ein Viertl Pfund Mandeln, ziehe die Schelfen ab, stosse sie inn frischem, wenigem Wasser recht fein, wie zu einer Mandelmilch, treibs hernach mit Wein durch ein leinenes Tuch, thue ein Stückl ganzen Zimmet, Zucker, Zitronenschelfen oder Schaalen dazu und zu einem Seidl Wein 1/2 Seidl Wasser und ein wenig frischen Butter dazu, lasse es unter beständigem Umrühren aufsieden und richte es über gebähte Schnitten an.

Weiße Golli zu Fastenspeisen

1 Tasse abgezogene süße Mandeln werden feingerieben und eine Semmel in Rahm eingeweicht. Man kocht diese beiden Massen mit 1 oder 2 Schleien, oder einem Karpfen oder einer Rutte in klarer Fleischbrühe und gibt etliche Champignons, Trüffeln, Basilikum und kleingehackte Zwiebeln dazu. Die Suppe wird eine gute halbe Stunde gekocht und dann durch ein Sieb getrieben. Man richtet sie mit Petersilie an.

›Suppe mit Milch und Eyerdotter‹

Einen Liter Milch, auch gewässerte Milch, läßt man aufkochen und fügt etwas Salz und ein Stückchen Butter dazu. Dann verrührt man kurz vor dem Anrichten 6 oder 8 Eidotter, verquirlt sie in der Suppe, läßt sie noch einmal heiß werden und richtet sie dann mit gerösteten Semmelwürfeln an. Etwas Dill schmeckt gut darin.

Suppe von gefüllten Cucumern

Eine große Cucumer (Gurke) wird geschält und ausgehöhlt. Man kocht sie in Salzwasser kurz einmal auf und füllt dann ein Gemisch aus Eiern, etwas Käse und reichlich Kräutern hinein. Die Gurke wird im Rohr so lange durchgeschmort, bis die Eier fest sind. Dann schneidet man Streifen davon und gibt sie in eine gute Fisch- oder Gemüsebrühe oder auch in eine Fleischbrühe und streut zuletzt gehackte Petersilie darauf.

Suppe von Kürbis

Ein großer Kürbis wird geschält, kleingeschnitten und ohne Kerne gekocht. Man siebt ihn ab, gibt ihn in eine Schüssel, fügt etwas aufgeschnittene Zwiebel, 2 bis 3 Nelken, und frische Butter, Salz, Pfeffer und eine gute Erbsenbrühe dazu. Anstelle von dieser kann man auch Fisch- oder Gemüsebrühe verwenden. Wenn man keine ausgesprochene Fastensuppe haben will, kann man auch Fleischbrühe nehmen. Man verklopft 2 bis 4 Eier darin, kocht die Suppe kurz einmal auf und richtet sie mit Petersilie an.

Fische

Der Hauptbestandteil der großen Fastenküche

Eine Kapitel-Überschrift aus dem ebenso seltenen wie originellen kulinarischen Ratgeber ›Der gesunde Zehr-Gaden‹ des Landshuter praktischen Arztes Dr. Johannes Georg Schidl, zu Anfang des 18. Jahrhunderts (Druck von Simon Golowitz, Landschaffts-Buchdrucker, Landshut) lautet so reizvoll wie umständlich:

»Von denen Fischen
und anderen in dem Wasser befindlichen Sachen
und Thieren«.

Das Kochbuch ist der großbürgerlichen Küche zugedacht, denn der Text beginnt: »Nach dem Speiß-Gewölb verfügen wir uns zu dem Fisch-Behalter / in welchem allerhand Fisch vorhanden; von disen ist überhaupt zu wissen / daß sie ein kalte / feuchte / leicht-verweslich / und verderbliche Nahrung geben; die Fisch / welche in denen lettig / garstig / morastig / und stinckenden Wässeren wohnen / haben ein schleimbiges Fleisch!«
In der Vorrede zu den Rezepten ist dann von allerhand Präxen (Brachsen) als gute Bratt-Fisch, von Renck (Renken), von Schlein (Schleien), von Huechen, von der Aesch, von Pfrillen und Graeßling, von Stainbeiß und Lamperton (Laberdan = Schellfisch) usw. die Rede. Man unterscheidet zwischen »gesunden« Fischen und denen, die ein »Glider-Süchtiger« oder ein mit dem »Grieß« Behafteter zu meiden hat. Von einem frischen Hausen heißt es, daß er »ein dem Maul angenehmes

Fleisch besitzt und daß das Ruckenfleisch« (Rücken) »dem Kälbernen und das Bauchfleisch dem Schweinernen gleich sei, daß es aber bald verfaule, die Därm davon eine den Schleckmäulern bekannte Delicatesse seynd«.
Der nach Bayern importierte trockene Stockfisch gibt »eine dicke Nahrung / ist nur eine Speiß für starcke Mägen, der mit Kalch gewässerte ist ungesund. Die Sartellen seynd mehrers ein Schlecker-Bißlein / und nit absonderlich gesund. Die Austern seynd waich / rotzig / wässerig / geben wenig und leicht-verfaulende Nahrung / wegen ihrer saltzigen Eigenschafft laxieren sie / erwecken den Appetit / mit Pfeffer gewürtzt reitzen sie zu dem Venus-Spihl. Die Frösch geben wenig / wässerige / leicht-verwesliche Nahrung. Die Schild-Krotten haben ein hart-verdauliches aber sehr nährhafftes Fleisch. Die Krebsen geben ein dickes / kaltes / hart-verdauliches / doch nährhafftes / und die Schärffe des Bluts milderndes Fleisch. Die Schnecken haben ein sehr hart-verdaulich und dickes Fleisch / welches eine Mutter der Verstopffungen / dahero sie länger zu kochen / und tapffer zu gewürtzen seynd.
Der Aal-Fisch ist zwar sehr theuer / und lieblich zu essen / aber ungesund / gibet einen zächen / schleimbigen Safft / und gebähret Fieber / ist am besten gebratten / der Kopff / und Schweiff aber hinwegzuwerffen« usw.

Nun einige alte Rezepte für den heutigen Gebrauch:

Schwäbische Fischknöpfle

Ein großer Hecht wird geputzt und entgrätet und roh oder wenigstens zur Hälfte roh und zur Hälfte gesotten, zerkleinert d. h. heute durch die Maschine gedreht. Man gibt 1 bis 2 eingeweichte und wieder ausgedrückte Semmeln, 2 bis 3 Eier, Salz, Ingwer und Muskat dazu. Die Masse wird sehr gut verknetet, zu kleinen Knödeln geformt und gekocht. Diese kann man in einer guten Brühe oder mit Gemüse auftragen.

›Allgeier Fischmus‹

(Ein Immenstädter Originalrezept)

Von einem oder zwei beliebigen Fischen, wie man sie sonst zum Braten verwendet, treibt man das gereinigte, also gräten- und hautfreie Fleisch mit wenig Wein durch die

Fleischmaschine und gibt etwas Mehl darunter. Das Fischfleisch wird mit Ingwer, Zimt, Safran und etwas Zucker gewürzt und in genügend Schmalz auf der Pfanne durchgeröstet. Man gießt mit etwas Brühe auf und bringt dieses Mus rasch zu Tisch.

Fischwürstel

Fischfleisch von beliebigen Edel- oder einfachen Weißfischen wird, nachdem Köpfe, Schwänze, Haut und Gräten entfernt wurden, 1 bis 2mal durch die Maschine gedreht, so daß das Fleisch ganz glatt und die Gräten alle durchgeschnitten sind. Man würzt mit Salz und Pfeffer, etwas Muskat, feingehackter Petersilie, geriebener Zitronenschale, Zitronensaft und ein paar Tropfen Suppenwürze und verknetet die Masse mit der Hand sehr gut. Dadurch wird sie so bindig, daß man kein Ei und auch sonst kein Bindemittel dazu verwenden muß. Wenn sie ganz glatt und klebrig ist, formt man kleine Würstel daraus, die man in Mehl, Ei und Bröseln wendet und auf der Pfanne bäckt.

Fischknödel mit Kapernsoße

500 g Fischfilet treibt man mit 1/2 Zwiebel durch den Wolf und gibt reichlich geriebene Zitronenschale und gehackte Petersilie, 1 Ei und so viel Bröseln dazu, daß sich die Masse gut formen läßt. Zu viel Brösel sind nicht gut, lieber soll man etwas länger kneten. Daraus formt man Knödel, die 10 bis 12 Minuten in leise ziehendem Salzwasser durchgegart werden. Dann bereitet man eine weiße Einbrenn, die mit etwas Sardellenpaste, reichlich Kapern, Zitronensaft und ganz wenig Zucker pikant süßsauer abgeschmeckt wird. Man gießt sie über die Knödeln.

›Gekochte Schildkrötten mit Limoniensauce‹

Das ist ein ebenso erstaunliches wie grausames Rezept. Rätselhaft bleibt, wo eine Hausfrau, etwa eine Landshuterin oder eine Passauerin, eine frische Schildkröte herbekommen konnte. Es ist aber überhaupt interessant, daß die frühen Kochbücher zu Ende des 18. und Anfang des 19. Jh. schon solche Anweisungen enthielten. Wahrscheinlich sollten derartige Rezepte nur Umfang und Ansehen des Kochbuches mehren, die Autoren als weltgewandte Schreiber ausweisen und das Prestige der Käufer heben. Genau betrachtet sind sie ein ebensolcher Unsinn wie Rezepte in den modernsten Kochbüchern, welche etwa die Verwendung von einem halben Liter geöffneter Austern verlangen. Es geschah und geschieht eben vieles aus Snobismus.

Nun zum Original-Rezept:

Man legt den Schildkröten ein glühendes Eisen auf den Rücken oder auf die obere Schale, so lange, bis sie den Kopf und die vier Füße herausstrecken; diese schneidet man ihnen dann so geschwind als möglich ab, setzet die Schildkröten, wenn sie ausgeblutet, mit frischem Salzwasser zu, läßt sie so lange sieden, bis die Schale aufzumachen ist, welches man öfters probieren muß; dann nimmt man die beyden Schalen weg und die Schildkröte heraus und zieht ihr so gut, als möglich, das braune Häutchen ab, nimmt das Innere heraus, zertheilt es in beliebige Stücke, macht eine gute Limoniensauce und legt die Schildkröte hinein, läßt sie noch damit aufkochen und gibt sie zur Tafel. Man kann auch dafür eine Petersiliensoße darübermachen.

Arme Köchin, mehr noch: Arme Schildkröte!

Man wußte auch nicht recht, wo man Schildkröten einordnen sollte. Einmal erscheinen sie unter dem Kapitel Geflügel, ein andermal stehen sie bei den Fischen, da es sich um Tiere handelt, die vielfach auch im Wasser leben. Wahrscheinlich hat nie eine bayerische Hausfrau tatsächlich eine Schildkröte im Haushalt gekocht oder überhaupt gesehen, es sei denn in einer zoologischen Sammlung oder Kuriositäten-Schau oder im Zelt eines herumziehenden Fieranten.

›Schlampende Schnecken zuzurichten‹

Gereinigte Schnecken werden gekocht, tiefgefrorene aufgetaut. Man schneidet sie kleiner und gibt einige aufgeschnittene harte Eidotter und Zwiebel vorsichtig darunter. Die Schnecken werden mit Öl, Essig, Salz, Pfeffer vorsichtig gemischt. Man kann auch frischgeriebenen Meerrettich darunter geben. Zuletzt garniert man mit Eischeiben.

Stampf-Kartoffeln

(Aus dem Bayrischen Wald)

Die Kartoffeln werden grob zerstampft, etwas gesalzen und nach Belieben mit gerösteten Zwiebelringen überstreut. Sie passen gut zu fetten Soßen.

Rahmkartoffeln

Junge, zarte Kartoffeln werden gekocht, geschält und ein wenig zerdrückt oder kleiner geschnitten. Man gießt 2 bis 3 Eßlöffel oder auch noch mehr sauren Rahm oder saure Milch darüber und streut reichlich Schnittlauch darauf.

Frösche zu backen

(Originalrezept)

Nachdem die Frösche gehörig geputzt und gewässert wurden, schneidet man ihnen die vorderen Haxen noch ab, steckt die beiden hinteren ineinander, salzt sie gut und läßt sie eine Weile in Salz liegen. Wenn man sie backen will, kehrt man sie in Mehl um, taucht sie in aufgeklopfte Eyer ein, bestreut sie wieder mit feinen Semmelbröseln, bäckt sie rösch aus dem Schmalze, und gibt sie zur Tafel.

Gebackene Froschschenkel

2 Dutzend Froschschenkel, wie man sie vorbereitet kaufen kann, werden mit Salz, etwas Pfeffer und Zitronensaft mariniert und eine Weile beiseite gestellt. Dann wendet man sie in Mehl, Ei und Salz und bäckt sie schwimmend in heißem Fett goldbraun. Sie werden auf einer Schüssel mit Salat, Zitronen- und Tomatenschnitzen angerichtet.

Froschschenkel mit Vinaigrette-Soße

1 bis 2 Dutzend vorbereitete Froschschenkel werden mit etwas Salz und Zitronensaft mariniert und dann in brauner Butter rasch durchgebraten. Man richtet sie auf einer Platte an und garniert sie mit Zitronenschnitzen, Salatherzen, Spalten von Blutorangen, Streifen von rotem Paprika und einigen Artischocken in Öl. Dazu reicht man eine Vinaigrette-Soße. Für diese verschlägt man Öl und Essig, etwas Salz und Pfeffer, eine gehackte Essiggurke, 1 Eßlöffel gehackte Kapern, ein gekochtes, gehacktes Ei und reichlich Kräutchen. Die Soße soll nicht zu dünn und sehr pikant sein.

Eingesetzte Eier

(Altes Fastenrezept)

6 bis 8 Eier werden hartgekocht und in der Mitte durchgeschnitten. Man nimmt die Dotter heraus und zerdrückt sie mit etwas saurem Rahm, Salz, Pfeffer, einem Stückchen Butter und gibt reichlich Schnittlauch dazu. Diese Masse füllt man in eine gebutterte, feuerfeste Form, gibt das gehackte Eiweiß darauf und verschlägt nun 3 bis 4 Eier mit 2 Eßlöffeln saurem Rahm, Salz, Pfeffer und noch etwas Schnittlauch, fügt 1 Eßlöffel Mehl und 2 bis 3 Eßlöffel zerlassene Butter hinzu und gießt das Ganze über die eingefüllten Eier. Man läßt die Form in der Röhre fest werden. Diese Eierspeise wird mit Gemüse, hauptsächlich mit Sauerkraut, zu Tisch gebracht.

Schwammerl mit Knödel

Dazu muß man in der winterlichen Fastenzeit getrocknete Pilze oder solche aus der Dose verwenden. Die getrockneten werden sehr gut vorgeweicht. Dann bereitet man sie mit einer kleinen, hellen Buttereinbrenn zu und würzt sie herzhaft mit viel Petersilie, ein wenig Essig, Salz, Pfeffer und nach Belieben mit etwas Kümmel. Dazu reicht man Semmelknödel. Etwas dünner gehalten gibt das Gericht eine festliche Suppe.

Wein-Nudeln

6 große Semmeln werden geteilt und dann nochmals halbiert, so daß lange Streifen entstehen; man kann auch einen weißen Wekken in dicke Scheiben schneiden. Das Brot feuchtet man mit einer Tasse warmer, gesüßter Milch gut durch und verschlägt zwischenzeitlich 1 bis 2 Eier mit etwas Zucker und 1 bis 2 Eßlöffeln Milch. Darin wendet man die nicht zu nassen Semmelscheiben und bäckt sie auf der Pfanne in heißem Fett allseits goldbraun. Hierauf erhitzt man 1/4 l Rotwein mit 2 Eßlöffeln Zucker, einem Stückchen Zitronenrinde und 2 Gewürznelken, läßt ihn aber nicht kochen, und gibt an den heißen Wein 1 Likörglas Rum oder etwas Rum-Aroma. Diese Soße paßt ausgezeichnet zu den am Schluß noch mit Zimt-Zucker überstreuten Nudeln.

Rupfhauben

(Eine niederbayerische, saftige Mehlspeis)

400 bis 500 g Mehl, 5 bis 10 g aufgelöste Hefe, etwas Milch und Salz werden gut verknetet. Der zarte Teig wird zu handgroßen, dünnen Fladen ausgewellt. Inzwischen kocht man in einem gut schließenden Tiegel 2 cm hoch Milch mit 1 bis 2 Eßlöffeln Zucker und einem Stück Butter. In diese Soße setzt man die in der Mitte hochgehobenen Teigfladen wie Hauben dicht nebeneinander, deckt zu und schmort sie wie etwa Dampfnudeln bei milder Hitze, bis sie unten schöne Ramerl haben. Sie werden herausgestochen und auf die Platte gestürzt. Dazu gibt's Zwetschgenmus oder nur Zimt-Zucker.

Apfel-Reindling

Aus 300 g Mehl, 10 g aufgelöster Hefe, 2 Eiern, einem Stückchen erwärmtem Fett, Salz, etwas Zucker sowie der nötigen Milch bereitet man einen halbfesten Hefeteig, der nach dem Gehen ausgewalgt wird. Man streut kleingeschnittene Äpfel, Zucker und Rosinen, nach Belieben auch noch geriebene Nüsse oder Brösel sowie etwas Zimt dar-

über und rollt den großen Teigfleck wie einen Strudel auf. Er wird wie eine Schnecke in eine gut gefettete, feuerfeste Form gelegt; am schönsten paßt dazu ein altes irdenes Reindl (Bratpfanne). Zuletzt bestreicht man die Oberfläche mit Fett, bäckt den inzwischen gegangenen Reindling im Rohr goldbraun und zuckert ihn dann noch.

Kreiwacker

(Ein Rezept aus dem Bayrischen Wald für eine Art Auflauf)

Zuerst bereitet man einen dicklichen Pfannkuchenteig und gibt die Würfel von 2 bis 3 Semmeln und eine Handvoll Weinbeerl hinein; 1 oder 2 Eier mehr als sonst üblich schaden auch nichts. Der Teig wird nun in eine mit reichlich heißem Fett versehene Reine gegossen und herausgebacken, bis sich der Rand löst und eine schöne, braune Farbe bekommen hat. Dann gibt man 1 Tasse sauren Rahm darüber, streut Zucker darauf und bäckt noch kurz weiter, bis die Oberschicht verschmolzen ist. Man schneidet Stücke daraus und gibt ein beliebiges Kompott oder frische Beeren dazu.

Hirsebrei mit Honig

Das ist eines der alten überkommenen Rezepte, die sich noch bis in die jüngste Zeit erhalten haben. Es handelt sich dabei um in gewässerter Milch zartweich gekochte Hirse, (man bekommt heute noch Hirse in Reformhäusern), die man zu einem dicken Brei ausquellen läßt; diesen bringt man, mit Honig bestrichen, zu Tisch.

Dörrzwetschgen-Kompott mit Malaga

Saftige Dörrzwetschgen werden in etwas Wasser vorgeweicht und dann mit Malaga oder Portwein aufgegossen und mit Zucker versehen. Man kann auch noch ein wenig Ingwer dazugeben. Das gut ausgequollene, kurz gekochte Kompott wird kalt serviert.

DIE SCHÖN UND STÄRK

1. Fastensonntag ›Invocavit‹

Nicht überall in Bayern wird der Schön- und Stärketrunk noch eingenommen, nicht überall auch am gleichen Tag. Meist sind der erste Fastensonntag oder das Stille Fasten dazu ausersehen, aber auch der Johannitag oder der Weiße Sonntag nach Ostern können es sein, denn die ›Schön und Stärk‹ ist eine Erinnerung an das Minnetrinken und wird so manchem Heiligen, manchem Jahrestag zugedacht.

In Pfarrkirchen in Niederbayern war sie lange Brauch. Man ging zum Lebzelter und Metschenken und trank sich Gesundheit und Minne zu und übte dabei auch das Leckerlwerfen. Der Bauer führte seine Bäurin aus, damit sie nicht immer daheim saß nach dem alten Spruch »D'Kachelöfen und d'Bäuerinnen müssen im Haus bleiben«. Der Münchner Bürger ging mit seiner Hausfrau zum Lebzelter Thumberger in der Neuhauser Gasse, der Bursch mit seinem Mädel, der Soldat mit seinem Kocherl. Eine verwitterte Metbude hieß ›Zum süßen Löchl‹. Es konnte auch Punsch oder Hypokras, also einen gesüßten Würzwein nach mittelalterlichem Rezept, sogar Kracherl oder Wein dort geben.

Beim Brauer hat es Weißbier, beim Lebzelter Met oder Glühwein oder metsüßen Muskateller, beim Weinwirt Roten gegeben. Nach altem Herkommen machten auch vielerorts die Mädchen ihren Burschen aus frischen Eiern ein kräftiges Eierbier. Dazu wurden Berge voll süßen Brezen, für jeden ein hochaufgestapeltes Dutzend, Lebkuchen, Busserl, Pfeffernüssl und andere ›Leckerle‹ bei Musik, aber ohne Tanz, verspeist. Für die Daheimgebliebenen gab's als Mitbringsel aus den Konditoreien Magenzelten und Magenbrot.

Der Schön- und Stärketrunk galt als eine Art Bestätigung einer guten, langen Ehe oder als Versprechen für eine neue, denn das gemeinsame Met-Trinken, das erstmalige Ausführen seines Madls, das sogenannte ›d'Sche und d'Sterk zaln‹ bedeutete so viel wie ein Eheversprechen. Man sagte auch, der Met mache das ganze Jahr über schön und stark.

Das Leckerlwerfen war der letzte Ausläufer einer fürstlichen Sitte. Bei Hochzeiten, Krönungsfestlichkeiten, Siegesfeiern und ähnlichen Anlässen warf einst der

II
Peter Jakob Horemans
Vornehme Dame beim Frühstück

Fürst oder König Münzen unters Volk. Als infolge der vielen Kriege und der teuren Hofhaltungen im Lauf der Zeit das Geld dann weniger wurde, mußten es gebackene Taler, kleine süße Leckerle (in Regensburg beim Reichstag ausgestreut ›Kaiserle‹ genannt) auch tun und später, als das Geld noch rarer wurde, hat man sogar das Konfekt, eben diese Leckerle, ersetzt und papierenes Konfetti geworfen, das in Italien erfunden wurde. Es ist unser heutiges Karnevals-Konfetti, ein schwacher Abglanz einstiger Zeugen fürstlichen Schenkens.

Ja, und das Leckerlwerfen – ein sich gegenseitig üppig zugeworfenes, süßes Wunschgeld –, das übt man heute noch und trinkt sich mit Lachen und Fröhlichsein gute Wünsche um reichen Segen zu. Natürlich ist das ›Leckerl‹ auch nichts Besonderes mehr, denn zuletzt wird es ja mit allen anderen Festabfällen aus dem Saal gekehrt.

Ein recht gutes und eßbares Leckerl, passend als Beigabe zum Met, dem einst heiligen Honigwein, sind

Anislaiberl

4 Eiweiß werden sehr steif geschlagen. Dann rührt man die 4 Eidotter mit 250 g Zucker und 1 Packerl Vanillinzucker schaumig, gibt 125 g gesiebtes Mehl, 125 g Stärkemehl, 1 flachen Eßlöffel feingestoßenen Anis und zuletzt den Eischnee darunter. Der Teig wird mit einem kleinen Löffel zu Häufchen auf ein gewachstes Blech gesetzt. Da sie etwas laufen, brauchen sie Platz. Dann läßt man das Blech etwa 4 Stunden in der warmen Küche stehen, damit die Plätzchen oben eine glatte Haut und unten Füßchen bekommen. Sie werden hell ausgebacken. Nach Belieben kann man auch den Anis im Teig weglassen und die Laiberl erst nach dem Ausgießen aufs Blech damit bestreuen.

GERTRUD
17. März

Gertraud
sät Zwiebel und Kraut

oder *Sankt Gertrud*
legt Ent' und Put'

Aus den Bauernweisheiten und Wetterregeln geht deutlich hervor, wie frommer Sinn, Hilfeflehen, Arbeitsablauf und Gaumenfreude miteinander verflochten waren. Kaum ein Heiliger, kaum ein Feiertag, der nicht auch seinen besonderen kulinarischen Hintergrund hätte.

Sankt Gertraud war eine brabantische Äbtissin. Bereits im ›Ruodlieb‹ aus dem 11. Jahrhundert ist die Rede von der ›Gertraud-Minne‹. Der König beschenkt darin den Gesandten eines befreundeten Fürsten und läßt Wein bringen, um mit ihm die Minne zu trinken. Lange Zeit hindurch war es in Erinnerung daran Sitte, am 17. März festliche Gelage abzuhalten. Heute ist nur noch die Johannis-Minne bekannt.

An Sankt Gertraud war es Zeit, dem brütenden Huhn Eier unterzulegen und auch im Garten mit der Arbeit zu beginnen, damit für die Küche der jahreszeitliche Rhythmus gewahrt blieb. Beim Anblick des sich leerenden Krautfasses dachte man an die vorjährige Ernte und brachte daher vielerorts an diesem Tag ›extrige‹ Krautspeisen auf den Tisch.

Das Krautfaß

Kraut war neben Brot oder noch früher neben dem Brei die Hauptnahrung. Fleisch und infolgedessen auch Fett gab es selten. Die kleinen Kühe dienten mehr als Arbeitstiere denn als Milchlieferanten. Das Getreide war stark wetterabhängig, mager in der Ernte und hauptsächlich durch derbes Korn vertreten. Weizenbrot und weizene Mehlspeisen blieben dem Festtag vorbehalten, so daß man im Alltag ins Krautfaß greifen mußte.

›Kraut und Rüben‹, die dicht nebeneinander in der Vorratskammer lagen, waren so alltäglich, so gewöhnlich, daß man sie zu einem Begriff für ein billiges Durcheinander werden ließ. Wenn einer »das Kraut ausgeschüttet« hatte und dadurch Not verursachte, so war das Grund genug für Streitigkeiten. Und wenn's einer gar zu üppig trieb, dann sprach man von »ins Kraut schießen«. Das bedeutete, daß sich die Krautköpfe auf dem Acker nicht Zeit ließen, sich ordentlich zu schließen, sondern daß sie aufgeplustert und leer gewachsen waren, ein Synonym eben für eine ungerechtfertigte Übertreibung.

Einen alten Mann, der ›hieferig‹, also schwach, blaß und wackelig ist, nennt man noch heute einen ›alten Krauterer‹, was ursprünglich besagte, daß er hauptsächlich nur von kalorienarmem Kraut ernährt war. Es gibt noch mehr solcher Alltagssprüche ums Kraut. Sie zeigen genau, wie sehr es den Küchenzettel gestaltet hat. In Niederbayern zweimal täglich, mittags mit G'selchtem, Surfleisch oder frischem Schweinernem, abends mit den übriggebliebenen Knödeln. Auch in der Stadt hat es eine große Rolle gespielt, und die Krautschneider sind noch nicht allzulange aus Münchens Straßen verschwunden, denn auch hier, vom Bürger- bis zum Arbeiterhaus, stand das volle Krautfaß oder die Krautbrente im Keller.

Wie wichtig das alltägliche Sauerkraut war, klingt noch in der Benennung der Krautinsel im Chiemsee nach. Die kleine Haueninsel hatte nicht genug Platz für einen Gemüseacker, und so waren die Nonnen froh, noch ein weiteres Fleckchen Erde in ihrer Nähe zu haben, das die Garten- und Feldschwestern leicht errudern konnten, um mit seinem Ertrag die winterlichen Krautfässer füllen zu können.

Da das Kraut also in jedem Haushalt Altbayerns eine Hauptrolle spielte, wurde es auch jeder Braut sichtbar in Erinnerung gebracht. Bei Hochzeiten kam vor dem Mahl die Köchin auf die Braut zu mit dem Spruch:

Braut
Versuch's Kraut!

Sie mußte es probieren und ›pfeffern‹, nämlich mit einer größeren Anzahl Münzen bewerfen, damit die Köchin sozusagen über den Krautweg zu ihrem verdienten Lohn kam.

Sogar der königliche Hof hat viel Sauerkraut gebraucht als Beigabe zu seinen Würsten und Braten, seinen Hirschen und Fasanen. Man hat dann zwar ›Champagnerkraut‹ dazu gesagt und hat es gefällig mit Speckröllchen oder Würsteln garniert, aber im Grund war es dasselbe Kraut. Noch heute ist es ja in jedem Haushalt und Wirtshaus beliebt und zugleich unentbehrlich, denn was sollte man sonst zu ›Nernbercher Bratwerscht‹, zum ›Gselchten Ripperl‹, zur Surhaxen oder zur Schlachtschüssel essen? Natürlich muß es richtig, mit Pfiff, zubereitet sein, nicht nur so einfach gekocht und mit Mehlpapp gebunden.

Ungarisches Sauerkraut

Zuerst röstet man 1 große, gehackte Zwiebel mit etwas Speck an und gibt 2 Eßlöffel Tomatenmark, 1 Schöpflöffel Wasser und 1 bis 1 1/2 Pfund Sauerkraut dazu. Die Masse wird gut durchgekocht und mit 2 Kaffeelöffeln süßem, ungarischem Delikateßpaprika, etwas Zucker und Kümmel gewürzt. Das Kraut muß schön rot sein und scharf süßsauer schmecken. Zuletzt gibt man noch etwas Butter oder Schmalz darunter.

Sauerkraut mit Dörrzwetschgen

An das Sauerkraut gibt man neben einer feinzerdrückten Wacholderbeere und 1 bis 2 Kaffeelöffel Zucker auch eine große Tasse voll Dörrzwetschgen und einen geriebenen Apfel. Man schmeckt mit Zitronensaft und ein wenig gehackter Petersilie nach. Das Kraut soll fruchtig und süßsauer schmecken und wird deshalb mit Butter übergossen.

Sauerkraut-Salat

Rohes Delikateß-Sauerkraut wird ein wenig kleiner geschnitten und mit reichlich Öl oder noch besser mit geschmorten Speckwürfeln, etwas geriebener Zwiebel, Essig, Salz, Pfeffer, Knoblauchpulver, einer winzigen Spur Nelken und Zucker oder Honig gut abgeschmeckt. Nach Belieben kann man auch eingeweichte Rosinen oder Apfelwürfel oder saftige Dörrzwetschgen oder auch Bananenscheibchen oder Ananasstückchen daruntermischen. Zuletzt streut man Petersilie oder Haselnußspäne darüber.

Sauerkraut-Nudeln

500 g rohes Sauerkraut drückt man gut aus und schneidet es mehrfach durch. Daran gibt man 2 Eier und so viel Mehl, daß ein knetbarer Teig entsteht. Man rollt kleine Nudeln davon aus, die in Salzwasser gekocht werden. Nach dem Abtropfen bäckt man sie in der Pfanne in heißem Fett allseits goldbraun und reicht eine Soße dazu.

JOSEFI
19. März

An Josefen
Geht der Jäger auf
die ersten Schnepfen

Der heilige Josef war in Bayern ein vielgeliebter Heiliger, deshalb gibt es hier so viele Josefs, Sepps, Sepperln und Schosi, Josefas und Josefinen in fast jedem Haus, die sich an diesem Tag feiern lassen. Denn der Namenstag ist in Altbayern wichtiger als der Geburtstag. Deshalb auch gibt es mittags die ersten Gurken und nachmittags goldgelbe, eierreiche, braunkrustige ›Xundheitskuchen‹ und Gugelhupf aller Sorten.

Gesundheitskuchen

250 g weicher Butter, 250 g Zucker, 2 Pakkerl Vanillinzucker, etwas Salz und 5 Eier rührt man gut durch. Dazu gibt man 500 g Mehl, das mit 1 Packerl Backpulver gemischt wurde, nach und nach mit etwa 1/8 l Milch. Der Teig kann nun nach Belieben mit gehackten Nüssen, feingehacktem Zitronat oder Rosinen und mit etwas Muskatnuß oder Kardamom versehen werden. Man füllt ihn in eine gefettete Gugelhupfform und bäckt ihn 60 bis 70 Minuten bei mittlerer Hitze langsam gar.

Gugelhupf

An 500 g leicht erwärmtes Mehl gibt man 25 g aufgelöste Hefe, 3 Eier, 100 g weichen Butter, etwas Salz, 2 bis 3 Eßlöffel Zucker, 1 Packerl Vanillinzucker und knapp 1/4 l Milch. Man läßt den gut verschlagenen Teig etwas gehen und fügt dann je 60 g grobgehackte Nüsse oder Mandeln und Rosinen und je 30 g feingehacktes Zitronat und Orangeat, ein wenig Muskatnuß, geriebene Zitronenschale und nach Belieben noch 1 Kaffeelöffel Ingwerpulver hinzu. Der Teig wird in eine gut gefettete Form gefüllt und nochmals zum Gehen warm gestellt. Dann bäckt man ihn etwa 30 Minuten bei Mittelhitze goldgelb und überstreut ihn dicht mit gesiebtem Puderzucker.

Straubinger Josefitorte

(Aus einem handgeschriebenen Straubinger Kochbuch um 1835)

150 g Butter, 100 g Zucker, 3 Eier, 6 Eßlöffel Milch, 2 Eßlöffel Schnaps, 500 g Mehl, 1 Packerl Backpulver, etwas Zimt, Muskat und Piment sowie geriebene Zitronenschale verknetet man gut und walgt 5 gleichgroße Platten davon aus. Die erste legt man in eine gefettete Springform und verteilt dann ein Gemisch aus 150 g geriebenen Haselnüssen, 3 Eßlöffeln Milch, 50 g Honig und 50 g Zucker, 3 bis 4 grobgeraspelten Äpfeln, einer Handvoll Weinbeeren und etwas Zimt abwechselnd in die vier folgenden Teigplatten. Der Kuchen wird oben mit Butter bestrichen und rund 1 Stunde gebacken. Zuletzt überstreut man ihn mit Zucker und schneidet ihn erst am nächsten Tag auf.

In einem anderen handgeschriebenen Kochbuch der weiland Pfarrersköchin Karoline Biller in Grafenau im Bayerischen Wald ist die Speisefolge eines besonders opulenten Menüs erhalten geblieben, das die damalige Bedeutung des Josefitags dokumentiert. In seiner unbekümmerten Schreibweise ist es ebenso originell wie in seiner Üppigkeit erstaunlich:

Josephi Tag von 1869

1. Schühsuppe mit Mauracherl
2. Spanfackl mit Senft u Oraschn
3. Eingemachte Zung mit Butterbögen
4. Riendfleisch mit gelbe Rüben und Monatredig
5. Blaukraut mit gereichelter Zung
6. Auerhan mit Kapern u Hagebuttensauce und Glaskrapfen
7. Bießquittbuding mit Weinschotto
8. Kapaunen mit Zelleren grünen Sallat u Karotten
9. Ramschnee mit Fingerhollippen
10. Aufgesetzte Torte u verschiedenes Konfekt
11. Wein u Kaffee

Das waren noch Zeiten und leistungsfähige Esser!

Aus demselben Kochbuch:

Finger-Hohlhippen

Man thut in ein kleines Schüsserl, schönes Mehl, u eben den gleichen Theil fein gest. Zucker, dan schlägt man nach Gedüngen (Gutdünken) ganze Eier daran u rührt es mitsamen recht ab: der Teig muß die Dieke eines Trapfsuppenteiges haben, dan giebt man zuletzt noch etwas Zittronensaft darein /: der Zucker muß auch an Zittronen abgerieben sein /: dan macht man ein Blech heiß, überstreicht es mit Wachs, wischt es mit etwas Trocknen wieder ab, u giebt mit dem Kafeelöffel den Teig darauf streich mit den Messer lange u fingerbreite Streifn auseinander u backt es geschwind in Rohr schön gelb. dan mache sie geschwind von Plattl los u bige sie geschwind über einen Kochlöffel-Stiel.

Ein besonders wichtiges Ereignis ist der erste Anstich des Märzenbiers, in Bayern kein Getränk, sondern der flüssige Teil der Nahrung. Und da Flüssiges nicht unter das Fastengebot fällt, gewinnt das Bier natürlich noch mehr an Bedeutung in dieser Zeit.
Aber das Märzenbier ist auch sonst noch mehr als Bier; es ist eine geradezu weltanschauliche Einrichtung mit eigenen Gesetzen und besonderem Rahmen. Nahrung, Fastenspeise und Frühjahrskur in einem, kalendarisch an Josefi orientiert, beginnt sein Ausschank einige Tage vorher bei aufgezogenen Fahnen und mit Festtrubel auf dem Münchner Nockherberg. Alle Bänke sind voll besetzt, Brezen knacken, Brathendl und Leberkäs, vorsorglich mitgebracht, verströmen soviel Düfte wie die Blechmusik Lärm. Grad zünftig is! Alle sind Brüder in Gambrinus.
Man kennt aber den heiligen Josef nicht nur von der süßen, der flüssigen oder der pfarrherrlichen Seite her als Repräsentant eines Vorfrühlingstages, sondern hat auch ein sehr rassiges Kräutl, das Josefi- oder Bohnenkräutl, nach ihm benannt. Warum gerade so früh im Jahr, ist nicht recht verständlich, denn zum Aussäen ist es noch nicht Zeit.

SANKT BENEDIKT
21. März

Willst Gerste, Erbsen, Zwiebeln dick
So sä' sie an Sankt Benedik

oder *Sankt Benedik*
Macht die Rüben dick

Es ist Vorfrühling, Zeit der Gartenpläne, Zeit an die neue Ernte zu denken, aber auch schon die ersten grünen Spitzchen zu genießen.
Einige Grüngemüserezepte:

Bröselspinat

Frischer Spinat wird in Salzwasser gekocht, abgetropft und entweder durch die Maschine gedreht oder grob gehackt. Man gibt 2 bis 3 Eßlöffel in Butter angebräunte Brösel darunter und würzt mit Muskat, einer kleinen Prise Zucker und Suppenwürze. Der Spinat muß eine Weile heiß stehen, damit die Brösel quellen können; er braucht keine andere Bindung. Man kann noch etwas geriebenen Parmesan darüber streuen.

Spinat mit Speck

Etwas durchwachsenen Speck schneidet man in kleine Würfel und schmort sie mit einer halben, feingehackten Zwiebel kurz durch. Dazu gibt man eine Portion gekochten und durchgedrehten Spinat, etwas Salz, Muskat, Pfeffer, einige Tropfen Suppenwürze und feingehackte Petersilie oder Schnittlauch. Der Spinat wird mit gerösteten Weißbrotwürfeln überstreut oder mit brauner Butter übergossen.

Vogerl-Salat

Dabei handelt es sich um Feldsalat. Er wird gut gereinigt und mit Öl, Essig, Salz, Pfeffer, reichlich Zucker und Würfelchen von einer Orange oder mit vorgeweichten Rosinen vermengt. Man bringt ihn rasch zu Tisch, damit er nicht zusammenfällt.

Ausgebackene Kresse

Büschel von Kresse hält man mit den Fingern zusammen, taucht sie in Ausbackteig und bäckt sie dann schwimmend goldgelb. Man kann auch die sauber gewaschene, mit einem Tuch gut abgetrocknete Kresse direkt in das heiße Fett geben und nach kurzem Durchbacken mit dem Sieb herausheben. Davon setzt man Häufchen auf eine Platte. Diese Kresse paßt besonders gut zu Fisch, Braten und zu allen Pfannengerichten.

PALMSONNTAG
Sonntag vor Ostern

Im Frühlingswind flattern die Palmbuschen in bunter Vielfalt. In Bayern nimmt man Weidengerten und Büsche oder ganze Bäume, wie in Deggendorf, wo sie einst die hohen Kirchenräume fast ausfüllten, geschmückt mit roten Schleifchen, Äpfeln, Orangen, Dörrzwetschgen und Fastenbrezen, in Niederbayern meist mit Baugen und den letzten Nüssen. Dazu gehören Zweige von Buchs- und Sevenbaum, eine Art Thuja oder Lebensbaum.

Die hohen Gebilde, kunstvoll gebunden und nach altem Herkommen aufgeputzt, oft am untern Ende hübsch eingekerbt oder mit weißer, geschälter Weide gebunden, sind noch heute fromme Geste und Ausdruck dörflichen Wettstreits in einem. Jeder will den schönsten, den größten, den reichsten Buschen haben. Die Orangen sind natürlich eine neuere Zutat, aber die Äpfel, noch aus der Herbsternte, dokumentierten seit je die Langlebigkeit dieser einheimischen Frucht. Daneben die Brezen, das typische Fastengebäck, und die Baugen als ihre Geschwister. Gleichfalls aus Laugenbrezel-Teig hell oder goldbraun gebacken, waren die Baugen glatte Ringe, die man in manchen Gegenden noch heute so nennt; das Wort kommt von Beugen und gehört zur Brezel, die gebeugten oder gekreuzten Armen nachgebildet sein soll.

Nach der Palmweihe wurden die Büsche im Kirchhof aneinander gemessen und begutachtet und nach dem Heimtragen gleich von allem Eßbaren beraubt. Dann wurden sie sorgfältig versteckt. Wer sie trotzdem noch in der Palmwoche fand, bekam vom Verlierer am Ostersonntag sechs bunte Eier.

Dann kam der nächste Weihbrauch, das Sammeln und Verteilen der Palmkatzerl, die jetzt eine große Rolle spielten. Der Hausvater verspeiste eines, damit die Familie gesund bleibe, die Hausmutter steckte einen Busch davon in den Herrgottswinkel, damit man in der Not wenn's draußen gewitterte oder hagelte einige Katzerln hatte, um sie zur Abwendung von Unglück ins Feuer zu werfen. Auch auf den Dachfirst steckte man ein Büscherl; ein Zweig kam unter die Türschwelle, ein Katzerl in den Brunnen und je eines in den Garten und aufs Feld.

Stets aber war und ist heute noch in irgendeiner Form der Gaumen dabei und sei's eben nur mit den eigentlich unverträglichen Palmkatzerln, mit den so oft wiederkehrenden Brezen und mit den Früchten vom Weiheschmuck. Daß zu Hause, nach dem bänderumflatterten und palmbuschvergleichenden Kirchgang, der natürlich anstrengend war, ein schönes Sonntagsmahl wartet, ist verständlich. Man trägt jetzt die ersten Frühlingsspeisen auf.

Ein bemerkenswerter Brauch sei hier noch kurz berichtet; er ist nicht weit umgelaufen im Land, nur wenige kennen ihn heute noch. Meine Großmutter hat ihn uns Kindern überliefert: den gebackenen Palmesel. Der echte aus Holz war in Altbayern bis in unsere Zeit daheim, und viele Dörfer wetteiferten miteinander, den schönsten zu haben. Auf Rädern oder auf einem Karren wurde das oft recht plumpe Schnitzwerk vom Pfarrhaus rund um die Kirche gezogen. Manchmal saß auch ein segnender Holzchristus oder ein kleiner Ministrant darauf. Feierlich begleiteten ihn Kinder mit Blumen- und Palmbuschen, und mancherorts waren Esel, Christus und Karren dicht mit Flechtkränzen aus goldgelbem Hefenteig, Brezen und Eiern behangen, die dann die Kinder plündern durften. Die Aufklärung verbot den Brauch. 1805 schrieb Meidinger, daß es in Landshut bei der Palmesel-Prozession besonders turbulent gewesen sei, weil noch dazu viel Bier ausgeschenkt wurde, so daß der fromme Sinn der Prozession völlig verkannt war.

Die meisten Holzesel wurden im Laufe der Zeit durch Unverstand zerstört oder landeten beim Antiquitätenhändler; nur wenige überstanden das Verbot. Prächtige Exemplare stehen heute noch in der Stadtpfarrkirche in Landsberg am Lech (dieses stammt von dem Bildschnitzer Lorenz Luidl) oder in der Kirche in Bad Oberdorf bei Hindelang – und natürlich im Bayrischen Nationalmuseum in München und vielen Regionalmuseen, etwa in Landshut oder in Traunstein.

Uns Kindern aber hat unsere Großmutter noch einen Palmesel gebacken, einen mit großen Ohren und schmalen Augen aus Dörrzwetschgen. Wer der letzte war beim Aufstehen am Palmsonntag, mußte den ganzen Tag den Palmesel spielen und die Geschwister bedienen. Und was ist uns da alles eingefallen, ihn zu plagen. Dafür aber durfte er den Palmesel zum Frühstück anschneiden und den Hauptteil davon essen.

Palmesel

Der originelle Eselskopf ist einfach herzustellen; zuerst zeichnet man auf ein großes Papier einen Eselskopf, bereitet dann einen Mürbteig, walgt ihn dick aus und schneidet diesen nach dem Muster nach. Man legt aus schmal geschnittenen Dörrzwetschgen die Konturen auf, also die Ohren, den Haarschüppel am Kopf, die Nüstern und das Maul und auch die Einfassung des Auges. Zuletzt bestreicht man den Teig mit zerklopftem Ei und bäckt ihn goldbraun. Hierauf wird eine geschälte und halbierte Mandel als Auge eingesetzt und der Eselskopf ist fertig.

MARIÄ VERKÜNDIGUNG
25. März

Das ist ein besonderer Tag, denn der Engel verkündete der Jungfrau, daß sie die Mutter des Herrn werde. Man sagt an diesem Tag:

Maria Verkündigung
kommen die Schwalben wiederum

Der Frühling ist in Sicht!
Für die Küche gab es in Altbayern stets auch eine gute Nachricht, denn ab jetzt war, besonders auf dem Viktualienmarkt in München und nur wenige Wochen lang, der gute Schiel oder Schiet, heute Schill genannt, aus der Donau und anderen bayerischen Flüssen zu haben. Wegen seines jeweils erstmaligen Auftauchens am Frauentag nannte man ihn vielfach auch ›Frauenfisch‹. Neben Vogerl- und Schnittsalat sowie Spinat bildete er eine richtige Vorfrühlingssensation.

Grüner Schill

Ein schöner Schill wird gereinigt und mit Zwiebeln, einigen Pfefferkörnern und reichlich Dill in Weißwein mit wenig Wasser durchgekocht. Man siebt die Fischbrühe ab und bindet sie mit einer kleinen, weißen Butterschwitze aus nur 1 bis 2 Kaffeelöffeln Mehl und ebensoviel Butter. Dann verklopft man 1/2 Tasse süßen Rahm mit 1 Eidotter und gibt ihn an die Soße; sie darf aber jetzt nicht mehr kochen! Man fügt noch reichlich frischgehackten Dill und Zitronensaft, eine Spur Zucker, Salz und Muskat daran. Dann gießt man diese Soße über den angerichteten Fisch. Man reicht außer den Kartoffeln noch Spinat oder frische Erbschen oder jungen, nur in Salzwasser gekochten und mit Butter übergossenen Wirsing als Beilage dazu.

Schill mit Meerrettich

Der geputzte Schill wird in leichtem Essigwasser mit Zwiebelringen und Petersilie sowie Zitronenscheiben blau gekocht, abgetropft und auf eine heiße Platte gelegt. Dann übergießt man 3 bis 4 Eßlöffel Semmelbrösel mit etwas Blausud, gibt einen guten Löffelstich Butter, 4 Eßlöffel geriebenen Meerrettich, 1/2 Tasse Rosinen und

1 bis 2 Kaffeelöffel Zucker sowie 1 geriebenen Apfel daran. Die Soße wird mit etwas Salz und ganz wenig Muskat nachgeschmeckt und zum Teil über den Fisch gegossen, zu dem es Salzkartoffeln mit Petersilie und einen möglichst farbenfrohen Salat gibt.

Schill nach Großmutterart

Der sauber geputzte Schill wird in 3 cm dicke Scheiben geschnitten. Man legt sie in eine große gefettete, feuerfeste Form, würzt sie mit Salz, Pfeffer, Zitronensaft, ein wenig geriebener Zwiebel und geriebener Zitronenschale und streut Semmelbrösel, Butterflöckchen und geriebenen Käse darauf. Dann gießt man 1 Tasse Rahm dazu und gart den Fisch im Rohr, bis er eine goldbraune Kruste hat. Er wird mit Zitronenscheiben, Petersilie und Tomaten, auch mit Salzkartoffeln und Sauerkraut reich garniert.

APRILIS hat XXX. Täg.

IV. Monat.	Der Heiligen Fest-Täg im April.	☽ Lau	☉en Aufg.	☉en Nider.	Erwählung der Aspecten, und vermuthliche Witterung.
Samst.	1 g Charsamstag,		5.41.	6.19.	✠ ● ☿ in ♉, Es wechsel
☉ 14.	Von der Auferstehung Christi / Marc. 16.				Tagl. 12. Stund / 42. min.
Sonta.	2 A. Heil. Ostertag,		5.39.	6.21.	☾ 9. Uhr, 15. min. Frühe.
Monta.	3 b Ostermontag,		5.37.	6.23.	□ ♄, □ ☿, mit gedey-
Erchta.	4 c Ostererchtag,		5.36.	6.24.	✠ ● ✱ ☉, ∴, lichen Re-
Mitwo.	5 d Vincentius Fer.		5.34.	6.26.	✠ ● □ ♂, ☌ ♀, gen und
Doner.	6 e Sixtus Pabst,		5.32.	6.28.	✠ ● □ ☉ ♃, ☊, ♀ in ♓,
Freyta.	7 f Achatius Mart.		5.30.	6.30.	✠ ● ✱ ♃, △ ♂, ∴ Son-
Samb.	8 g Irenäus Bisch.		5.28.	6.32.	✠ ● ☾ vacat. nenschein.
☉ 15.	JEsus geht durch verschlossne Thür / Joh. 20.				Tagl. 13. Stund 8. min.
Sonta.	9 A 1 Weißer Sonnt.		5.26.	6.34.	● 9. Uhr, 58. min. Nachm.
Monta.	10 b Ezechiel Proph.		5.25.	6.35.	☍ ♄, frisch. u. kalte Nächt.
Erchta.	11 c Leo Pabst,		5.23.	6.37.	✠ ● ✱ ♀, ✱ ☿ Nun aber
Mitwo.	12 d Zenno Bischoff		5.21.	6.39.	✱ ♃ ♂, ☍ ♂, ziehen sich
Doner.	13 e Hermenegild,		5.20.	6.40.	☍ ☉ ♄, □ ♀, ap. Schaur-
Freyta.	14 f Tiburtius M.		5.18.	6.42.	✱ ♀ ☿, ☾ vac. Wolcken
Samst.	15 g Crescens Mar.		5.16.	6.44.	✱ ☉, △ ♄ ☿ Ret. zusamen
☉ 16.	Von dem guten Hirten / Joh. 10.				Tagl. 13. Stund / 30. min.
Sonta.	16 A 2. Misericord.		5.15.	6.45.	✠ ● △ ♀, kühle Regen.
Monta.	17 b Anicetus Pab.		5.13.	6.47.	✠ ☍ ♃, □ ♄ oder Schnee.
Erchta.	18 c Ursmarus Bis.		5.11.	6.49.	☽ 1. Uhr, 36. min. Frühe.
Mitwo.	19 d Apollonius M.		5. 0.	6.50.	□ ♂, Doñer-Wolckẽ und
Doner.	20 e Sulpitius Bei.		5. 8.	6.52.	△ ♂ ♀, ☋, ☉ in ♉ Regen
Freyta.	21 f Anselmus Bis.		5. 6.	6.54.	✠ ● △ ♃, ☍ ♀, feine
Samst.	22 g Soter, Cajus,		5. 5.	6.55.	✠ ● ✱ ♃ ♀, ☾ vac. Früh-
☉ 17.	Uber ein kleines werdet ihr / Joh. 16.				Tagl. 13. Stund / 54. min.
Sonta.	23 A 3. Jubilate,		5. 3.	6.57.	✠ ● □ ♃, ∴, lings-Täge
Monta.	24 b Georgius M.		5. 1.	6.59.	☌ ♄, dabey zimlich frisch.
Erchta.	25 c Marcus Evan.		5. 0.	7. 0.	● 2. Uhr, 47. min. Frühe.
Mitwo.	26 d Cletus Pabst,		4.58.	7. 2.	✠ ● △ ♀, ☌ ☉ ☿ ☾ peri.
Doner.	27 e Anastasius M.		4.56.	7. 4.	✠ ● ☾ vacat. sanffte Re-
Freyta.	28 f Vitalis Mart.		4.55.	7. 5.	✠ ● □ ♀, △ ☿, gen
Samb.	29 g Peter v. Vero.		4.53.	7. 7.	△ ☉, mit Sonnenschein.
☉ 18.	Ich gehe zu dem der mich / Joh. 16.				Tagl. 14. Stund, 18. min.
Sonta.	30 A 4. Cantate,		4.51.	7. 9.	□ ♄, ☌ ♃ Regenwolcken.

Die Monds-Brüche in disem Monat.

DEn 2. biß das letzte Viertel um 9. Uhr 15. min. fruhe wechslet mit Regen und Sonnenschein.

Den 9. dito der Neumond um 9. Uhr 58. min. Abends, macht die erste Helffte schön / die 2te feucht und kalt.

Den 18. dito das erste Viertl um 1. Uhr 36. min. fruhe geht geschwüllig und naß ein, dann folgen schöne Täg.

Den 25. dito der Vollmond um 2. Uhr 47. min. fruhe / bringt gedeyhliche Regen mit Sonnenschein.

Gut Aderlassen / den 1 4 5. 6. 7. 8. 16. 17. 21. 22. 23. 26. 27. 28.

Kranckheiten ☍ ☉ ♄ / Stein-Schmertzen / Hertzklopffen, Ohnmachten / Steck-Flüsse.

Ostermond April

April kühl und naß, füllt Scheune, Keller, Faß

ALTE SCHERZ-REZEPTE
1. April

Daß sich die alten Neckspiele auch im Bereich des Kulinarischen finden lassen, ist nicht so seltsam, wenn man bedenkt, wie sehr das leibliche Wohl über allen anderen Vergnügungen seit jeher dominierte. Der kochenden Hausfrau machte es sicherlich besonderen Spaß, Familie und Freunde des Hauses mit Scherz-Rezepten zu überraschen. Jedenfalls ist das schon sehr früh, bereits ums Jahr 1350, in der München–Würzburger Handschrift ›Von guter Spise‹, dem frühesten bayerischen und überhaupt deutschen Koch-Dokument, nachzuweisen. Es ist erfreulicherweise uns Bayern erhalten geblieben und stellt ein kulturhistorisches Juwel unter den vielen Kostbarkeiten der Münchner Universitäts-Bibliothek dar. Das Scherz-Rezept lautet:

Ein gut lecker kostelin

So mache zvm iungesten ein klein lecker kostelin von stichellinges magin vnd mucken fuzze vnd lovinken zvngen, meysen beyn vnd frosche an der keln, so mahtu lange on sorgen leben.

Übersetzt heißt das: *Eine gute, leckere Kost.*
So mache zum jüngsten (bald) ein kleines leckeres Gericht aus Stichlingsmagen, Mückenfüßen, Vogelzungen, Meisenbein und Froschkehlen. Dann magst du lange ohne Sorgen leben.

Schreiender Gansbraten
und andere spätmittelalterliche Tafelscherze

Sogenannte ›Scherzrezepte‹, eigentlich mehr Grausamkeiten, waren im späten Mittelalter überaus beliebt. Porta berichtet uns in seiner ›Magia naturalis‹ (Haus-, Kunst- und Wunderbuch, in Nürnberg 1680 gedruckt), wie man eine Gans so vorsichtig braten kann, daß sie außen wohl schon gar ist, aber beim Anschneiden noch schreien kann. Das Rezept ist so erbarmungslos wie der Scherz, so daß es dem Leser erspart bleiben soll.

Eine andere Art, Gäste zu überraschen, war lange Zeit Mode: Man garte ein ganzes Schwein in einer dicken Lehmkruste, so daß es weiß und wie roh aussehend, im ganzen in den Speisesaal gebracht werden konnte. Geschäftiges Küchenpersonal ›schlachtete‹ nun die Sau, und als die Därme herausquollen, floß Rotwein statt Blut und es kamen pralle, duftende Würste zum Vorschein.
Etwas kultivierter, aber ebenso scherzbeladen, war die Riesen-Pastete, die bei der Hochzeit des bayerischen Herzogs Wilhelm v. mit Renata von Lothringen im Jahr 1568 in München aufgetragen wurde. Beim Aufschneiden stieg ein kostbar gekleideter Zwerg heraus und machte den Herrschaften artig seine Reverenz.
Diese aufwendigen Scherze reduzierten sich allmählich auf harmlosere Gerichte. Ganz ausgestorben aber sind sie auch heute noch nicht, wie Senf in Faschingskrapfen, Glücksbohnen in Kuchen und auch die nachfolgenden Rezepte beweisen.

Falsches Bier

1/2 l schwarzer Kaffee wird mit 5 bis 6 Blatt aufgelöster Gelatine verrührt, gesüßt und bis gut 1 Fingerbreit unter den Rand in Bierkelche verteilt. Am besten passen Stielgläser dazu. Dann schlägt man 1 bis 2 Eiweiß mit etwas Zucker steif und macht die Gläser mit diesem ›Bierschaum‹ voll. Wer ein ›Helles‹ haben möchte, verwendet eine helle Götterspeise (Päckchen) oder gesülzten, hellen Fruchtsaft.

Falsche Ochsenaugen

Ein weißes Kindermus oder ein weißer Mandelpudding wird gekocht und noch heiß auf flache Unterteller verteilt. Wenn das ›Eiweiß‹ steif ist, setzt man die Eidotter aus großen, halbierten Aprikosen darauf und streut als Schnittlauch gehackte Pistazien darüber. (Nach einem handgeschriebenen Passauer Kochbuch um 1840)

Süße Blutwurst

100 g geriebene Schokolade, 1 bis 2 Kaffeelöffel Kakao, 1 Kaffeelöffel Pulverkaffee, je 50 g Puderzucker, geriebene Mandeln und Himbeermark sowie 1 Eiweiß werden vermengt. Man formt eine Wurst daraus und legt dabei 80 bis 100 g in Streifen geschnittenes Marzipan ein, um eine schöne Speckblutwurst zu erhalten. Zuletzt wird sie in eine dünne Haut aus ausgewalgtem Marzipan gehüllt, mit etwas Schnur abgebunden und kaltgestellt. Man schneidet von der täuschend nachgeahmten Wurst schräge Scheiben. (Aus einer alten Münchner Rezeptsammlung)

Einen Schinken von Mandeln zu machen

Dieses Rezept ist reizend, aber so umständlich geschrieben, daß es in eine moderne Form übersetzt wiedergegeben werden soll: *Am besten verwendet man 500 g fertiges Marzipan dazu, teilt ein Drittel davon ab und färbt den größeren Teil mit dickem Himbeersaft oder mit Speisefarbe rot; mit etwas zugesetztem, gesiebtem Puderzucker wird die Masse wieder fester. Davon formt man einen schinkenartigen Leib. Aus dem weißen Marzipan legt man 1 bis 2 unregelmäßige Speckschichten dazwischen. Damit sie gut haften, bestreicht man sie mit etwas Rosenwasser. Auch die Außenschicht, die Schwarte, wird aus weißem Marzipan geformt. Nun hüllt man das Ganze fest in Pergamentpapier oder Alufolie, drückt sie zusammen und läßt den Schinken etwas übertrocknen. Zuletzt wird die von der Folie befreite ›Schwarte‹ mit Kakao ›geschwärzt‹. Man schneidet schöne Scheiben davon ab.*

Mandeleier in der Fasten

Dieses Originalrezept aus dem Buch ›Calendarium perpetuum‹ des Colerus von 1592 ist schwer verständlich, sowohl was die Sprache wie auch die Herstellung betrifft, und wurde deshalb hier modernisiert.

Es handelt sich dabei um eine nette, liebevoll zubereitete Leckerei aus Marzipan. Zuerst wird der kleinere Teil von etwa einem Pfund Marzipan mit Safran gelb gefärbt und zu runden Eidottern geformt. Man umhüllt sie mit weißem Marzipan und gibt ihnen eine Eiform unter Zuhilfenahme von ausgeleerten Eischalen, die man vorsichtig darüber drückt. Die Eier werden als lustiger und überraschender Nachtisch serviert.

SCHNEPFENZEIT
Mitte April

Reminiscere,
Greift an die Gewehre.
Oculi,
da kommen sie.
Lätare ist das Wahre.
Judika –
Auch noch da.
Palmarum.
Rarum

Wenn Schnepfen und Bekassinen, aus dem Süden kommend, in Bayern durchziehen, gehen die Jäger an die Gewehre und die Hausfrau erfreut sich der ersten Jagddelikatessen. Da es einstmals aber nicht so viele Jäger, dafür aber mehr Schnepfen gab, brauchte man noch keine Abschußverbote, so daß diese leckeren Vögel im Frühling wie auch beim Rückflug im Herbst auch auf dem Eßtisch nicht so selten waren wie heute. Und man wußte sie sehr delikat zu kochen!

Schnepfendreck

Der gesamte Inhalt der Bauchhöhle – also Herz, Leber und Gedärme, aber ohne Magen! – wird mit etwas Speck feingehackt und mit ein wenig geriebener Zwiebel, Petersilie, Salz und 1 Gläschen Rotwein vermengt oder noch besser in Rotwein kurz gekocht. Die Masse wird mit Butter verfeinert und nach Belieben mit etlichen Semmelbröseln gebunden. Man streicht sie auf kleine, gebutterte Weißbrotscheiben und übergießt sie nochmals mit etwas Butter, kann aber auch geriebenen Parmesankäse darüberstreuen. Dann bäckt man die Scheiben 5 bis 6 Minuten im Rohr.

Gefüllte Schnepfen

Für jede geputzte Schnepfe verwendet man eine Semmel. Man weicht sie in Milch ein, drückt sie aus und würzt sie mit Petersilie, geriebener Zitronenschale und Zwiebel, Salz, etwas Paprika und Suppenwürze. Die Masse wird mit Ei gebunden und dann eingefüllt. Man steckt die Öffnung zu, bindet die gut gesäuberten und leicht gesalzenen Schnepfen in dünne Speckscheiben ein und brät sie unter häufigem Begießen mit viel

Butter und saurem Rahm, bis sie schön gar sind. Dann schmeckt man die Soße mit Madeira ab. In der Zwischenzeit hat man Reis gekocht, der in eine große Ringform gedrückt und hierauf gestürzt wird. In die Mitte gibt man die halbierten Schnepfen und legt auch außenherum noch eine geviertelte Schnepfe. Die Soße gießt man über die Schnepfen. Die Speckscheiben kann man entweder für ein nächstes Gericht aufbewahren oder kleine Würfel daraus schneiden und sie in die Soße geben.

Gedämpfte Schnepfen

Dazu lassen sich auch ältere Schnepfen verwenden; man erkennt sie an den harten Ständern und der etwas derberen Haut. Sie werden außen und innen mit einer Mischung aus Salz, ein wenig Pfeffer und Nelken eingerieben; dann bestäubt man sie außen mit Mehl und dünstet sie mit Butter und kleingewürfeltem Speck an. Man gießt ein Glas Weißwein daran, deckt den Topf zu und schmort die Schnepfen langsam weich. An die Soße gibt man zuletzt den feingewiegten Schnepfendreck, macht sie mit Mehl etwas sämig und schmeckt sie mit ganz wenig feinzerdrücktem Knoblauch und Paprika ab. Man richtet die Schnepfen auf Sauerkraut an.

Schnepfen-Pastete

250 g Hackfleisch werden mit einer eingeweichten Semmel, Salz, Petersilie, Pfeffer und Zwiebel pikant abgeschmeckt. Gleichzeitig werden 1 bis 2 geputzte Schnepfen in etwas Butter vorgebraten. Dann bereitet man einen Pastetenteig aus 200 g Mehl, 80 g Fett, 1 Ei (von dem man etwas Dotter zum Bestreichen übrigläßt), Salz, einer Prise Backpulver, geriebener Zwiebel, Zitronenschale und etwas Muskat. Dieser Teig wird ausgewalgt, der Schnepfenkopf abgetrennt. Den Körper umwickelt man mit dem Hackfleisch und setzt ihn auf den Teig, der um die Schnepfe geschlagen wird. Man klebt zwei ovale Teigstücke darauf, welche die Flügel darstellen sollen. Die Pastete wird nun mit Eidotter bestrichen und gebacken. Zum Schluß bohrt man ein kleines Loch hinein, in das man den vorgebratenen Kopf steckt. In den Schnabel gibt man Petersilie und eine Zitronenscheibe; in die Augen drückt man je ein kleines Speckstückchen.

DIE KARWOCHE

›Kar‹ oder ›Chara‹ ist die althochdeutsche Bezeichnung für Kummer, Klage; die christliche Welt ist erschüttert und in Leid verstummt über den schmerzvollen Tod des Herrn. In seltsamer Verschmelzung begegnen sich in diesem Festeskreis altüberkommenes Fühlen und Wissen von Tod und Leben, Winterende und Frühling, Stille und Jubel, Sünde und Not mit Erlösung.

Aus all diesem von der Natur, menschlichem Fühlen und religiösen Riten bestimmten Geschehen hat sich eine reiche Fülle ältesten Brauchtums herausgebildet, das noch heute deutliche Nachklänge zeigt. Die Kar- oder Kummerwoche wird nicht nur die leidvolle, sondern auch die stille, die hohe, die gute oder die große Woche, auch Passionswoche genannt. In ihr soll man weder singen noch pfeifen, kein Tier töten und auch nicht trinken, weil ja Christus am Kreuz gleichfalls Durst litt.

Einstmals griff, die ganze österliche Zeit mit der vorausgehenden Karwoche tief in Sitte und Brauch, also auch in die Abfolge allen häuslichen Geschehens ein. Ursprünglich war nur der Karfreitag der Mittelpunkt dieser Zeit; später wurde ihr aber die ganze Woche zugeordnet, und selbstverständlich hatte auch die reine Leiblichkeit Anteil und bot nach entsagungsvollem Fasten festliche Speisen. Das winterliche Krautfaß war leer geworden, der Rübenvorrat aufgebraucht. Man hielt sich, wie auch heute noch, an das junge Grün, an Kräutchen und Spinat, an Bachkresse und Sauerampfer. In dieser Fastenzeit spielen natürlich auch Eier und Fische ihre bedeutungsvolle Rolle; der Fisch war eines der Zeichen Christi.

GRÜNDONNERSTAG

Dieser Tag ist der Auftakt der Karwoche, aber gleichzeitig auch des Frühlings. Die Hausfrau darf nicht backen, waschen, schlachten oder putzen, um die Ruhe der Karwoche nicht zu stören. Auch die Glocken schweigen. Aber auf den Kräutlmärkten zu München, Landshut und Straubing wie auch anderwärts geht es gar lebhaft zu. Trotzdem hat der Gründonnerstag nichts mit grünen Kräutern, dem Grünzeug zu tun. Die Bezeichnung ›der grüene donerstac‹, die um 1200 auftaucht, ist dem lateinischen ›dies viridium‹, dem ›Tag der Grünen‹, nachgebildet. Die ›Viridies‹ waren öffentliche Büßer, die nach vierzigtägiger Buße wieder zum Abendmahl gehen durften. Auf dem Land bei uns heißt der Gründonnerstag heute noch vielfach ›Antlaßpfinsta‹: ›Antlaß‹, weil er im Mittelalter der Tag der Entlassung aus Sündenschuld, also ein Ablaßtag war. Und ›Pfinsta‹, weil in Altbayern der Donnerstag so hieß. (Siehe auch ›Antlaßeier‹, Seite 103.)
Aus Freude am neuen Grün der Natur, sicherlich auch aus dem Wissen über die richtige Ernährung kam bereits in frühesten Zeiten alles, was sproßt und ›grünt‹, auf den Tisch, den Gaumen zu beleben. Man könnte geradezu von einem frühen ›Vitaminbewußtsein‹ sprechen, denn jetzt stehen die heilsamen und würzigen Kräuter obenan.

Die *Brennessel*, das gesunde Ganserlfutter, ist auch dem eigenen Gaumen gut. Man verwendet junge Blätter wie Spinat oder zum Strecken von Spinat.
Der *Löwenzahn*, schon in ganz alten Arzneibüchern gerühmt, wird noch heute gern als Salat verspeist. In Island gräbt man seine Wurzel aus und brät sie. Gehackt gibt das frische Blatt eine würzige Rohkost aufs Butterbrot oder gekocht eine pikante Spinatzutat.
Die *Schafgarbe*, das sogenannte Josefskraut, ist zunächst nur Würzkräutl. Es heißt aber in Österreich auch Bauchwehkraut und dokumentiert damit schon seine weitere Funktion als Gesundheitstee bei Durchfall.
Der *Huflattich* ist ein feines Suppenkräutl und getrocknet ein bewährter Tee gegen Erkältungen.

Die *Brunnenkresse* ist köstlich-rassige Würzzutat in Salate und Suppen und bildet besonders zu blaugekochtem Fisch einen interessanten Kontrast.
Das *Kerbel- oder Körbelkraut*, in München einfach Kräutl genannt, macht Suppen und Salate, Soßen und Butterbrote füllig im Geschmack und sprenkelt sie lustig grün.
Der *Ehrenpreis* soll seit altersher ein Jungbrunnen sein, weil er das Blut reinigt und den Kreislauf unterstützt. Man hörte gerne seine Aufforderung:

Willst werden Du ein Greis,
Nimm einfach Ehrenpreis!

Ja, wenn es nur so einfach wäre!
Jedenfalls aber wird der Gründonnerstag auch heute noch ringsum in Bayern recht ›kräutlbewußt‹ begangen. Dabei pflegt man überall eine andere Auswahl, je nach den Kenntnissen und dem Wachstum.
Und noch eine Gründonnerstag-Spezialität kennt man, vielleicht nicht mehr überall, jedenfalls aber noch auf dem Land: das Antlaßei. Man schrieb ihm, wie überhaupt jedem Ei, eine besondere, stärkende Bedeutung zu; aber speziell dieses Ei sollte geheimnisvolle Kräfte spenden und ist schon in der Henne geweiht.
Wie vorhin angedeutet, ist ›Antlaß‹, dem Wort Ablaß oder Entlaß entwachsen, eine Erinnerung an den ›antlaztac‹, den Tag des Erlasses der Kirchenstrafe. Der Gründonnerstag wurde ob seiner Trauer dazu erwählt, ausgeschlossene Kirchenmitglieder wieder in Gnade aufzunehmen. Die reumütigen und dankbaren Gläubigen schmückten sich mit Grün zum Zeichen, daß auch dürre Zweige, Symbol ihres bisherigen Abseitsstehens, wieder grünen können.
Im Erinnern an diesen Kirchenbrauch kennt man mancherorts noch heute den Antlaßkranz aus jungem Grün mit Schlüsselblumen. Und das am Gründonnerstag gelegte Ei ist etwas Besonderes. Man nimmt es vor allem zum Färben her, legt es in den Osterweihekorb und verschenkt es als Freundschaftsgabe. Wer so ein Antlaßei ißt, kann sich, der Legende nach, nie mehr verirren, denn er muß nur daran denken und findet dann sofort wieder heim.
Ein noch lange üblicher bäuerlicher Brauch war das wohlgeregelte Verteilen der

Antlaßeier. In bestimmten Gegenden wurden die Eier vom Gründonnerstag der ersten Magd, die Eier vom Karfreitag dem ersten Knecht und die Eier vom Karsamstag der Bäuerin selbst zugeteilt, die sie in den Weihekorb legten. Anderwärts waren die Ostersonntags-Eier der ersten Dirn, die vom Ostermontag der Mitterdirn und die vom Dienstag der Dritteldirn, dem Kuchlmensch, zugedacht.

Antlaßeier waren so wertvoll wie die vom ›Frauendreißiger‹, denn sie sollten Schutz vor vielerlei Gefahren bieten. Ein hübscher Brauch war es, sie mit wunschkräftigen Verslein zu beschriften. Sogar ihre Schale war hochgeehrt und wurde zerstoßen dem Vieh eingegeben.

Das wichtigste äußere Zeichen des Gründonnerstags aber waren die althergebrachten grünen Speisen. Da gab es Kräutlsuppe, Spinat mit Ei, Kressesalat, Grüne Eierkuchen mit neunerlei Kräutln, Maultaschen mit Spinat, sogenannte ›Grüne Krapfen‹ und auch Brennesselgemüse.

Die Brennesseln wurden übrigens nicht nur gegessen, sondern auch zum ›Geißeln‹ verwendet; das Brennen belebte frühlingshaft die Haut, trieb alte Winterunlust aus und machte fröhlich. So glaubte man wenigstens; probatum est!

Münchner Kräutlsuppe

Wie schade, daß man die ›Kräutl‹, eigentlich das spezielle Kerbelkraut, nur am Gründonnerstag und meist auch nur auf dem Kräutlmarkt bekommt. Dafür schmeckt die schöne grüne Gründonnerstags-Suppe umso delikater, denn bekanntlich steigert Seltenheit den Wert aller Dinge.

Damit diese so rare, ganz diesem einen Tag zugehörige Suppe auch wirklich schön grün bleibt, gehört ein kleiner Trick dazu. Man darf nämlich die Kräutl nicht kochen, sonst werden sie unansehnlich braun.

Zuerst bereitet man eine zarte, weiße Einbrenn, gießt sie mit Wasser und Rahm oder Milch auf und würzt mit Salz, ein wenig Muskat, einem Spritzer Zitronensaft und einer Spur Zucker. Das macht die Suppe mild. Dann gibt man einen kleinen Teil der gehackten Kräutl hinein, um ihr den typischen Geschmack zu vermitteln. Erst wenn alles sämig verkocht und gut abgeschmeckt ist, kommt der Hauptanteil der Kräutl dazu. Sie darf nicht mehr kochen und wird mit gerösteten Brotbröckerln angerichtet. Wenn's ganz nobel sein soll, kocht man 1 Ei und drückt den Dotter über der Suppenschüssel durch ein Sieb. Das gibt noch einen besonderen Farbeffekt.

Kalte Kräutersoße

Reichlich Schnittlauch, Petersilie, Bertram, Basilikum und etwas Zwiebelstangen oder Lauch werden sehr fein verwiegt, mit Essig und reichlich Öl, ein wenig Zucker und Salz kurz verschlagen. Die Soße paßt sehr gut zu Eiern oder zu kalten Fischen.

Grüne Krapfen

Einen einfachen Nudelteig aus Mehl, 1 Ei, etwas Wasser und Salz walgt man dünn aus und radelt große Vierecke daraus. Sie werden mit Spinat gefüllt, den man mit einer Mehlschwitze oder 1 bis 2 Eiern oder etlichen Bröseln binden kann. Man würzt ihn mit Salz, Muskat und etwas Suppenwürze und hält das Gemüse dicklich. Dann gibt man je 1 bis 2 Kaffeelöffel davon auf die Teigflecke, bestreicht die Ränder mit zerklopftem Eiweiß und schließt diese Taschen. Sie werden in Salzwasser gekocht und mit braunen Bröseln, braunem Butter oder gebräunten Zwiebelringen übergossen.

Vielerorts begnügte man sich auch nur mit Pfannenkuchen, Kaiserschmarrn oder anderen einfachen Mehlspeisen.

Noch eine wichtige Erscheinung am Gründonnerstag ist zu melden, das erste Schweigen der Glocken, die einer hübschen Legende zufolge nach Rom geflogen sind. An deren Stelle kommen in manchen Gegenden heute noch mittags um 12 Uhr die Ratschenbuben, um mit ihren Holzklappern der vorösterlichen Trauer Ausdruck zu geben. Das dürre Scheppern hatten schon ihre Großväter vollführt. Es gibt unter der Bubenschar einen taktgebenden Anführer und dazwischen noch ganz Kleine, die kaum die schweren Hebel drehen können, um die Klöppel der Ratschen schnell und laut aufschlagen zu lassen. Von da an kommen sie früh um fünf Uhr, um zwölf Uhr und dann um sechs Uhr abends, bis sie am Samstag früh zum letztenmal den Tag ankündigen.

Trauer liegt über der Kirche. Die Arbeit ruht, kein Pfeifen oder Singen darf im Hause zu hören sein. Man vermeidet jedes Türenzuschlagen, alles Klappern, überhaupt jeden Lärm. Der Tag ist von stiller Feierlichkeit geprägt. Natürlich ist er ein strenger Fasttag. Man ißt Fisch, vielfach Karpfen und was sonst Bayerns Gewässer hergeben.

Dicke Rogensuppe

Der Rogen von 1 bis 2 Karpfen oder anderen Fischen wird mit dem Schneebesen oder im Mixer verschlagen. Inzwischen bereitet man eine weiße Einbrenn, gießt sie mit etwas Wasser auf und würzt sie mit einem Spritzer Essig, Salz, Pfeffer, Muskat und geriebener Zitronenschale. In diese Suppe gibt man den Rogen hinein und schmeckt pikant nach. Die Suppe wird mit gerösteten Semmelwürfeln und Schnittlauch aufgetragen.

Aischgründer Karpfen

(Auch in Rothenburg ob der Tauber bekannt)

Einen schuppenarmen Spiegelkarpfen schneidet man zwischen Kopf und Schwanz dicht an der Gräte entlang durch, so daß zwei große Fischfilets entstehen. Sie werden leicht eingesalzen, gepfeffert, in Mehl gewendet und kommen in einen großen Topf mit reichlich heißem Butterschmalz, so daß sie frei schwimmen können. Wenn der Topf nicht groß genug ist, muß man die Karpfenhälften nochmals durchteilen. Die schön knusprig goldbraunen Fische werden mit Kartoffelsalat und grünem Salat zu Tisch gebracht. Die Innereien, also Rogen oder Milchner sowie die Leber, werden gleichfalls gereinigt, gesalzen, gepfeffert, gemehlt und dann wie der Karpfen selbst in heißem Fett gebacken und dazugelegt. Auch sie sollen goldbraun und krachfrisch sein.

Das Backen ließen sich Bayerns Frauen an diesem Tag nicht nehmen. Es stand natürlich im Zeichen der Karwoche und war fastenmäßig einfach.

In der Tölzer Gegend hat man seit altersher und bis in die jüngste Zeit hinein als österliche Fastenspeise für den Karfreitag zähe, dickhäutige Fladen, die ›Karfreitagshäut‹, gebacken. Der Ausdruck ›Haut‹ weist ja schon auf ihre Natur hin. Es handelte sich um eine Art Brei aus geschrotetem Weizen oder Roggen, mit Mehl und etwas Sauerteig vermischt, der fladenartig ausgegossen und dann in der Asche gebacken wurde, wonach man ihn mit Öl oder Butter bestrichen hat.

Im Bayerischen Wald wurden große Karfreitagskrapfen aufgetragen, und zwar zwölf Stück, für jeden Apostel einen.

Auch das Marterbrot, ein schlichter Hefeteiglaib, oder Kreuzbrote aus Semmelteig, an beiden Enden eingeschnitten und kreuzförmig aufgebogen, sind sinnvolle Karwochen-Gebildbrote gewesen. Sie sollten an den Kreuzestod Christi gemahnen und lassen sich bereits auf einer Abendmahl-Darstellung im ›Codex Egberti‹ aus dem 10. Jahrhundert nachweisen. Ein diesem alten Kultgebäck nachempfundenes Rezept lautet:

Kreuzbrote

Einen einfachen Hefeteig, den man nach Belieben mit etwas Zucker oder Vanillinzukker oder Zitronensaft würzen kann, formt man zu kleinen Bällchen, die gut zugedeckt gehen müssen. Dann schneidet man sie an zwei Seiten etwas ein und biegt die nun abstehenden Zipfel ein wenig länger und nach außen, so daß Kreuze entstehen. Diese werden mit zerklopftem Ei bestrichen, mit etwas Zucker bestreut und nach neuerlichem Gehen goldbraun gebacken. In manchen Gegenden liebt man sie mit Mohn bestreut.

Von einem anderen Gebäck der Karwoche wissen wir aus einer Nürnberger Chronik: »Im Jahre 1487 in derselben Kreuzwochen, da ließ der Kaiser (Friedrich IV.) die kleinen Kinder, so in der Stadt waren, alle in den stattgraben berufen und hat etliche tausend Bätzlein backen lassen und gab jedem Kind *eins* darauf stundt des Kaisers Bild, aber es zurun an vielen, waren dennoch nit alle vorhanden, darum nennet man diese Bätzlein biß uff den heutigen Tag ›Kayser‹, auch Kayserle.«

Nachdem es sich um ein Nürnberger Gebäck handelte und wahrscheinlich um eines, das aus Holzmodeln mit des Kaisers eingeprägtem Bildnis hergestellt wurde, war es sicherlich eine Art Honiglebkuchen oder jedenfalls ein formbares, honighaltiges Gebäck. Und zufolge der Menge und auch wegen des freitäglichen Fastengebotes dürfte es ein billiges Massengebäck gewesen sein.

Jetzt war es auch höchste Zeit für die Hausfrauen, den Osterkorb zu richten. Ein breiter Korb, mit einem weißen Leinentuch ausgeschlagen und mit Buchsbaum.

Schlüsselblumen oder Märzenbecher geschmückt, wurde mit einem Ranken Rauchfleisch, einem Laibchen Butter, roten Ostereiern, etwas Salz und einem Stück Kren gefüllt. Die Mitte bekrönte, etwas erhöht, ein schönes Osterlamm, ein Lamperl, Betzerl oder Kitzerl. Man hat es in Hefenteig höchst einfach von Gestalt oder aus Biskuitteig in einer Backform gebacken, oder kunstvoll ausstaffiert oder über und über mit weißen oder rosa Zuckerschaum-Schneckerln versehen beim Konditor gekauft, der es noch mit einem roten Schleiferl um den Hals und mit einer Papierfahne, in den Rücken gesteckt, garniert.
In Berchtesgaden haben die Frauen mit geschickter Hand schöne Osterlamperl aus Butter geformt, die in ein Bett aus duftenden ersten Wildkräutern gelegt wurden.
In der Jachenau haben noch im vorigen Jahrhundert, so berichtet der bayrische Schriftsteller Joseph Lentner, 36 Hofbesitzer gemeinsam einen ganzen Widder zur Weihe in die Kirche getragen. Er war mit einem grünen Kranz aus Buchsbaum geschmückt und seine Hörner waren vergoldet. Nach dem Kirchgang gab es dann ein großes Festessen mit geweihtem Hammelbraten.
Stadt und Land haben also gleichermaßen an dem schönen Brauch des nachgebildeten Osterlammes festgehalten, und noch heute sind die Auslagen der Bäcker und Konditoren vor Ostern voll von solchen Lamperln aus Zucker oder luftigem Biskuit, und in so manchem Haushalt befinden sich noch zweiteilige Blechformen, die man nur einmal im Jahr zum Backen von solchen Osterbetzerln braucht.
Die gefüllten Weihekörbe wurden am Ostermorgen, in mancher Gegend schon am Karsamstag nach der Grablegung, zur Weihe gebracht. Es war ein hübsches Bild, so viele geschmückte Weihegaben, bunt und duftend, hingehalten zu sehen, damit ›die Weich‹ gut eindringen konnte. Manche Bäuerin oder Hausfrau kerbte den Schinken noch extra ein oder zerdrückte die Eischalen, damit der Segen nur ja überall hinkommen konnte.
Interessant ist, daß solche Weihekörbe, die schon seit dem 12. Jahrhundert, in Straubing seit 1389, von der Kirche mit besonderen Benediktionsformeln geweiht wurden, noch heute in Bayern zu sehen sind! Ihr Inhalt wird hochgeschätzt, schenkt er doch einmal ein üppiges Frühstück, bricht er zum anderen das große, vierzigtägige Fasten und gibt er schließlich seinen Segen an die frohen Esser weiter.

KARSAMSTAG

Schon kurz vor fünf Uhr früh haben sich die Ratschenbuben aufgestellt, um den letzten Tag der Karwoche anzukünden. Nachdem sie besonders schön im Takt ihr Amt erledigt haben, sagen sie noch ihren Spruch auf und verschwinden still, um am Vormittag wieder zu erscheinen. Jetzt werden sie für ihr frühes Aufstehen, ihre Mühe und ihre guten Wünsche entschädigt. Es gibt Küchel oder Krapfen, gebackene Hasen, Lamperl, erste Ostereier oder auch Geld. Die geerbten oder neu gemachten Ratschen kommen wieder auf den Dachboden, um vielleicht noch viele, viele Jahre die glockenlose Zeit zu künden.

Soweit notwendig, werden nun nochmals Eier gefärbt, denn der Bedarf ist immer größer als vorausgesehen. Auch frische Küchel werden gebacken und das Haus festlich geschmückt.

Zu Mittag am Karsamstag herrscht noch strenges Fasten. Nachmittags findet die Auferstehungsfeier statt, die in Bayern nicht versäumt wird. Sie ist ebenso fromme Schau wie buntes Geschehen, erste Erlösung und Vorfreude. Manchmal werden noch den Kindern goldgelbe Eierweckerl spendiert.

Die Karwoche ist jetzt zu Ende.

OSTERN

Geist und Seele, Herz und Magen nehmen gleicherweise Anteil am Ostergeschehen. Ostern ist der Auftakt des Frühlings, der neuen Arbeit in Feld und Garten; als christliches Hochfest religiöser Höhepunkt; endgültiger Abschied des Winters, neues Ergrünen von Flur und Wald, erwachte Hoffnung, Erlösung, Freude, Genuß. Die Sonne macht deshalb nach dem Volksglauben am Ostersonntagmorgen einen dreifachen Freudensprung.

Zu Ostern in seiner Bedeutsamkeit Weihnachten ebenbürtig, wird die Festlichkeit auch kulinarisch stark hervorgehoben. Die Tage stehen daher ganz im Zeichen einer üppigen Küche, noch dazu nach so langer Fastenzeit.

Schon zum Frühstück gibt es ›G'weichtes‹ oder ›G'segnetes‹ aus dem Weihekorb, also Schinken, bunte Eier, Brot oder Osterfladen und viel Butter. Jeder soll von allem ein Stückchen haben, damit er an der ›Weich‹ teilnehmen kann. Von Osterfladen spricht bereits 1534 Sebastian Franck in seinem Weltbuch: »Zue Ostern bacht man die fladen.« In der Nähe von Volkach bei Würzburg trug man Ende des 18. Jahrhunderts Osterfladen auf Traggestellen in großen Prozessionen. Anfangs des 18. Jahrhunderts war der gute Schmaus zu Ostern so selbstverständlich, daß der originelle Pfarrer Andreas Strobl aus Buchbach bei Mühldorf, der ähnlich kraftvoll predigte wie Abraham a Santa Clara, von der Kanzel am Ostersonntag heruntersagte: »Heut' ist die erste Hochzeit, es heiraten der Speck und das Kraut zusammen.« Dazu muß man wissen, daß während der Fastenzeit keine Hochzeiten stattfanden, jetzt aber das leibliche Genießen beginnen durfte.

Der Rothenburger Spitalschreiber Christian Alt (1600–1630), der während des Dreißigjährigen Krieges lebte, hat dagegen in einem Speiseplan für den Ostersonntag neben anderen, unbedeutenden Gerichten nur einen ›Eierplatz‹ angegeben. Das war aufgeweichtes Weißbrot, in verklopfte Eier getaucht und in Fett herausgebacken, also eine Art ›Versoffene Jungfern‹. In guten Zeiten jedoch bereiteten die Hausfrauen in Bayern um Ostern schon tagelang üppige Schüsseln vor.

Im Vordergrund standen für das Festmahl Schinken, Spanferkel und Lamm oder Kitz, Giggerl und Hennen sowie füllige Braten. Als Nachtisch gab es eine feine

Mehlspeis und nachmittags Schmalzbackenes und Ostergebäck. Eine Altmünchner Speisekarte aus der Zeit vor etwa hundert Jahren führte für den österlichen Mittagstisch einen Gamsbraten, Knödel, Selleriesalat, in Brotteig gebackenen Schinken, gebratenen Fisch, Backhendl, ausgezog'ne Küchl, Schuchsen und Zwetschgenbavesen an.

Alt-Nürnberger Oster-Suppe

(Originalrezept von 1841)

Nimm eine gute Fleischbrühe, thue sie in einen Hafen, und einen guten Theil dicken Milchrahm daran, auch etwas Ingwer, Pfeffer und Muskatenblüth, mache sie gelb, schneide einen Weck würflicht, gieße sodann die siedende Suppe darüber und etwas Weinessig, daß sie säuerlich wird, und so richte sie an.

Bachene Fleischkrapferl

(Suppeneinlage)

350 g Mehl, 20 g aufgelöste Hefe, 4 Eßlöffel Öl, 2 Eier und Salz werden verknetet. Daraus dreht man nach dem Gehen kleine Krapfen und gibt in jeden eine gut walnußgroße Fülle aus etwa 250 g gehackten Fleischresten, die mit viel gehackter Zwiebel, Kräutchen, Salz, Pfeffer, 1 Ei und etwas gehackter Essiggurke vermengt wurden. Die Fülle muß zart saftig sein; sie wird notfalls noch mit ein wenig saurem Rahm oder Bratensoße geschmeidig gemacht. Man schließt die Krapfen wieder gut, damit die Fülle nicht austritt, und gibt sie nach dem Gehen in heißes Fett. Darin werden sie goldgelb gebacken und entweder gesondert zu einer heißen Fleischbrühe gereicht oder gleich in die Suppe gegeben. Sie bilden auch mit etwas Remoulade eine feine Vorspeise.

Fränkische Ostergeißlein

Ein kleines Geißlein (Kitz) oder auch ein ganz junges Lamm läßt man sich beim Metzger bratfertig vorbereiten. Es wird noch gründlich nachgesäubert, dann mit Salz und Pfeffer eingerieben und innen mit reichlich Petersilie gefüllt. Man legt es mit genügend Butter in eine große Bratpfanne oder läßt es (in verschiedenen Gegenden) auch beim Bäcker braten. Es muß schön saftig bleiben und wird deshalb während des Bratens immer wieder mit der verlängerten Soße und etwas frischer Butter übergossen, so daß es zart und goldbraun wird. Man bringt es, in große Stücke geschnitten und auf der heißen Platte wieder als Geißlein zusammengesetzt, zu Tisch und serviert entweder Teigwaren, Semmelknödel oder auch Kartoffelsalat und andere Salate dazu.

Kitzerl in Essig abgesotten

Das in portionsgroße Stücke geschnittene Kitz wird mit heißem Wasser blanchiert, damit das Fleisch schön weiß wird. Dann legt man es mit einigen aufgeschnittenen Zwiebeln und Gewürznelken in einen Topf, gibt reichlich Petersilie, guten Weinessig, etwas Wasser, Salz und Pfeffer dazu und läßt das Fleisch darin weich kochen. Zuletzt richtet man es in einer Schüssel mit Essigbrühe und einem Stück Butter an und gibt reichlich Petersilie darüber. Man kann auch eine Butterschwitze aufgießen.

Gebackener Lammschlegel

Einen nicht zu großen Lammschlegel befreit man von überflüssigen Häuten und kocht ihn in Salzwasser mit reichlich Suppenwurzeln und einer Zwiebel sowie etwas Knoblauch nahezu gar. Dann nimmt man ihn heraus, tropft ihn gut ab, trocknet ihn noch mit einem Tuch nach und bestreicht ihn mit Ei. Der Schlegel wird dick mit Semmelbröseln paniert und im heißen Rohr unter häufigem Begießen mit etwas zerlassener Butter oder Schweineschmalz allseits goldbraun überbraten.

Gebackene Lammschnitten

Ein sauber geputztes junges Sauglamm wird in 2 bis 3 cm breite Streifen geschnitten. Man würzt sie mit Salz und ganz wenig Pfeffer, wendet sie in Ei, bzw. Ei mit Bröseln, oder nach Belieben auch in einem dünnen Ausbackteig und läßt die Schnitten dann in heißem Fett goldbraun backen. Zuletzt streut man Salz oder Selleriesalz darüber und gibt beliebige, bunte Salate oder zarte Gemüse dazu.

Osterschinken

Ein Stück gekochter Schinken wird glatt zurechtgeschnitten; dabei wird die Schwarte abgenommen. Dann bereitet man aus 250 g Mehl, 100 g Schweinefett, 1 Kaffeelöffel Backpulver, 1 Ei, Salz und ganz wenig Wasser einen mürben Teig, der ausgewalgt wird. Man bestreicht den Schinken mit zerschlagenem Ei, streut Brösel darüber und wickelt nun den Mürbteig so darüber, daß die Enden unten übereinandergeschlagen werden. Aus dem restlichen Teig macht man Streifen und Sternchen, die man als Verzierung oben auflegt. Dann bestreicht man den Teig mit Ei und überbäckt den Schinken bei guter Hitze goldbraun. Man bringt ihn heiß oder kalt zu Tisch und reicht Mandelkren oder eine Cumberland-Soße oder auch eine Rotwein-Soße dazu. Außenherum

III
Peter Jakob Horemans
Biertrinkende Küchenmagd

stellt man geschälte, geschmorte Äpfel, die mit Preiselbeeren gefüllt sind. Zuletzt garniert man die Platte noch mit Büscheln von Petersilie.

Mandelkren

(Zu Schinken oder Braten)

Von der Krenwurzel aus dem ›Weichkorb‹ wird ein Stück aufgerieben und mit derselben Menge Semmelbrösel und gebrühten, geschälten und geriebenen Mandeln vermengt. Man läßt dann ein Stückchen Butter mit wenig Mehl anlaufen, gibt die Meerrettich-Mandelmasse und ein wenig Zucker, 2 bis 3 Eßlöffel Rahm und eine Prise Salz dazu. Die Masse darf kurz einmal aufkochen; sie kann kalt oder warm serviert werden. Wenn man sie etwas milder haben möchte, läßt man sie etwas länger kochen.

Da ja als Osterbraten in der Hauptsache Jungtiere verwendet wurden, hat sich gar manche Hausfrau entschlossen, ein schönes Spanferkel zu braten. Spanferkel waren einst vor allem eine Regensburger Lieblingsspeise, gar zu Ostern. Es gab in der Wahlenstraße in der Nähe des Domes einen Ferkelmarkt, und obwohl es dort recht schlecht gerochen hat, konnte die Obrigkeit doch kein Verbot erlassen. Die Regensburger Bürgersfrauen haben ihre sorgfältig gewählten und frischgeschlachteten, prallen Oster-Spanferkel nach Hause genommen, zurechtgemacht, liebevoll und phantasiereich gewürzt und in einer großen Reine gebraten oder gelegentlich auch beim Bäcker im großen Ofen fertigbacken lassen, wie es die schwäbischen Hausfrauen auch mit ihren großen Zwiebelkuchen machen.

Spanferkel

Zuerst wird das noch sauber nachgeputzte Ferkel innen mit Salz und Pfeffer und außen mit Salz eingerieben und ein Span hineingesteckt, damit es nicht zusammenfallen kann. Zweckmäßig wird es auch auf einen Spieß gesteckt. Während des Bratens wischt man es zu anfangs ab, denn es schwitzt, später aber wird es mit Speck oder zerlassenem Butter bestrichen. Zuletzt wäscht man es mit Hilfe eines Pinsels mit Bier, damit es schön resch wird. Sobald Blasen aufsteigen, werden diese aufgestochen. Während man das am Spieß gesteckte Spanferkel häufig drehen muß, wird das in der Reine gebratene mit dem Rücken nach oben gelegt. Man wendet es nicht. Es soll schön goldbraun sein. In das Maul steckt man eine halbe Zitrone. Bequemer ist es natürlich, das vorgerichtete Spanferkel, wie schon erwähnt, dem Bäcker zu bringen.

Bröselbraten

Ein schöner Rinds- oder Schweinsbraten wird wie üblich gesalzen und gepfeffert und dann mit Zwiebeln und Wurzeln zugesetzt. Etwa 1/2 Stunde vor dem Garwerden streut man ein dickes Gemisch aus Bröseln und geriebenem Käse darauf und läßt es anbraten. Man befeuchtet dabei die Kruste mit Soße, damit sie nicht abspringt, und wiederholt das Aufstreuen und Begießen noch 1 bis 2 Mal, damit die Kruste recht dick wird. Zuletzt schneidet man den Braten vorsichtig auf und garniert die Platte mit Zitronen und Petersilie. Die Soße, die mit Rotwein und Zitronensaft, einer Spur Zucker und Suppenwürze abgeschmeckt wird, reicht man extra dazu.

Bayrische Kalbshaxe

Eine schöne, dicke Kalbshaxe wird in Salzwasser mit reichlich Suppenwurzeln, 1 Lorbeerblatt, Pfefferkörnern, Wacholderbeeren und Zitronenspalten nahezu weich gekocht. Man nimmt sie aus der Brühe, tropft sie ab, trocknet sie auch noch nach und bestreicht sie mit zerschlagenem Ei. Dann bestreut man sie ringsum mit Bröseln und setzt sie nochmals mit genügend heißer Butter in der Bratröhre zu, in der man sie nun schön langsam goldbraun und resch brät. Dabei begießt man sie häufig mit heißer Butter und später mit der entstandenen Bratensoße. Die Haxe muß butterzart sein! Man kann sie im Ganzen, also samt Knochen, oder in Stücken abgelöst und schön angerichtet mit Petersilie und Zitronenschnitzen servieren. Dazu reicht man gemischten Salat.

Kalbsbrust mit Mandelfülle

Ein Stück Kalbsbrust von 3/4 bis 1 kg Gewicht wird ausgelöst und so untergriffen, daß eine dreiseitig geschlossene Tasche entsteht. Dann rührt man einen Löffelstich Butter mit 2 Eiern schaumig, gibt 100 g geriebene Mandeln, Salz, Muskat, etwas Pfeffer, eine Spur Curry, Suppenwürze, Zitronensaft und noch so viel entrindetes, eingeweichtes und fein zerdrücktes Weißbrot dazu, daß eine bindige Masse entsteht. Sie wird nicht zu stramm in die Brust eingefüllt. Man näht sie zu und brät sie, auf den Rippen liegend, unter häufigem Begießen mit der durch Butter verlängerten Soße goldbraun. Nach kurzem Stehenlassen schneidet man nicht zu dünne Scheiben, legt sie auf eine heiße Platte, streut in Butter gebräunte Mandeln darüber und garniert mit Bach- oder Gartenkresse, Radieschen und Zitronenscheiben. Die Soße kann noch mit etwas Weinbrand, Suppenwürze und einem Stückchen Butter verfeinert werden.

Das Mysterium des Eis hat seit je viele Denker beschäftigt. Sie waren sich lange nicht einig, ob zuerst das Ei oder zuerst die Henne da war, beendeten aber den Streit mit dem Begriff ›ab ovo‹, also vom Ei ausgehend. Das ist der Anfang, was soll man weiter fragen. Auch das Problem scheint geklärt zu sein, ob nun Hase, Hahn oder Osterlämmer die fürs Fest nötigen Eier legen, denn es taucht heute nur noch selten auf. Gehen wir also gleich ad ovum.

Ein anderes hübsches Gedanken- und Gelehrtenspiel war der Vergleich mit dem Weltall und den vier Elementen: Die Rundung der Schale ist das Himmelsgewölbe, der Dotter ist das Feuer, das Eiweiß das Wasser, die Blase darüber die Luft und die Schale die Erde. Daß das Ei darüberhinaus imstande ist, Leben in jeder nur erdenklichen Form zu entfalten, ist wohl eines der größten Geheimnisse der Schöpfungsgeschichte: Daher resultiert die Ehrfurcht vor dem Ei und der Glaube an sein Mirakel.

Neben dem Ei als eindeutiges Auferstehungs-Symbol hat auch der Hase als Synonym der Fruchtbarkeit einen wichtigen Platz innerhalb der österlichen Gedanken- und Vorstellungswelt, den er, besonders bei Kindern, bis heute beibehalten hat.

Schon sehr sehr früh galt das gefärbte Ei auch als glückbringendes Angebinde, als Liebesbote und Orakel. Daß es zur ausgesprochenen Ostergabe wurde, hängt mit dem erhöhten Eieranfall im ersten Frühling zusammen. Schon in der Mitte des 17. Jahrhunderts nennt es bereits der schon zitierte altbayrische Pfarrherr Andreas Strobl ›Ovum Paschale‹. Es wird zu einem selbständigen Ausdruck österlicher Gaben und hat darüberhinaus eine Menge lustiger Bräuche verursacht. So wird es gerne, mit Versen, Sprüchen und persönlichen Andeutungen versehen, zur Liebeswerbung verwendet:

Ich wünsche, Liebchen, froh und frei
Mich Dir, Dich mir zum Osterei!

Besonders rote Eier spielten dabei eine Rolle. Bei uns stammt die erste Nachricht über das Schenken von Ostereiern aus dem Jahr 1630. Weil Rot die lebendigste

Farbe und die des Herzblutes ist, hat man die Eier, die Sendboten des Herzens sein sollten, stets rot gefärbt.

Jeder hatte einst ein besonderes Anrecht auf solche bedeutungsvollen roten Eier, alle Patenkinder – für die es die sogenannten ›Dodloar‹ (Godeneier von God, Göd: Pate) gab –, alle Dienstmädchen in der Stadt wie die Ehhalten auf dem Land, die Bötin, der Postbote, der Kaminkehrer und alle darum bettelnden Kinder – niemand sollte leer ausgehen. Und wenn ein Mädl den abendlichen Besuch ihrer Freunde nicht mit roten Eiern belohnte, dann konnte sie nicht mit Tänzern bei Hochzeiten oder auf der Kirchweih rechnen.

Um mehr Abwechslung in die vollen Eierkörbe zu bringen und andererseits dem roten Ei seinen Vorrang zu lassen, wurden auch braune Eier mit Zwiebelschalen oder Kaffee, gelbe mit Safran, grüne mit Kräuterabsud, blaue mit Veilchen oder Malven gefärbt. Für die roten hat noch in meiner Kindheit die Köchin das Papier vom Zichorienkaffeepackerl verwendet. Zuletzt wurden sie mit einer Speckscheibe glänzend gemacht.

Das Färben allein genügte aber meist nicht; mit Spürsinn, Geduld und künstlerischen Ambitionen wurden sie mit Sprücherln versehen oder mit Gräsern gebatikt. Man hat aus Blättchen und Rispen kleine Muster fest aufs Ei gebunden und sie dann in Farbe getaucht, wodurch reizende Zeichnungen entstanden. Auch mit Mustern bemalte, mit Blümchen oder Papierschnipseln beklebte Eier hat man in die Nester gelegt. Die bunten Eier heißen ›Scheckeln‹, besonders wenn sie recht scheckig ausgefallen sind.

Die Geschichte weiß auch von vielerlei kostbaren Ei-Nachahmungen aus Silber und Gold, Halbedelsteinen und poliertem Holz, die zu öffnen waren und kleine, kostbare Ostergeschenke enthielten. Uns interessieren hier aber die echten Eier im alten Bayern mehr, von denen beispielsweise eine Chronik aus dem 18. Jahrhundert berichtet:

»... ein gantzes Jahr geschicht den Ayrn nit so vil Ehr als eben jetzt zur Österlichen Zeit; man verguldets, man versilberts, man belegts mit schonen Flecklen und macht allerhand darauff, man marmelirts, man mahlts auch und ziehrts mit schönen erhelten Farben; man färbts grün, roth, gelb, goldfarb etc. Man machts auch gesprangt und verehrt es hernach ein guter Freund dem andern. Ja, man tragts heut in großer Menge in die Kirche zu der Weyhe.«

Sogar die bunten Schalen der Ostereier hatten noch ihren Sinn; sie wurden in Hühnerställen, in Gärten und unter Grenzzäunen vergraben. Sogar die Kühe bekamen je ein Osterei ins Futter gelegt.

Bei der vorhandenen Fülle an bunten Eiern und wenn aller Vorbereitungstrubel zum Fest sich zu legen begann, am Nachmittag des Ostersonntags, gingen die Kinder an die alten Eierspiele. Da war zuerst das Eierpecken oder im Chiemgau ›Oarspitzeln‹ genannt, wobei die Eier Spitze an Spitze aneinander gepeckt werden. Wessen Ei dabei zerbrach, hatte verloren und der Schlaue, der gips- oder pechgefüllte Eier benützte und auf diese Weise dauernd gewann, mußte, wenn er erwischt wurde, alles hergeben und bezog auch noch Prügel dazu.

Das ›Eierrennats‹, auch so ein Brauch, war ebenso lustig wie schwierig: ein Ei mußte im Laufschritt, einarmig auf einem langstieligen Kochlöffel balanciert werden und sollte bis zum Ziel nicht herunterfallen. Auch das ›Eierscheiben‹ galt viel. Zwei schräg eng aneinandergelegte Rechen bildeten eine Rille, in der die Eier auf den Boden rollten, wobei sie eines der schon unten liegenden Eier berühren mußten; das gehörte dann dem Scheiber.

Ein etwas weniger beliebtes G'spui war den Bäuerinnen der Osterzins an das Kloster oder die Pfarrherren in Form einer bestimmten Anzahl von Ostereiern und von Osterkäs.

Die Mägde, Knechte, Dienstmädchen, Patenkinder, Freunde und Bettler hatten nun schon alle ihre Rationen bekommen. Wenn trotzdem noch Eier übrig blieben, weil die Vorsorge der Hausfrau in Stadt und Land groß gewesen war, dann hat man noch tagelang danach Eierspeisen gegessen.

Das Ostergebäck

Wenn man der Fülle österlicher Gebäcksorten nachgeht, könnte man glauben, das Backen sei in seiner beinahe unglaublichen Vielfalt überhaupt eine reine Ostersache gewesen. Bei näherer Betrachtung aber hatte die Geschichte doch ein System und die Bäckereien lassen sich locker wie Perlen auf eine Schnur aufreihen. Dabei ist es hier natürlich interessant, was es allein in Bayern alles an Osterspezialitäten gab. Die älteste Gebäckform war zunächst der Fladen, der sich merkwürdigerweise reihum am längsten als ausgesprochenes Osterbackwerk erhalten hat. Ursprünglich wohl aus geschrotetem Korn, also seiner ersten Breigestalt entwachsen, wurde später ein feineres Gebäck aus Weizenmehl daraus. Man hat den anfangs vielleicht noch ungesäuerten, flachen Fladen auf einem heißen Stein oder auf der Herdplatte oder an der erhitzten Wand von großen Erdbacköfen oder in der Asche gebacken, wie die bereits beschriebenen Karfreitagshäute. Das einfache Gebäck wurde oft mit Fruchtsaft oder Honig bestrichen, mit Mohn bestreut, mit zerkleinertem Trockenobst vermischt, später mit Zucker bereichert. Die Zutaten wurden im Laufe der Zeit immer feiner; es folgten Milch, Eier, Gewürze, Hefe, aber die Form blieb, so wie seit je schon Christus beim Abendmahl mit Fladen dargestellt wurde. Man hat den Fladen später auch noch in Formen gefüllt und Stempel hineingedrückt oder mit der Gabel Lochmuster oder mit dem Messer Schnitte und Karos hineingemacht oder den Rand gezackt.

Die flache Form gab dem Osterbrot auch den Namen ›Zelten‹, der vor allem noch in Niederbayern und im Bayerischen Wald verwendet wird und in den honiggewürzten Lebzelten fortklingt. Man hat neben diesen Osterzelten auch Oster-Flecken, besonders im unteren Bayerischen Wald, ferner im Allgäu Schildbrote, also schildförmige Gebäcke, geformt. Im Werdenfelser Land und in Passau wurde eine Raute daraus; im Salzachgau und auch in Salzburg war das Osterbrot gleichfalls flach und rund mit einem Sternmuster in der Mitte. In Oberbayern und im Tirolischen wurde ehedem der Fladen mit Hahnen- oder Lammblut gebacken. Im bayrischen Schwaben hat sich ein dreieckiger Fladen, der ›Küchlazelt‹, herausentwickelt. Allmählich wurden diese Gebildbrote dann österlich mit bunten Eiern dekoriert. Sie haben sich bis heute in Tirol, in der Salzburger Gegend und im Salzachgau erhalten, so daß man sie sogar noch in den meisten Bäckerläden finden kann. Vielen Stiftungsurkunden zufolge wurden noch bis in die jüngste Zeit solche Fladen an Pfründner, Spitalsinsassen, Arme und Kinder verteilt. In der Großstadt finden sich manchmal noch Geschäfte, die derlei Brauchtumsgebäck herstellen lassen und – je nachdem Auf und Ab des Publikumsgeschmacks und einer gewissen mondän-snobistischen Vorliebe für Urwüchsigkeit – entsprechend teuer verkaufen.

Dem Fladen folgte der gehöhte runde oder längliche Laib, der Treibmittel, für Roggenmehl Sauerteig, für Weizenmehl Hefe, voraussetzte. Damit begann die freihändige und vielseitige Modellierkunst und Gestaltungsfreude der Hausfrauen. Die Laibe oder Striezel bekamen Einschnitte, eingebackene Eier, schön aufgelegte Teigstränge, eingedrückte Mandeln und Nüsse, aufgestreute Ringe aus Mohn oder eine goldgelbe Eier- und Zuckerkruste. Man formte sie groß, klein, hoch, flach, lang, spitz, rund oder zu Rauten und Karos. Als Phantasie und Freude wuchsen und der Teig in seiner butter- und eierangereicherten Feinheit immer bildsamer wurde, haben geschickte Hände sogar Hasen und Hennen, Lämmer und zipfliche Ostersonnen daraus gemacht, auch wieder mit gefärbten Eiern zwischen den Hasenpfoten oder unter den Hennenflügeln oder rundum gelegt. Mit kleinen Zuckereiern oder einem Mandelmuster ausgestattet, wurden diese Ostergebäcke immer reizvoller bis hin zu den schön geflochtenen Brezen, Ringen, Striezeln und Zöpfen aus vielen Teigsträngen und anderen Flechtgebäcken mit Hagelzucker und Weinbeerln.

Liebevoll wurden auch die Ostermänner mit einem bunten Ei in den geschlossenen Armen und die Osterpärchen gebacken. Das war alles noch freihändige Kunst, die heutzutage durch Biskuitgebäck, in Blechformen gebacken, abgelöst ist, zum Beispiel durch das dicht mit Puderzucker bestäubte oder mit weißen Zuckergußschneckerln gezierte Osterlamperl, von dem schon die Rede war. Seinerzeit war es Patengeschenk und stolze Weihekorbmitte. Die Hasen, Küken oder ›Biberl‹ aus Biskuit- oder Mürbteig mit bunter Zuckerbemalung, die aus rotem Zucker oder Marzipan oder die aus Schokolade sind alle nur späte und kunstlose Nachfolger der einstigen schönen Gebildbrote.

Beinahe jede Stadt, jede Gegend und jedes Flußtal hatte noch bis vor kurzem eine besondere Form von Osterbrot. Aus dieser Fülle seien hier nur einige wenige genannt, woraus allein man schon den sprachlichen und bildhaften Reichtum erkennen kann:

Passauer Osterbrot
Lindauer Putschellen
Salzburger Fladen
Werdenfelser Rauten
Allgäuer Schildbrot
Niederbayrische Osterfleck
Rottaler Oaspitz
Rangauer Osterweck
Münchner, Dillinger und Bamberger Ostermandl
Oberbayrische Eierfladen
Tiroler Blutfladen
Nürnberger Männla
Augsburger Ostergeigen
Miltenberger Osterring
Ansbacher Osterbrot
Fränkische Bäzala
Rothenburger Marzipantafeln mit Lämmchen
Münchner Striezel

Da gab es unter vielen anderen:

Gebackenes Osterlamm

Zuerst rührt man 75 g Butter mit 220 g Zucker und 3 Eiern schaumig und würzt mit 1 Packerl Vanillinzucker, ganz wenig Muskat und 1 bis 2 Eßlöffeln Rum oder etwas Rum-Aroma. Dann gibt man 300 g mit 1 Packerl Backpulver vermischtes und gesiebtes Mehl und 1/2 Tasse Milch dazu. Je nach Größe der Eier muß man etwas mehr oder weniger Milch hinzufügen; der Teig muß jedenfalls dicklich-schaumig sein. Man füllt ihn 3/4 voll in eine sehr gut gefettete zweiteilige Lammform, bäckt das Lamm, auf dem Kopf stehend, bei Mittelhitze etwa 3/4 Stunden gar und schneidet es nach dem Erkalten unten glatt. Es wird mit Zucker überpudert oder mit Schneckerln aus steifem Zuckerguß bespritzt. Dann bindet man ihm ein rotes Schleiferl um, markiert die Augen aus Rosinen und legt es in grüne Papierwolle.

Inntaler Osterfladen

25 bis 30 g Hefe werden mit etwas Milch, Mehl und 1 Kaffeelöffel Zucker zu einem ›Dampfl‹ angesetzt. Dann rührt man 150 g Butter mit 3 bis 4 Eidottern und 150 g Zukker schaumig und gibt 500 g gesiebtes und erwärmtes Mehl, 50 g feingeschnittenes Zitronat, 1 Kaffeelöffel gewiegten Anis, eine Spur Salz, etwas Mandelöl und Arrak sowie das Dampfl daran. Der Teig wird geknetet, bis er zart und fein ist und sich glatt von den Händen löst. Man formt einen runden Laib daraus, bestreicht ihn mit verklopftem Eidotter und läßt ihn gut gehen. Hierauf bringt man kreuzweise einen tiefen Schnitt an und bäckt den Fladen bei Mittelhitze goldbraun. Die Ecken werden mit Zucker bestäubt oder mit Zuckerguß unregelmäßig bestrichen; in die Mitte setzt man ein hartgekochtes, bemaltes Ei. Besonders nett ist es, den Fladen in ein grünes Nest zu setzen.

Oberbayrisches Osterbrot

In 1 Glas Südwein (Malaga oder Madeira) gibt man 1 Eßlöffel Anis; dann setzt man 20 g Hefe in etwas lauwarmer Milch an, gibt sie an 500 g warmes Mehl und fügt 50 g flüssige Butter, 3 bis 4 Eßlöffel Zucker, 3 bis 4 Eier, eine Prise Salz, 80 g feingehacktes Zitronat und zuletzt den abgesiebten Aniswein hinzu. Der halbfeste Teig wird gut verknetet und zu einem langen Striezel (Stollen) geformt, der langsam über Nacht gehen muß. Man schneidet dann einige schräge Querschnitte ein, bestreicht ihn mit Eidotter, bestreut ihn nach Belieben noch mit Mandelsplittern und bäckt ihn goldbraun. Das Osterbrot wird zum Schluß mit Staubzucker überpudert.

Landshuter Osterstriezel

300 g Mehl, etwas Salz, 150 g Topfen, 100 g Butter, 80 g Zucker, 2 Eier, 3 Kaffeelöffel Backpulver und 1 Eßlöffel Rosenwasser verknetet man gut und gibt je 35 g grob gehacktes Zitronat, Orangeat und Haselnüsse sowie 1 gehäuften Kaffeelöffel Anis darunter. Aus diesem Teig formt man einen länglichen Laib, drückt ihn flach und schlägt ihn wie einen Stollen zusammen. Er wird mit Ei bestrichen, mit grobem Hagelzucker oder mit etwas Mandelspänen bestreut und dann 3/4 Stunden bei guter Hitze gebacken.

Osterkuchen

Aus etwa 500 g Mehl, 25 g angemachter Hefe, 2 Eiern, 125 g weicher Butter, Salz, 100 g Zucker, der nötigen Milch, etwas geriebener Zitronenschale, Zitronensaft und einer großen Tasse Weinbeeren bereitet man einen nicht zu weichen Hefeteig, der mit Eidotter bestrichen und zum Gehen warmgestellt wird. Bevor man ihn in die Röhre schiebt, schneidet man nach jeder Richtung 3 bis 4 Schnitte tief ein, so daß ein markantes, großes Gitter entsteht. Man streut grob gehackte Mandeln und groben Hagelzucker darauf und bäckt den Kuchen bei guter Hitze rasch goldgelb.

Österliches Gebildbrot

Aus dem Teig wie zum Osterbaum formt man zwei gleichmäßig lange, dicke Teigrollen, die man wie ein Sonnenrad zusammenlegt. Es wird nach nochmaligem Gehen mit verklopftem Ei bestrichen und goldgelb gebacken. Man legt die Sonne auf einen Teller mit einem Papierspitzendeckchen und gibt noch ein paar Zuckereierchen dazu.

Der Osterbaum

(Nach einem alten Rezept)

Aus 500 g Mehl, 25 g Hefe, 80 bis 100 g Butter, 150 g Zucker, 1 bis 2 Eiern, Salz, geriebener Zitronenschale und etwas Milch bereitet man einen strengen Hefeteig. Man formt vier verschieden lange Rollen daraus, legt sie – wie die Abbildung am Rand zeigt – aneinander und läßt den Teig gut gehen. Danach bestreicht man ihn mit Eidotter, streut etwas Zucker darauf und bäckt ihn gleichmäßig und schön goldbraun aus.

Gebackenes Osternest

Etwa 500 g erwärmtes Mehl, 20 g in wenig Milch mit 1 Kaffeelöffel Zucker aufgelöste Hefe, 100 g weichen Butter, 150 g Zucker, Salz, 1/2 Kaffeelöffel Anis, etwas geriebene Zitronenschale und Milch verarbeitet man zu einem strengen Hefeteig. Wenn er gegangen ist, dreht man drei gleichmäßig lange, dünne Teigrollen daraus, die zu einem recht eng geflochtenen Zopf vereint werden. Man legt ihn rund und steckt die Enden geschickt und unsichtbar ineinander. Dann bestreicht man den Teig mit Eidotter, läßt ihn nochmals gehen und bäckt ihn auf gefettetem Blech goldgelb. In die Mitte des Nestes gibt man grüne Papierwolle und darauf lustig-bunte Ostereier.

Rosenkuchen als Osternest

500 g Mehl, 25 g mit etwas Milch angesetzte Hefe, 30 g blättrig geschnittener Butter, 3 Eier, Salz, 3 bis 4 Eßlöffel saurer Rahm und 100 g Zucker werden zu einem Hefeteig verarbeitet, den man eine Weile gehen läßt. Inzwischen bereitet man eine Fülle aus 125 g Honig, 150 g geriebenen Haselnüssen und etwas saurem Rahm. Der Teig wird viereckig ausgewellt und mit Butter und der Fülle dick bestrichen. Hierauf werden Streifen davon abgeschnitten, die man wie Schnecken zusammenrollt und aufrecht in eine gefettete Kranzform setzt. Nach nochmaligem Gehen wird das Nest gebacken und mit Puderzucker überstäubt. In die Mitte legt man auf bunte Papierwolle Ostereier.

Apostelkuchen

25 g Hefe löst man mit 1/2 Löffel Zucker in 4 Eßlöffeln lauwarmer Milch auf und läßt sie in der Grube von 100 g gesiebtem und erwärmtem Mehl gehen. Dann arbeitet man 400 g Mehl mit 30 g blättrig geschnittenem Butter, 3 Eiern, 3 bis 5 Eßlöffeln saurem Rahm oder saurer Milch, einer Prise Salz, 125 g Zucker und 1 Tasse Sultaninen gut ab. Daran gibt man das Mehl mit der Hefe und knetet den Teig nun so lange, bis er sich zart anfühlt und weder am Brett noch an der Hand kleben bleibt. Man legt ihn in eine vorgewärmte Schüssel, deckt ihn zu und läßt ihn mehrere Stunden warm stehen; am besten ist es, ihn über Nacht gehen zu lassen. Dann nimmt man ein faustgroßes Stück Teig weg; aus dem größeren Stück formt man einen runden Laib und drückt in die Mitte eine Vertiefung ein, die mit Ei bestrichen wird. Das kleinere Stück formt man eiförmig und setzt es mit der Spitze nach oben in die Vertiefung. Man bestreicht den Kuchen mit Ei und schneidet in den unteren Teil schräge seitliche Schnitte ein. Nun läßt man ihn nochmals kürzere Zeit gehen und bäckt ihn bei mittlerer Hitze lichtbraun. Der Kuchen muß sehr leicht sein. Er wird außenherum dicht mit Zucker bestreut.

Passauer Osterzopf

375 g Mehl, 20 g in etwas Milch mit einem Kaffeelöffel Zucker aufgelöste Hefe, 100 g Zucker, 75 g weichen Butter, ein wenig geriebene Zitronenschale, 1 Eßlöffel Zitronensaft, eine Prise Salz und 1 Ei verknetet man zu einem strengen Hefeteig, der gut gehen muß. Man walgt ihn dann aus und gibt eine Mischung aus 1 geriebenen Apfel, 2 Eßlöffeln Honig, 1 großen Tasse gemahlenen Nüssen, je 2 Eßlöffeln Zucker und Weinbeeren sowie Zimt und Vanillinzucker darauf. Der Teig wird aufgerollt, wie ein Seil um sich selbst gedreht, mit Ei bestrichen und mit grobem Hagelzucker bestreut. Man läßt ihn noch einmal gut gehen und bäckt ihn goldgelb.

Große Osterbrezen

Den Teig wie zu Osterstriezel formt man zu handgroßen, ovalen Fladen und legt aus dünneren Teigsträngen eine Breze so darauf, daß die Umrisse der Unterlage brezengerecht sind. In die leeren Zwischenräume der Brezen füllt man ein Gemisch aus etwas gerührtem Butter, 2 Eiern, 100 g Zucker, 200 g Topfen, 1/2 Tasse Weinbeeren, Zitronenschale, Muskat, Vanillinzucker und Mandelöl. Man läßt die Brezen auf dem gefetteten Blech gehen und bäckt sie dann goldgelb.

Großmutters Käskuchen

Das ist durchaus keine moderne ›Käse-Sahnetorte‹, sondern ein altbayrischer, gackerlgelber Käskuchen! Zuerst bereitet man einen beliebigen Mürbteig und legt ihn mit Rand in eine gefettete Springform. Dann rührt man 4 bis 5 Eidotter mit 150 g Zucker, 2 Packerl Vanillinzucker, etwas Mandelöl, Anis, Salz und 100 g weichem Butter gut durch und gibt 500 g Topfen, 1 gehäuften Kaffeelöffel Mehl, 1 Tasse

Weinbeerl oder Rosinen und zuletzt den Eischnee dazu. Diese Masse füllt man auf den Teigboden, streut noch etwas Zucker darüber und bäckt den Kuchen bei guter Hitze im Rohr goldbraun. Er soll im Rohr auskühlen.

Unser Oster-Zoo

Eine liebe Kindheits-Erinnerung

Aus 250 g Mehl, 1 Kaffeelöffel Backpulver, 1 Päckchen Mandelpuddingpulver, 150 g in Flöckchen geschnittener Butter, 2 Eiern, 1 Eßlöffel Zitronensaft, etwas geriebener Zitronenschale, je einer Prise Salz, Piment, Muskat und Ingwer sowie 150 g Zucker bereitet man einen mürben Teig, der nach kurzem Ruhen ausgewellt und dann zu Entchen, Hasen, Hühnchen und Kücken ausgestochen wird. Wenn diese hell gebacken sind, überzieht man sie mit weißem, braunem und gelbem Zuckerguß, der mit etwas Rum abgeschmeckt und für den dunklen Guß mit Kakaopulver versehen wurde; den gelben Guß färbt man mit Safran. Zuletzt verziert man die Tiere mit weißem, braunem und etwas rotem Zuckerguß, der mit Himbeersaft entsprechend gefärbt wird.

Selbstgebackene Osterhasen

Wer gerne bastelt, dem macht es sicherlich Spaß, eine fröhliche Osterhasenfamilie selbst zu gestalten. Die Sache ist ebenso einfach wie vergnüglich.

Zuerst bereitet man einen mürben Teig und verknetet dazu 300 g Mehl mit 125 g Butter, 1 Ei, 150 g Zucker, 1 bis 2 Eßlöffeln Zitronensaft, etwas Salz und Zimt und 1 Päckchen Vanillinzucker. Der ausgewellte Teig wird nach einer selbstgezeichneten und ausgeschnittenen Schablone nachgeschnitten; als Modell dienen Osterpostkarten oder Kinderbilderbücher oder einfach die eigene Phantasie.

Ein kleines spitzes Messer hilft beim Schneiden und Nachputzen der Figuren. Man bäckt sie hell aus und bemalt sie dann mit buntem Zuckerguß. Dieser wird mit Himbeersirup rosa und mit Kakao braun gefärbt. Man garniert das Paar noch mit kleinen Zuckereiern, Blümchen und Haselkatzen.

DER EMMAUS-GANG
Ostermontag

Wie sprachliche Mißverständnisse zu originellen Umwandlungen von alten Bräuchen führen können, dafür ist der Emmaus-Gang ein treffendes Beispiel. Ursprünglich handelte es sich um die Nachgestaltung des Ganges der beiden Jünger Christi nach Emmaus. Wie in Prozessionen, Mysterienspielen, Umritten und dergleichen das Volk seinen religiösen Gefühlen, aber ebenso seiner schauspielerischen Darstellungsfreude Ausdruck gab, so hat es auch dieses biblische Geschehen in die Praxis umgesetzt und ein sich gegenseitiges Besuchen daraus gemacht. ›Emmaus‹ war als geographischer Begriff zu fremd und unverständlich, darum wurde daraus ein ›Gang ebnaus‹. Das heißt, man wanderte bewußt nicht über Berg und Tal zu bestimmten Verwandten und Freunden, sondern ebenaus, eben dahin, wie es sich zufällig ergab. Und wenn man einander traf, gab's gegenseitig eine üppige Bewirtung. Neben den Resten österlichen Gebäcks wurde insbesondere ein goldgelber Gugelhupf zum Kaffee serviert.

Ein altes Gugelhupf-Rezept

200 g Butter werden flaumig gerührt; daran gibt man 6 Eidotter, 180 g Zucker, etwas Salz, geriebene Zitronenschale und ein Pakkerl Vanillinzucker und rührt gut weiter. Dann fügt man 400 g Mehl und 30 g in einer halben Tasse Rahm, mit 1 Eßlöffel Mehl sowie 1 Kaffeelöffel Zucker ausgelöste Hefe hinzu. Wenn diese schön gegangen ist, vereint man beide Massen und hebt 60 g verlesene Rosinen und 2 Eßlöffel gehackte Mandeln darunter. Man gibt den Teig in eine gut gebutterte und gebröselte große Gugelhupfform und läßt ihn in der Wärme gehen, wobei man ihn zudeckt. Zuletzt wird der Gugelhupf in einem vorgeheizten Rohr bei Mittelhitze etwa 1 Stunde gebacken und nach dem Stürzen und Auskühlen dick mit Zucker überstreut. Nach Belieben kann man ihn auch mit einem Schokoladeguß überziehen.

Großmutters Aniszwieback

Ein beliebtes Besuchsgebäck, das sich gut in Vorrat halten läßt. Auch wenn man einstmals Halsweh hatte oder sonstwie im Bett liegen mußte, war Großmutters Aniszwieback ein Trost. Doch war und blieb er stets ein Gebäck mit der Aura des Besonderen.

3 Eier werden mit 200 g feinem Zucker sehr weißschaumig gerührt; dazu gibt man 220 g gesiebtes Mehl und 1 Kaffeelöffel gestoßenen Anis. Die zarte Masse wird in einer gut gefetteten, kleinen Kastenform 30 Minuten bei Mittelhitze ausgebacken und am nächsten Tag in Scheiben geschnitten. Diese werden bei ganz schwacher Hitze in der Backröhre nur hell gebäht, also mehr getrocknet als gebacken. In Blechdosen zwischen Cellophan oder Alufolie verwahrt, hält sich dieser Zwieback monatelang.

Der Ostermontag brachte auch im Gefolge des Emmaus-Ganges das Austeilen der Pateneier. Eine Magd übernahm mit einem Korb voll roter und weißer Eier den Botengang für alle Paten und Patenkinder der Familie und steckte natürlich gern den Botenlohn für ihre Mühe ein. Meist 15 Eier, ein schöner, goldgelber Osterfladen und ein großer Lebkuchen waren die einzelnen Gaben. Es war wichtig, eine ungleiche Zahl zu schenken, denn paarige Geschenke künden die Freundschaft auf. Da mußten auch die Burschen am Ostermontag bei ihrem Emmaus-Gang zum Dirndl sorgfältig nachzählen, ob die Zahl stimmte. Paarige Eier konnte man sonst leicht auf dem Zaun vor ihrem Kammerfenster aufgespießt finden und solch eine deutliche Absage reizte die männliche Eitelkeit zu sehr.

GEORGI

23. April

Sankt Georg ist der Drachentöter, der Viehpatron und Freund der Pferde. Feste wie der Georgiritt in Traunstein oder der Drachenstich in Furth im Wald – die allerdings nicht mehr am Georgitag selbst, sondern zu Ostern und im August stattfinden, um auch Fremde anzulocken – waren Prozession, Volksfest und Markt in einem; hoch zu Roß, in Tracht oder in Ritterrüstung hält man Umritte. Wie immer, hat auch der Magen Anteil am festlichen Geschehen, denn mancherorts gibt es ein besonderes Georgi-Bier, und hier und da werden noch nach alten Rezepten Georgi-Brote, zu Schnörkeln gewordene böse Lindwürmer, gebacken. Es sind Gebildbrote wie auch zu anderen Gelegenheiten.

Georgi-Brot

Zuerst wird ein zarter Hefeteig bereitet, dem man etliche Weinbeeren und ein Stückchen gehacktes Zitronat untermischen kann; einige kleingeschnittene Haselnüsse und ein Gläschen Schnaps schmecken auch gut darin. Nach dem Gehen formt man entweder Doppelschnecken, die man wie ein großes ›S‹ legt, oder etwas größere Laibe, deren Enden man gegenteilig aufbiegt, so daß der Drache vorne seinen zugespitzten Kopf hebt und hinten den etwas dünner auslaufenden Schwanz senkt. Augen und das große durch einen Einschnitt markierte Maul sowie die dem Rücken entlang eingekerbten Stacheln werden mit Weinbeeren garniert, damit die doppelte Zahnreihe und die Stacheln recht unheimlich aussehen. Der hierauf goldbraun gebackene Drachen wird noch mit Zickzack-Streifen aus Zuckerguß vervollständigt, und so recht glaubwürdig gestaltet.

Im Rupertiwinkel und bis hinein ins Österreichische, überhaupt im Grenzgebiet, ist noch vielerorts das ›Grasausleuten‹ um Georgi daheim. Zwölf Buben, notfalls auch einmal weniger, ziehen von Hof zu Hof, mit den breiten, ledernen Glockenriemen der Almkühe samt Glocken angetan, um die Fluren durch ihren gemischten Glockenchor zu neuem Leben zu erwecken. Die kleinen, helleren Glocken der ›Kalmen‹ mischen sich klangvoll mit den dumpfen großen der Leitkühe und künden der Bäuerin laut und deutlich, daß jetzt eine milde Gabe in Form von Schmalzbackenem und einem Stückl G'selchten fällig ist.

In München wurde der Georgitag bei Hof festlich begangen. War doch der feierliche Ritterschlag der neuen Georgiritter in der Hofkapelle ein blausilbern umwallter Auftakt zum großen Georgiritter-Mahl in der Residenz. Es sind im Archiv noch umfangreiche, blausilberne Speisefolgen vorhanden.

MENU

bei der Hofmarschalltafel an einem
Georgi-Ordens-Ritterfeste
in der Residenz zu München am 24. April 1886

Diner Du Grand Maréchal

Potage à la Xavier	Dry Madère
Les petits hors d'œuvres	
Saumon du Rhin à la Hollandaise	Latour blanche
Jambon de York à l'alsacienne	Montrachet mousseux
Pain de bécasses à la St. Hubert	Chat. Lafitte 1864
Langouste en salade	Champagne Ruinart

Maiwein

Chapons du Manset cailles roties, Asperges	Oestrich Winkler 1868
Croutes au madère	
Bombe à la Maréchal	
Glace: vanille et framboises	Muscat Frontignan

SANKT MARKUS

25. April

Ob es nun ganz genau stimmt, was die Legende vom Markus-Brot erzählt, sei dahingestellt. Jedenfalls war es ein sinniger Gedanke, den heiligen Markus zum Patron des köstlichen Marzipans (Marci panis) zu machen. Ursprünglich handelte es sich dabei um einen Teig aus Zucker, Mandeln und Rosenwasser. Die Etymologen sind der Ansicht, daß das Wort Marzipan aus dem Arabischen kommt: ›Mautaban‹ bedeutet dort ›sitzender König‹. So hieß in der Zeit der Kreuzzüge eine Münze mit dem Bild des thronenden Christus. Die Bedeutung wandelte sich über Hohlmaß und Schachtel zu dem in Schachteln verpackten Teig, wie wir ihn auf Seite 290 noch beschreiben werden!

Es wäre ein hübscher Brauch, am Markustag, dem 25. April, selbstgeformte Marzipan-Brote zu verschenken. Man kann ein solches großes Markus-Brot mit Marzipan auch selbst backen.

Markus-Brot

Aus 500 g Mehl, 20 g aufgelöster Hefe, 100 g Zucker, 150 g Butter, Salz, 3 bis 4 Eiern und etwas Milch bereitet man einen halbfesten Hefeteig, der sehr gut verknetet und dadurch recht feinporig wird. Dann fügt man 100 g Rosinen, je 50 g gehacktes Zitronat, Orangeat und Mandeln hinzu und gibt 1 bis 2 Likörgläser Rum und 100 g in Würfel geschnittenes Marzipan darunter. Davon formt man einen Laib oder gibt den Teig in eine gefettete Kastenform und bäckt ihn nach dem Gehen. Man kann ihn, noch warm, mit etwas leicht verschlagenem, gesüßtem Eiweiß bestreichen, eine dünn ausgewalgte Marzipanplatte daraufdrücken und diese noch mit einem Guß aus 200 g Puderzucker, etwas Mandelöl, ein wenig heißem Wasser sowie heißem Kokosfett überziehen. Das wird dann ganz gewiß ein feines Markus-Brot.

DER WEISSE SONNTAG

1. Sonntag nach Ostern

Der Weiße Sonntag hat Bedeutung als Tag der Erstkommunion, als Feier der Besinnung, als Tag des Kindes, das zum erstenmal die Kommunion empfangen darf. Weiß dominiert, im Kleid, in den Schleifen, in den Kerzen, in den Blumen. Die Mütter ließen sichs früher auch nicht nehmen, das Festmahl weiß zu halten. Aus Stilgefühl, aus Ehrfurcht vor den weißen Lilien, aus Bedachtsamkeit. Sogar das Menü richtete sich bewußt danach. Mag es heute vergessen sein, einst aber gab es im Bürger- wie im Bauernhaus, sogar bei Hof, nur weißes Essen.

Den Anfang machte eine weiße Suppe, eine Hirn- oder Blumenkohl-, eine Champignon- oder eine legierte Geflügelsuppe, eine Suppe »ala Rehne«, wie's in einem alten Münchner Kochbuch zu lesen ist, also eine Königinsuppe. Im Anschluß gab es Eingemachtes Kalbfleisch oder Kalbsvögerl mit Reis und Spargel oder Nierenbraten oder Hühnerfrikassee oder einen Hecht in Weißweinsoße, und zum Nachtisch Schneeballen in Vanillesoße oder Zitroneneis mit Schlagrahm.

Wieviel Sicherheit und Tradition lag in solchem Tun, und es hat besonders geschmeckt, weil man wußte: Es gehört sich so und war immer so!

Eingemachtes Kalbfleisch

Knochen- und sehnenfreies Kalbfleisch wird in 2 bis 3 cm große Würfel geschnitten, leicht gemehlt und in Butter kurz angeschwitzt. Man gießt mit etwas Weißwein oder Wasser auf, salzt, würzt mit Zitronensaft, Stückchen von Zitronenschale, Muskat und Pfeffer nach und läßt das Fleisch zugedeckt zart garen. Dann verquirlt man etwas Rahm und ein entsprechendes Quantum Mehl, dickt damit die Soße ein und legiert sie schließlich je nach Belieben und Geschmack mit einem Eidotter.

Kalbsvögerl

Echte Kalbsvögerl sind nicht einfach gerollte Kalbsschnitzel, sondern die aus dem Schlegel ausgelösten, etwa vogelgroßen Muskelpartien, also besonders saftige, bratwürdige Stückerl. Die herausgelösten Vögerl werden gewürzt, in Mehl gewendet und ringsum angebraten. Man gießt mit etwas Rahm und Weißwein auf, fügt 1 bis 2 Eßlöffel feingewürftelten Speck und gehacktes Suppengrün hinzu und läßt sie nun zugedeckt eine knappe Stunde gar werden. Als Beilage reicht man Feingemüse und G'röste.

Gefüllter Kalbsnierenbraten

Von einem Kalbsnierenbraten löst man den inneren Knochen aus und schneidet auch die Niere weg. Dann übergießt man 3 alte, aufgeschnittene Semmeln mit kochender Milch, drückt sie aus und gibt einen großen Büschel sehr fein gehackte Kräuter, Salz, geriebene Zitronenschale und Zwiebel sowie 1 bis 2 Eier dazu. Die Hälfte dieser Masse streicht man auf das flachgelegte Fleisch, legt die Niere darauf und rollt das Fleisch darüber zusammen. Das Ende wird gut zugenäht. Dann wird der Braten gesalzen und mit Zwiebel in heißem Fett knusprig braun gebraten. Von der übrig gelassenen Fülle formt man kleine Knödel, die in Salzwasser 8 bis 10 Minuten gekocht und dann abgesiebt werden. Man legt sie als Garnitur um den aufgeschnittenen Nierenbraten, der durch seine schöne Fülle besonders festlich wirkt.

Schneeballen in Vanillesoße

Zuerst bereitet man eine Vanillesoße, am besten aus einer Stange Vanille, und legiert sie mit 2 mit Rahm verklopften Eidottern. Dann schlägt man das Eiweiß mit etwas Zucker sehr steif, sticht mit einem Löffel Nockerl davon aus, setzt sie vorsichtig in leise kochende Milch und läßt sie darin garziehen. Die Nockerl werden zuletzt auf die Vanillesoße, die nicht zu dick sein soll, gesetzt.

MAJUS hat XXXI. Täg.

V. Monat.	Der Heiligen Fest-Täg im May.	☽ Lau	☼en Aufg.	☼en Nider.	Erwählung der Aspecten, und vermuthliche Witterung.
Monta.	1 b Philipp, Jacob		4.50.	7.10.	☾ 5. Uhr, 48. min. Nachm.
Erchta.	2 c Athanasius Bis.		4.48.	7.12.	△ ♄, ☾ ☍ ☉ ♂, ge-
Mitwo.	3 d H. ✠ Erfindung		4.46.	7.14.	☊, ☿ in ♓, schwüllig
Doner.	4 e Monica Wittib		4.45.	7.15.	✶ ☉, ♀ in ♈, ♃ Stat.
Freyta.	5 f Gotthard Bei.		4.43.	7.17.	☌ ♀ mit vermischten
Samb.	6 g Joh. v. Lat. Por.		4.42.	7.18.	☾ vac. ♃ Retr. Son-
☉ 19.	So ihr den Vatter bitten werdet, Joh. 16. Tagl. 14. Stund / 40. min.				
Sonta.	7 A5. Rog. † Woch.		4 40.	7.20.	☍ ♄, □ ♃, nenschein und
Monta.	8 b Mich. Erschein.		4.39.	7.21.	△ ☉ ♃, ☍ ♂, Regen.
Erchta.	9 c Gregor. v. Naz.		4.38.	7.22.	● 1. Uhr 42. min. Nachmit.
Mitwo.	10 d Job Prophet,		4.36.	7.24.	☾ vacat. (☿ Dir. warm.
Doner.	11 e Himelf. Christi,		4.35.	7.25.	✶ ♀, ☾ apog. schön.
Freyta.	12 f Pancratius M.		4.34.	7.26.	△ ♄, kleine Regen mit
Samb.	13 g Servatius Bi.		4.32.	7.28.	△ ♂ folgenden Hoch-
☉ 20.	Wann der Tröster kommen wird / Jo. 16. Tagl. 14. Stund, 58. min.				
Sonta.	14 A6. Exaudi,		4.31.	7.29.	□ ♀, ☍ ♃, ☿ in ♉,
Monta.	15 b Sophia Jgfr.		4.30.	7.30.	✶ ☉, □ ☿, gewitter.
Erchta.	16 c Johan. v. Nep.		4.29.	7.31.	□ ♂, △ ♀, Regen.
Mitwo.	17 d Ubaldus Bis.		4.28.	7.32.	☽ 3. Uhr, 27. min. Nachm.
Doner.	18 e Venantius M.		4.27.	7.33.	✶ ♂, △ ☿, ☋, Es lasset
Freyta.	19 f Cœlestinus Pa.		4.26.	7.34.	□ ♃ ♀, △ ♃, sich
Samb.	20 g F. Basilla Jgf.		4.25.	7.35.	△ ☉, wieder fein an.
☉ 21.	Wer mich liebet / wird mein Wort halten / Joh. 14. Tagl. 15. Stund / 12. m.				
Sonta.	21 A. H. Pfingsttag		4.24.	7.36.	☍ ♂ ☿, ☼ in ♊, Wind
Monta.	22 b Pfingstmontag		4.23.	7.37.	☍ ♄ ♀, ☌ ♂, und star-
Erchta.	23 c Pfingsterchtag		4.22.	7.38.	✶ ♃, cke Regen.
Mitwo.	24 d F. Quatember,		4.21.	7.39.	● 10. Uhr, 12. m. Fr. perig.
Doner.	25 e Urbanus Pabst		4.20.	7.40.	✶ ♄, △ ♀ Es macht
Freyta.	26 f F. Philipp. Ne.		4.19.	7.41.	✶ ♂, △ ☿, schön Wetter.
Samb.	27 g F. Johann Pa.		4.18.	7.42.	☌ ♃, □ ♄, Nun kommen
☉ 22.	Mir ist gegeben aller Gewalt / Math. 28. Tagl. 15. Stund / 26. min.				
Sonta.	28 A1. HH. Dreyf.		4.17.	7.43.	△ ☉, □ ♂, Wetter-
Monta.	29 b Restitutus M.		4.16.	7.44.	△ ♄, △ ☿, Wolcken.
Erchta.	30 c Wigandus Bi.		4.15.	7.45.	✶ ♀, ☊, ♀ in ♉,
Mitwo.	31 d Petronilla J.		4.14.	7.46.	☾ 3. Uhr, 58. min. Frühe.

Die Monds-Brüche in disem Monat.

Den 1. diß das letzte Viertel um 5. Uhr 48. min. Abends geht geschwüllig ein / darauff kommt Regen und Sonnenschein.

Den 9. dito das Neue Liecht um 1. Uhr 42. min. Abends / tritt schön ein / darauf folgt Regen.

Den 17. dito das erste Viertel um 3. Uhr 27. min. Abends, bringt Eingang schönes / in der Mitten windig und nasses Wetter.

Den 24. dito das Volle Liecht um 10. Uhr 12. min. frühe / führt Regen u. Hochgewitter ein.

Den 31. dito das letzte Viertel um 3. Uhr 58. min. frühe, haltet mit Regen wechslweiß an.

Gut Aderlassen, den 2. 3. 4 5. 6. 11. 13. 14 15 19 20. 25. 29. 30.

Kranckheiten. ☍ ☉ ♂ / Hertz Zittern von überlauffender Gall im Magen / Bluthärnen / Kinds-Blattern / hitzige Geschwär. ☍ ♃. Hirn Schmertz / Fieber / Augenwehe / Seitenstechen.

Wonnemond Mai

So wie der Mai werden Obst und Heu

1. MAI

Der Mai bringt im Jahreslauf einen bedeutenden Einschnitt. Man stellt riesige Maibäume auf, wählt die Maibraut, hält mit ihr Hochzeit, zieht durch Gassen und Flur, tanzt, singt und trinkt.

In München hatte sich lange Zeit ein besonders liebenswerter Erster-Mai-Brauch erhalten, der sich mit dem Brot für die Armen befaßte. Zu Anfang des 14. Jahrhunderts starb an einem ersten Mai der Münchner Patrizier Burghard der Wadler und hinterließ ›eine ewige Güld‹ von 63 Pfund Pfennigen. Das war damals viel Geld und ermöglichte es, wöchentliche Speisungen zu gewähren und jedem Kranken und Siechen zwei Brezen zuzuteilen. Um Mitternacht ritt ein Mann auf einem Schimmel vom Heilig-Geist-Spital zur Hauptwache mit gelockerten Hufeisen, damit alle Leute ihn kommen hören konnten. Dabei rief er:

Ihr alt und junge Leut,
Geht zum Heilig Geist,
Wo es Wadler-Brezen geit!

Fünfhundert Jahre lang leerte sich so der Riesensack mit Brezen – bis es 1801 zu einer Prügelei kam, weil dem Schimmelreiter die Brezen vorzeitig ausgegangen waren. Von da an wurde die karitative Maigaudi untersagt. Lediglich anläßlich der 700-Jahr-Feier der Pfarrei Heilig-Geist im Jahre 1971 fand sie eine kurze Wiederauferstehung. Im Asamschen Deckenfresko der Heilig-Geist-Kirche in München aber ist der Brezenreiter für immer festgehalten.

Noch eine Münchner und überhaupt bayrische Gaumenletze sei erwähnt, der berühmte Maibock, der die feste Nahrung aufs beste ergänzt. Begrenzt auf sechs Wochen, ist der Maibock schon etwas Besonderes, sowohl im Geschmack wie in seiner Einmaligkeit, wie überhaupt des ganzen Flairs wegen, das ihn auch heute noch umgibt. Alt und Jung strömt da auf die Bierkeller und in die Gartenwirtschaften, den ersten Bock zu heben. Man sitzt unter Kastanien, läßt resche Brezen dazu krachen, ißt das mitgebrachte Brathendl oder einen Schwartenmagen und freut sich.

Draußen auf dem Land wird der Maibaum aufgestellt – sofern er nicht zur Gaudi der Umgebung in der Nacht vorher gestohlen worden ist – mit allem, was an Feststimmung dazugehört. Die geschicktesten Kraxler holen sich vom Maibaum die hochgehängten Würste und Brezen herunter. Und dann geht's ins Wirtshaus.
Wo man auch hinkommt, auch in der Küche grünt's. Von jetzt an wird der Jahresfülle gefrönt, die Märkte bieten ja alles im Überfluß an. Das war schon eh und je so, seit altersher und bei unseren Urgroßmüttern, die noch sichtbaren Grund hatten, sich über das Neue zu freuen, denn es gab doch noch keine internationalen Importe im heutigen Sinne. Man war auf das eigene Land, auf den Garten vorm Haus oder vor den Toren der Stadt angewiesen. Das hat den Genuß auch viel intensiver gestaltet als heutzutage. Dazu ließ man sich viel einfallen, die Frühlingsgaben auch recht zu genießen. Da war zunächst einmal der goldene

Maibutter

Nach alter Vorstellung hatte der erste Butter nach dem Frühlingsaustrieb auf die Weiden besondere Kräfte. Er wurde mit neun Kräutern gemischt, das erhöhte seinen Nähr- und Heilwert kräftig. Schon im handschriftlichen Kochbuch der schönen Augsburgerin Philippine Welser aus der Mitte des 16 Jahrhunderts lernen wir ein ›Mayenmuß‹ kennen, zu dem Maischmalz, also ausgelassener Maibutter, verwendet wird.
Selbst unsere Großmütter noch haben den goldgelb und nußig schmeckenden Maibutter besonders geschätzt. Er wurde sozusagen bekränzt zu Tisch gebracht, als Rolle, die in gehackten Kräutern gewälzt wurde, bis sie einen dicken Pelz von duftender Petersilie und Zitronenmelisse bekam. Mit einem gezackten Messer wurden von dem kaltgestellten Butter Scheiben geschnitten und zu krachfrischen Brezen oder zu einer Käseplatte gereicht.
In manchen Gegenden haben geschickte Frauenhände aus dem Butter kleine Tauben, Lamperl, Hasen oder Herzen oder eingekerbte Brotlaibe geformt oder ihn in hübsche Modeln gedrückt und mit viel Kräutergrün garniert. Erhitzter Maibutter wurde zu Krebsen, zu Spargel, zu saftigen Schnitzeln und auch zum Fisch serviert.

Grüne Buttersoße

Frischer Maibutter wird zart geschmolzen und mit etwas feingeriebener Zitronenschale, Zitronensaft, reichlich grünen Würzkräutern, Salz, einem Stamperl Weinbrand und mit 1 bis 2 Eßlöffeln gerösteten und fein geriebenen Haselnüssen vermischt.

Der Mai-Speisezettel war auch damals schon sehr reich gespickt, denn es gab jetzt Hopfensprossen, Spargel, Spinat, Salate aller Art, Krebse, Frösche, Schnecken, Lämmer, Kitzerl, Spanferkel, junge Hasen, Kiebitzeier, die ersten Morcheln und Maiblattl und Waldmeister. Die Liste war lang und der Gaumen schwelgte.

Krebse

Heute kann man nur noch schwärmen von diesen Delikatessen, denn wer könnte sich schon solche Massen davon leisten wie einstmals, als alle Bacherl und Wassergräben in Bayern voll von Krebsen waren. Eine Seuche hat sie anfangs des Jahrhunderts dezimiert. Schade, denn wer sich noch an reiche Krebsessen erinnern kann, weiß, was uns verloren gegangen ist. Ein Fünferl hat so ein gepanzerter Ritter gekostet und man hat sie den ganzen Sommer über bekommen. Daß er in den Monaten ohne r, also Mai bis August, am besten schmecken soll, stimmt nicht, weil er gerade im Herbst von der reichen Nahrung der warmen Jahreszeit her am besten ist. Trotzdem gilt der Mai als *der* Krebsmonat. Ein richtiges Krebs-Essen hat allerdings auch seine Haken, denn man wird hungrig dabei, bis man ein Dutzend oder noch mehr der roten Kerle geknackt und verspeist hat.

Krebssuppe mit Spargel

1 Löffel Butter und 1 Löffel Mehl läßt man gut durchschwitzen und gießt mit Spargelwasser und Fleischbrühe auf. Die Suppe wird mit 1 Löffel Krebsmehl, etwas Salz und einer Spur Zitronensaft abgeschmeckt und mit dem kleingeschnittenen Spargel, Krebsschwänzchen und etwas gehacktem Estragon versehen.

Weitere Krebsrepezte sind auf Seite 68 und 69 zu finden.

Noch ein Grund, den Mai hoch zu loben, ist die nunmehr groß angelaufene Spargelernte.

Spargelplatte mit Schinken und Erbsen

Sorgfältig geschälter Stangenspargel wird in Salzwasser mit einem Stückchen Butter und etwas Zucker weich gekocht, abgetropft und auf eine heiße Platte gelegt. Man umgibt ihn mit zarten Zuckererbsen und Rollen von rohem Schinken. Dann gießt man eine Soße darüber, für die man 2 Eier mit 1 Glas Weißwein über Dampf verschlägt; man gibt 1 bis 2 Eßlöffel Butter, Salz, etwas weißen Pfeffer und einige Tropfen Suppenwürze dazu.

Spargel mit Kräutersoße

Der Spargel wird in ganz leichtem Salzwasser, dem etwas Zucker beigefügt wurde, weich gekocht. Aus einem Stück Butter und 1 Eßlöffel Mehl bereitet man eine helle Schwitze, die mit Spargelwasser und ein wenig Milch aufgegossen wird. Man fügt 1 bis 2 Eßlöffel feingewiegte Kräuter hinzu, würzt mit einer Prise Zucker und einigen Tropfen Zitronensaft pikant ab und legiert die Soße mit einem Eidotter. Der gut abgetropfte Spargel wird gleichmäßig auf eine Platte gelegt und mit der Kräutersoße übergossen. Der Spargel kann kalt oder warm gegessen werden.

Spargelturm

Zuerst bereitet man einen Pfannkuchenteig mit Eischnee und kocht sauber geschälte Spargel, tropft sie ab und macht eine weiße Schwitze, die mit Spargelwasser und etwas Rahm aufgegossen wird. Man schmeckt sie mit gehackter Petersilie, Zitronensaft, Salz, Muskat und Suppenwürze ab, legiert sie mit einem Ei und gibt sie an die inzwischen fertigen Pfannkuchen. Sie werden abwechselnd mit dem Spargelgemüse aufeinander getürmt; obenauf gießt man nochmals Spargelgemüse und garniert schön mit Petersilie und Zitronenschnitzen. Dazu paßt grüner Salat sehr gut.

CHRISTI HIMMELFAHRT
Mitte bis Ende Mai

Vierzig Tage nach Ostern ist Christus in den Himmel aufgefahren. Ein hoher Feiertag nicht nur in Bayern! Symbolisch wurde an diesem Tag in vielen Kirchen eine Christusfigur durch ein Loch in der Decke hochgezogen, zehn Tage später, an Pfingsten, schwebte dann durch dieselbe Öffnung, die man überall in den Barockkirchen noch sehen kann, die Taube hinunter in den Kirchenraum. Es ist nur zu verständlich, daß dieser Brauch voll barocker Schaufreudigkeit den Unwillen der Aufklärer hervorgerufen hat, die ja mit ihrem – freilich nicht ganz unmotivierten, aber doch oft genug rücksichtslos geführten – Kampf um ein von allem vermeintlichen Aberglauben gereinigtes Christentum weit über ihr Ziel hinausgeschossen haben. So lesen wir in dem von der Regierung Montgelas am 28. April 1803 ergangenen Erlaß:

»Zu den geistlosen und zweckwidrigen Zeremonien gehört vorzüglich die in vielen Dörfern, Märkten und Städten bisher gewöhnliche Himmelfahrt, wobei eine hölzerne Statue oder ein Bild Christi an Stricken unter lärmendem Gedränge des herbeiströmenden und gaffenden Volkes in die Höhe gezogen wird – ferner der Mißbrauch, wobei die Ankunft des Heiligen Geistes am Pfingstfeste durch eine herabgelassene Taube sinnlich dargestellt und so das Haus Gottes durch unanständige Schauspiele entweiht wird. Diese geistlosen und zweckwidrigen Zeremonien werden daher hiermit nachdrücklich verboten. Sämtliche Obrigkeiten haben über die Beobachtung dieser landesherrlichen Verordnung zu achten und jede Widersetzlichkeit nicht nur mit einer unnachlässigen Strafe zu ahnden, sondern auch unterzeichnender Stelle gehorsamst anzuzeigen.«

Mancherorts hat sich dieser Brauch freilich noch erhalten, so in der ehemaligen Klosterkirche von Baumburg bei Altenmarkt, wo heute noch Christus, von Engeln begleitet, »in den Himmel fährt«.

Ein anderer Brauch wird uns aus dem oberfränkischen Hof berichtet, wo man Ende des 16. Jahrhunderts Oblaten in das Kirchenschiff warf, »das himelbrot damit zu bedeuten; daruber raufeten sich die buben«.

Natürlich wurde auch dieser Tag kulinarisch bedeutsam untermalt. Sehr originell sogar, denn man hat in Altbayern und im Bayerischen Wald, an den Sinn des Tages anknüpfend, sogenanntes ›Fliegendes Fleisch‹ genossen. Es gab also nichts Schwimmendes oder Laufendes, sondern nur Hühner, Brathendl, Ganserln und Tauben, also eben Geflügel.

Die Vögel sollten des Herrn Auffahrt symbolisieren, darum hat man sie auch Auffahrts- oder Himmelfahrtsvögel genannt. Wo kein Geflügel zur Verfügung stand, wurden Brotvögel, also vogelartig geformte Brotlaiberl, aus einem mit Weinbeerln gespickten und gewürzten Teig hergestellt. Besonders im Allgäu hat sie die Familie nach der feierlichen Nachmittagsandacht als Spende des Wirtes im Gasthaus verzehrt. In Röthenbach an der Pegnitz wurden diese Brotvögel sogar in der Kirche geweiht und dann an die Schulkinder verteilt.

Es gab auch ein Mittelding von fliegendem Fleisch und Brotvögeln, nämlich mit Fleisch gefüllte Semmeln, sogenannte ›Falsche Tauben‹, sowie in Brotteig eingebackene Fleischknödel. Das war dann ein ordentliches Herrenessen, ein spezielles Himmelfahrtsessen mit allerhand Heil- und Würzkräutern.

Aus diesem Herrenessen ist vermutlich dann später als norddeutsche Zutat die in Bayern erst in unserer Zeit eingeführte ›Herrenpartie‹ an Himmelfahrt geworden, während mehr oder weniger verschleierter Kommerz der Weinindustrie das Fest zum ›Vatertag‹ degradierte.

Bei uns war das umfangreiche Mahl eine Art Belohnung und Erholung vom großen Bittgang um Flursegen; man nannte es daher auch ›Brotfleher‹ und brachte davon rote und weiße Blumen mit heim, die zu Kränzen gewunden wurden und das Haus zu Himmelfahrt schmückten.

Tauben nach Hausfrauen-Art

Einige junge Tauben werden vorbereitet und innen mit Salz und Pfeffer eingerieben. Aus den kleingewiegten Mägen, Lebern und Herzen, je einem Stückchen rohgeriebenem Sellerie und Apfel, reichlich Petersilie, 1 bis 2 Eßlöffeln geriebenen Mandeln, etwas Zitronenschale und Zwiebel, 1 bis 2 zerdrückten Wacholderbeeren, Suppenwürze und Salz, 1 kleinen Glas Weinbrand und 1 Ei sowie etlichen Bröseln macht man eine feine Fülle, die man in die Täubchen verteilt. Sie werden zugesteckt, gebunden und in reichlich Butter mit Speckwürfeln goldbraun gebraten. Man übergießt sie während des Bratens häufig und halbiert sie dann; auch die Fülle wird halbiert. Man legt die Täuberln auf in Butter doppelseitig goldbraun geröstete Semmelschnitten und garniert sie mit Zitronenscheiben und der Fülle. Dazu gibt es beliebiges Gemüse. Die mit Butter verlängerte und mit Petersilie abgeschmeckte Soße wird eigens serviert.

Falsche Tauben

6 bis 8 kleine Semmeln werden seitlich angeschnitten und vorsichtig ausgehöhlt. Man befeuchtet sie mit Milch und füllt sie mit einer sehr würzigen Hackfleischmasse, die halbweich gehalten ist. Dann bestreicht man sie mit Fett und brät sie im Rohr unter gelegentlichem Begießen mit saurem Rahm. Zuletzt gibt man eine (fertige) Bratensoße dazu und läßt sie darin noch saftig schmoren.

Hennenknödel

An einen lockeren Knödelteig aus 8 Semmeln, gut 1/4 l heißer Milch, Salz, Muskat, etwas Zwiebel, 2 Eiern und 1/2 Eßlöffel Mehl gibt man 250 bis 300 g durchgedrehtes, rohes Hühnerfleisch, reichlich Petersilie und Zitronenschale und macht kleine Knöderl oder längliche Vögel daraus. Dann kocht man sie in einer guten Fleischbrühe gar. Man gibt sie in die Festtagssuppe oder bringt sie in einer weißen Soße zu Tisch.

Süße Brotvögel

Einen halbfesten Hefeteig wie zu Rohrnudeln verfeinert man mit Zucker, Zitronenschale, Vanillinzucker, Rosinen und etwas gehacktem Orangeat und formt längliche Nudeln daraus, die nach dem Gehen entweder im Rohr oder in heißem Schmalz goldbraun gebacken werden. Man serviert sie frisch und überzuckert.

PFINGSTEN

Mitte bis Ende Mai

Pfingstregen
Fruchtsegen

Nun geht es dem Sommer zu. Pfingsten war in erster Linie von religiöser Besinnung erfüllt. An Pfingsten kam der Heilige Geist während des feierlichen Amtes in Gestalt echter oder hölzerner Tauben von der Kirchendecke oder durch das schon erwähnte Heilig-Geist-Loch herabgeschwebt. Andernorts wiederum symbolisierten ausgestreute Pfingstrosenblätter die feurigen Zungen. Die übrigen Tage nach der religiösen Feier gehörten Spielen und Umzügen. Es gibt alte, heute nur noch schwer interpretierbare Lieder und Sprüche, Tänze und Maskeraden. So hat etwa die Pfingstzeit zum spielerischen Hochzeitmachen angeregt. Es entstanden reizende und echt gemimte Brautwahlen, Werbegesten, Hochzeitszüge mit Kostümen, Pferden, Wagen, Reitern und Knappen. All das endete mit einem hochzeitlichen Festmahl. Pfingst- oder Wasservogel, der Pfingstlümmel und die Reiterprozessionen waren geliebte, volkstümliche Spiele, an denen man sogar heute noch hängt, auch wenn sie verändert, der Zeit angepaßt worden sind.

In Berchtesgaden feiern heute noch die Knappen des Salzbergwerkes ihr Fest und dies schon seit über vierhundert Jahren! In Uniformen, die noch aus der Barockzeit stammen, treten sie zum Gottesdienst an, musizieren, lassen sich beschauen und ziehen zuletzt zu ihrem Knappenmahl. Nach altem Herkommen erhält jeder Knappe zwei Pfund Ochsenfleisch, zwei Pfund Geräuchertes und Biergeld. Das reichliche Mahl um fünf Uhr nachmittags besteht aus einer Nudelsuppe, zwei Paar gesottenen Kalbswürsten, je hundert Gramm Schweins- und Kalbsbraten, Semmelknödeln und gemischtem Salat. Um acht Uhr abends gibt's nochmals Bratwürste mit Kraut. Dann wird getanzt bis zum frühen Morgen.

Da Pfingsten ja zeitlich von Ostern abhängig und ›Pentecostae‹, also der fünfzigste Tag danach ist, deshalb in jedem Jahr anders, meist aber in den Mai fällt, so haben sich viele Mai- und Pfingstbräuche vereint. Zugleich haben sich auch noch althergebrachte Märkte und Dulten dazugesellt, so daß der Festkalender des Mai bunt abzurollen pflegt.

Wir kennen solche Gelegenheiten in Bayern viele, den Kötztinger Pfingstritt, den Heilig-Kreuz-Markt in Polling, das Frühlingsfest in Weiden, die Münchner Maidult in der Au, die Passauer Mai-, die Amberger Pfingstdult und noch andere mehr. Die Dulten verführen zum Einkaufen und zum einfachen, guten Essen, zu Steckerlfisch, Bratwürsten oder einer Fischsemmel.

Da diente weiterhin als Augenweide der Pfingstochse, der als kulinarischer Pfingstbrauch nicht vergessen werden darf. Heute ein mehr oder minder verächtlicher Ausdruck, war er einst ein festlich geschmücktes Vieh, das kurz vor dem Fest von den Metzgern zu Werbezwecken durch die Straßen der Stadt geführt wurde. Man zeigte mit ihm, was es an Festtagsgenüssen zu bieten gab. Inserate, große Auslagen, Radio oder Fernsehen gab es nicht, daher mußten die Gewerbetreibenden ihre Ware selber sichtbarlich anpreisen. Und wer, so wie diese lebende Werbung, gar zu sehr aufgeputzt und geschmückt ist, hieß deshalb bei uns in Bayern und heißt auch heute noch: Pfingstochs!

Drei Tage dauerte einst das Pfingstfest. Solche Verschnaufpausen waren für die Menschen früher umso nötiger, als es noch keinen Urlaub gab. So feierte man das liebliche und zugleich leibliche Fest besonders intensiv.

Gebackenes Milch- oder Herrenbrot

(in alle Suppen zu gebrauchen)

2 bis 3 Semmeln werden sehr dünn aufgeschnitten; dann verschlägt man 2 Eier mit 2 Eßlöffeln süßem Rahm und etwas Salz, legt die Schnitten hinein und nimmt sie sofort wieder heraus und bäckt sie in heißem Fett goldgelb. Die Schnitterln werden erst in die schon angerichtete Suppe gegeben, damit sie nicht verweichen.

Schinkenschöberl-Suppe

3 Eidotter werden mit etwas Salz und Muskat sowie 50 g kleingewürfeltem Schinken vermengt; man gibt 75 g Mehl und den steifen Eischnee darunter. Die Masse wird auf ein gut gefettetes Blech gestrichen und bei Mittelhitze hell ausgebacken. Dann schneidet man gleichmäßige Karos oder Rauten daraus, die man in die fertig angerichtete Suppe gibt. Zuletzt streut man Schnittlauch oder Petersilie darüber.

Käsekrapferl für die Suppe

Aus 80 g Butter, 250 g Mehl und ein wenig Milch bereitet man eine dickliche, weiße Einbrenne und gibt 150 g geriebenen Emmentaler und 50 g Parmesan, Salz, Pfeffer, Muskat sowie etwas gewiegten Kümmel und Anis darunter und zieht den Topf vom Feuer. Wenn die Masse ein wenig abgekühlt ist, kommen nacheinander 3 bis 4 Eidotter dazu. Zuletzt zieht man den steifen Eischnee unter die zarte Masse und formt mit einem Löffel Krapferln, die in heißem Fett goldgelb gebacken werden. Man bringt sie entweder mit Salat oder in einer schönen Fleischbrühe zu Tisch.

Hirnwürstel

Ein Kalbshirn wird gekocht, abgetropft, gereinigt und mit etwas Butter glattgerührt. Man gibt 2 Eier, Petersilie, Zitronenschale, Salz und Pfeffer oder Muskat daran und dickt mit 1 Eßlöffel Bröseln leicht ein. Die Masse wird rasch auf kurz vorher angefeuchtete, runde oder reckteckig geschnittene Oblaten gestrichen. Diese rollt man auf, walgt sie geschickt in Mehl, Ei und Bröseln und bäckt sie goldbraun. Die Würstel bilden eine nette Vorspeise oder sind eine feine Einlage in der Suppe.

Schinkenwandln

Je Person legt man ein gebuttertes Pastetenförmchen (Wandl = kleine, wannenartige Form) mit ausgewalgtem Butter- oder Blätterteig aus. Dann wiegt man 250 g Schinken sehr klein, gibt 3 Eidotter, 2 ganze Eier, etwas sauren Rahm und etliche Brösel dazu, füllt damit die Wandln und bäckt sie im Rohr goldbraun. Sie werden gestürzt und mit Remoulade und Salat als Vorspeise oder zur Suppe gereicht.

Bunter Pfingstbraten

Ein schönes Stück Kalbfleisch, am besten eine Nuß, spickt man tief mit langgeschnittenen Streifen von Gelben Rüben, die kurz angekocht waren, und mit schön grünen Essiggurken; man kann auch dicke Streifen von rotem Paprika verwenden. Der Braten wird gut gewickelt, mit Salz und Pfeffer und etwas Muskat eingerieben und dann mit reichlich Suppenwurzeln und gehackter Zwiebel in Fett recht resch und goldbraun gebraten. An die Soße gibt man ein wenig Buttermilch, Salz und Suppenwürze und passiert sie durch; man reicht sie gesondert dazu. Der Braten wird in dicke Scheiben geschnitten und mit buntem Gemüse umlegt.

Gebackene Brüßeln (Brieserl)

Ein paar Brüßeln werden sauber gewaschen, in Salzwasser nicht zu weich gekocht, gereinigt und in Scheibchen geschnitten. Man taucht sie in einen Eierkuchenteig, bäckt sie in reichlich Fett schön goldgelb und gibt diese Stücke im ganzen mit Salat als Vorspeise oder in Streifen geschnitten in die Suppe.

Pfingstkrone

Ein geschlossenes Stück Rindsbraten ohne Knochen wird oben 4 bis 5 mal tief eingeschnitten und mit Pfeffer und Salz sowie Senf gewürzt. Man steckt in die Einschnitte Paprikaspeck- und Apfelscheiben und bindet dann das Fleisch in Form. Es wird unter häufigem Begießen fertig gebraten und nach dem Lösen der Schnur in nicht zu dünne Scheiben geschnitten. Die wie Kronen aussehenden Schnitten werden gefällig angerichtet und mit etwas Soße übergossen, die mit saurem Rahm, Paprika, etwas Preiselbeersaft und Senf sehr pikant süßsauer nachgeschmeckt wurde.

Ochsenlende in Portwein

Ein schönes Stück Ochsenlende wird mit dicken Speckstreifen gespickt und mit ein wenig Wasser und 1 Glas Weißwein sowie reichlich Suppenwurzeln, Salz, einigen Pfefferkörnern, 1 Lorbeerblatt und 2 Wacholderbeeren zartweich gedämpft. Kurz bevor der Braten gar ist, gibt man an die Soße 1 Weinglas Portwein und gießt sie dann immer wieder über das Fleisch. Es wird in dicke Scheiben geschnitten und mit viel Gemüse aufgetragen. Die Soße, die man leicht eindicken kann, wird eigens gereicht.

›Kalb, ein rothes Eingemachtes‹

Ein rothes Eingemachtes oder Ragout mit einem grünen Reif auf der Schüssel. Man macht recht viel Spinat-Topfer (geläuterten Spinatsaft) und weicht ebenfalls um 2 Kreuzer abgeschälte Semmeln in Milch ein. Wenn sie weich sind, so nimmt man beyläufig ein Pfund feinen Kalbsfarce, rührt die Semmelmilch mit ein paar Eyern darunter, auch eine Handvoll feingeschnittene grüne Petersilie, und rührt diese neben dem gemachten Spinat-Topfer darunter, bis der abgerührte Farce schön grün ist, macht dann von diesem . . . einen Reif auf eine geschmierte Schüssel und gibt in die Mitte des Reifs ein Ragout oder ein eingemachtes Hühnlein in einer Paradiesäpfelsauce und läßt dieses 1/2 Stunde im warmen Ofen stehen. Auf diesen Reif und auf das Eingemachte kann man von oben einen mit Butter beschmierten Bogen Papier legen, so daß sich von beyden durch die Wärme die Farbe nicht zu sehr verliere. Dann nimmt man das Papier weg und gibt das Ragout zur Tafel. (Aus dem Kochbuch der Anna Maria Neudecker, ›Die Bayersche Köchin in Böhmen‹, 1805)

Feine Freitags-Fastenspeise

Zarte, grüne Erbsen werden ausgelöst und in Salzwasser mit ganz wenig Natron nur kurz aufgekocht, damit sie schön grün werden. Man siebt sie ab und schwenkt sie in etwas Butter und gibt Salz, Zucker und gehackte Petersilie dazu und legt sie auf eine Platte. Gleichzeitig hat man auch eine Schüssel voll Reherl kurz gekocht, abgetropft und mit Butter, geriebener Zwiebel und Salz einmal kurz durchgebruzzelt. Dann gibt man sie mit einem lockeren Rührei auf die Platte und streut Paprika darüber.

Gebackene Leberknödel

Leberknödel nach dem üblichen Rezept werden in heißem Fett gebacken und auf eine Schlachtplatte mit Schweinefleisch, Geselchtem und Würsten samt Kraut gelegt.

Das Fürstenkoch zu machen

100 g Bisquit und 100 g feine Mandelkekse oder Makronen läßt man in einem guten Viertelliter süßem Rahm oder guter Milch so lange kochen, bis die Masse teigartig fest ist. Nach dem Auskühlen gibt man nacheinander 8 Eidotter darunter. Das Eiweiß wird zum Schnee geschlagen und ebenfalls daruntergehoben. Diesen Teig streicht man in eine gebutterte und mit Zucker ausgestreute Auflaufform und bäckt ihn langsam in der Röhre fertig. Dazu reicht man eine Soße aus erhitztem Rotwein mit etwas Zucker und Zimt oder auch eine mit Rum abgeschmeckte Weinschaumsoße.

Fest-Torte

180 g Butter und 200 g Zucker, 1 Packerl Vanillinzucker und 4 Eidotter werden schaumig gerührt. Man gibt 50 g Kakao, je 150 g Semmelbrösel und Mehl, 1 ganzes Packerl Backpulver und knapp 1/4 l schwarzen Kaffee daran; zuletzt hebt man den steifen Eischnee darunter und füllt den zartschaumigen Teig in eine gut gefettete und gebröselte, mittelgroße Springform. Er wird ausgebacken, nach dem Erkalten 2 bis 3mal durchgeschnitten und mit Orangen- oder Aprikosenmarmelade gefüllt. Dann überzieht man die Torte mit einem Guß aus 150 g Puderzucker, 1 gehäuften Eßlöf-

fel Kakao, 1 Eßlöffel erwärmten Kokosfetts und etlichen Tropfen heißen Wassers; seitlich wird sie mit Mandelsplittern garniert, und obenauf setzt man ein Muster aus halbierten, geschälten Mandeln und bunten Belegfrüchten.

Feine Erdbeersulz

500 g Erdbeeren, am besten Walderdbeeren, werden zerdrückt und mit 200 g Zucker durchgerührt. Man gibt 1 Likörglas Rum, 1 Packerl Vanillinzucker und so viel Wasser dazu, daß 1 Liter Flüssigkeit entsteht; man kann auch leicht verdünnten Weißwein nehmen. Darin löst man 12 Blatt Gelatine auf und füllt die Masse in eine gespülte, glattrunde Form, die nach dem Erstarren gestürzt wird. Man streicht eine dicke Schicht Schlagrahm darüber und macht mit einer Gabel oder mit einem gezackten Buntmesser gleichmäßige Rillen hinein. Zuletzt garniert man noch mit schönen Schlagrahmschnörkeln und Erdbeeren. Die Sulz muß sehr kalt serviert werden.

FIRMUNG

Die Firmung, um Pfingsten angesetzt, manchmal vorher, oft auch nach dem Fest, je nach Gegend und Visitationsplan des Bischofs, war weniger eine familiäre als vielmehr eine Paten- und Patenkinder-Angelegenheit. Schon wochenlang vorher kamen die Buben und Mädeln zum ›Godn-Bitten‹ mit einer schönen Torte im Arm. Waren sie sich dann einig, so sahen beide Teile mit Freude und Sorge dem Tag entgegen. Da hieß es früh schon in die Kirche gehen, beide mit besonderen Sträußchen geschmückt.

Nach dem Auflegen der Hand beim Firmakt und nach dem großen Amt geht's los: zuerst werden Luftballons oder Federbüsche, künstliche Blumen für den Hut, Pfeiferln und Guatln gekauft, dann bringt ein geschmückter Fiaker oder ein Auto Göd und Goden zu einem Ausflugswirtshaus, wo der Firmling nach alter Tradition so ziemlich alles essen muß, was aufwendig ist und nicht zusammenpaßt, so daß er trotz neuer Uhr und Firmtaler vorübergehend recht still und blaß wird. Dann geht's lustig weiter bis zum Abend, wo der God glücklich seinen Firmling wieder abliefert. Viele Firmpaten gingen mit ihren Firmlingen zu einer der Konditoreien der Landstädte und tranken mit ihnen Met. Daheim findet der Firm-

ling – manchmal heute noch – einen Waschkorb voll Platzerl und Schmalznudeln, die von der ›Freundschaft‹ geschenkt wurden.
Zum Dank für alle Mühe und Geschenke machte sich dann das Patenkind erneut zum Goden auf und brachte einen schön geschmückten Zuckerhut oder in späterer, nüchternerer Zeit eine Flasche Wein. Die Verbindung riß nicht ab: zu Allerheiligen, zu Weihnachten und Ostern gab's gegenseitig Seelenwecken, Osterzöpfe, Eier, Küachl und Lebkuchen.

Feine Goden-Torte

5 Eier, 125 g Zucker, 1 Packerl Vanillinzucker, Salz und etwas Ingwerpulver rührt man schaumig. Daran gibt man 80 g gesiebtes Mehl, 1 gestrichenen Kaffeelöffel Backpulver und zuletzt den sehr steifen Eischnee. Der zarte, schaumige Teig wird in einer mittelgroßen, gut gefetteten Springform 35 bis 40 Minuten hell ausgebacken und nach dem Erkalten 2 bis 3mal durchgeschnitten. Die Teigplatten beträufelt man mit einer Mischung aus 4 Eßlöffeln Weißwein, etwas Zucker, Rum und Zitronensaft und streicht entweder dick Marmelade oder einen gekochten und mit Ei und Butter verfeinerten Zitronenpudding darauf.
Dann setzt man die Torte wieder zusammen und überzieht sie mit einem dicken Guß aus 200 g Puderzucker, Zitronensaft, Rum und etwas heißem Wasser. Man garniert sie mit kleingeschnittenen Geleefrüchten und Mandelsplittern oder mit Tupfen von erwärmter Schokolade.

Mandelring

4 große oder 5 kleine Eier, 125 g Zucker und 1 Packerl Vanillinzucker rührt man gut schaumig und gibt 200 g geschälte, feingeriebene Mandeln, 50 g Stärkemehl, 1 gehäuften Kaffeelöffel Backpulver und 1 gehäuften Eßlöffel Mehl dazu. Der Teig wird in einer gefetteten Ringform hell ausgebakken und dann gestürzt. Man überzieht den Kuchen mit einem weißen Zuckerguß aus 150 g Puderzucker, etwas Mandelöl, 1 bis 2 Eßlöffeln Rum und ein wenig erwärmtem Kokosfett. In den noch weichen Guß steckt man reichlich Mandel- oder Haselnußsplitter.

JUNIUS hat XXX. Täg.

VI. Monat.	Der Heiligen Fest-Täg im Brachmon.	☽ Lau	☼en Aufg.	☼en Nider.	Erwählung der Aspecten, und vermuthlichen Witterung.
Doner.	1 e Fronleichnam,	♓	4.13.	7.47.	✠ ◙ ☍ ♂ ♀, Regen.
Freyta.	2 f Erasmus Bisch.	♈	4.12.	7.48.	✠ ◙ ✶ ☉, Es trohet
Samb.	3 g Oliva Jungfr.	♈	4.12.	7.48.	✠ ◙ ☍ ♄, □ ♃, Donner-
☉ 23.	Von dem grossen Abendmahl / Luc. 14.				Tagl. 15. Stund / 38. min.
Sonta.	4 A z. Quirinus Bi.	♉	4.11.	7.49.	✠ ◙ ☍ ♂, ☌ ♀, Wetter.
Monta.	5 b Bonifacius Bi.	♉	4.11.	7.49.	✠ ◙ △ ♃, Nun will es
Erchta.	6 c Norbertus Bis.	♉	4.10.	7.50.	☌ ☿, aufhaiteren, aber
Mitwo.	7 d Robertus Abbt	♊	4.10.	7.50.	✠ ◙ ☾ apog. gleich wie-
Doner.	8 e Medardus Bis.	♊	4. 9.	7.51.	● 5. Uhr, 3. min. Frühe.
Freyta.	9 f Primus, Felicia.	♋	4. 9.	7.51.	✠ ◙ △ ♂ (☿ in ♊, der
Samb.	10 g Margaretha,	♋	4. 8.	7.52.	✠ ◙ □ ♄, ☍ ♃, ♂ Stat.
☉ 24.	Vom verlohrnen Schaaf / Luc. 15.				Tagl. 15. Stund / 44. min.
Sonta.	11 A z. Barnabas,	♋	4. 8.	7.52.	△ ☉ ♄, ♂ dir. unbestän-
Monta.	12 b Johann v. Fac.	♌	4. 7.	7.53.	△ ♃ ♀, ✶ ☿, dig wer-
Erchta.	13 c Anton. v. Pad.	♌	4. 7.	7.53.	✠ ◙ ✶ ☉, □ ♀, den und
Mitwo.	14 d Basilius K. L.	♍	4. 6.	7.54.	✶ ♂, ☋, Regen brin-
Doner.	15 e Vitus Mart.	♍	4. 6.	7.54.	✠ ◙ △ ♃, △ ♀, gen.
Freyta.	16 f Benno Bisch.	♍	4. 5.	7.55.	☽ 2. Uhr, 1. min. Frühe.
Samb.	17 g Reinerus Bis.	♎	4. 5.	7.55.	✠ ◙ □ ♃, ☌ ♄, Feuchtes
☉ 25.	Vom Fischzug Petri / Luc. 5.				Tagl. 15. Stund / 52. min.
Sonta.	18 A z. Marcellian.	♎	4. 4.	7.56.	△ ☉, ☌ ♂, Wetter fah-
Monta.	19 b Gervasius M.	♏	4. 4.	7.56.	✠ ◙ △ ♄ ☿, ✶ ♃, ret
Erchta.	20 c Sylverius Pa.	♏	4. 4.	7.56.	✠ ◙ ☍ ♀, ♄ Stat. fort.
Mitwo.	21 d Aloysius Bei.	♐	4. 4.	7.56.	☾ perig. ☼ in ♋, Sommers
Doner.	22 e Paulinus Bis.	♐	4. 4.	7.56.	● 5. Uhr, 15. min. Nachm.
Freyta.	23 f F. Edltraud J.	♑	4. 4.	7.56.	☌ ♃, □ ♄, Anfang, und
Samb.	24 g Johann Tauff.	♑	4. 4.	7.56.	△ ☉, □ ♂, längster Tag.
☉ 26.	Von der Pharisäer Gerechtigkeit / Matth. 5.				Tagl. 15. Stund / 52. min
Sonta.	25 A z. Gallicanus	♒	4. 4.	7.56.	✠ ◙ △ ☉ ♂, ☌ ☉ ☿, im-
Monta.	26 b Johan. u. Paul.	♒	4. 5.	7.55.	✠ ◙ (△ ♂ ☿, □ ♀, mer-
Erchta.	27 c Ladislaus Kön.	♓	4. 5.	7.55.	✠ ◙ △ ☉, △ ♂, ☊, fort
Mitwo.	28 d F. Leo II. Pabst	♓	4. 6.	7.54.	✠ ◙ ☾ vac. unbequem.
Doner.	29 e Peter u. Paul	♈	4. 6.	7.54.	☾ 4. Uhr, 32. min. Nachm.
Freyta.	30 f Pauli Gedächt.	♈	4. 7.	7.53.	□ ♃, ☍ ♄, Regen Wett.

Die Monds-Brüche in disem Monat.

Den 8. dito der Neumond um 5. Uhr 3. min. frühe / ist zum Regen geneigt.

Den 16. dito das erste Viertel um 2. Uhr 1. min. fruhe / continuirt mit nasser Heu-Zeit.

Den 22. dito der Vollmond um 5. Uhr 15. min. Abends / wechslet im̃erzu mit Regen und Sonnenschein.

Den 29. dito das letzte Viertel um 4. Uhr 32. m. Abends / macht Anfangs nasses / am Ende schönes Wetter.

(B)

Gut Aderlassen ist / den 1. 2. 3. 4. 5. 7. 9. 10. 13. 15. 17. 19. 20. 25. 26. 27. 28.

Kranckheiten / ☍ ♂ ♀ / Haiserkeit / Darm-Gicht / Frantzosen. ☍ ♃ ♀ / Blöde Gedächtnus / Haubt und Hirn-Schwachheiten. Stat. ♄ in der Waag / viertägige Fieber und melancholische Zuständ.

Brachet Juni

Juni viel Sonnenschein, wird viel zu ernten sein

Die Welt ist voller Düfte, die Rosen blühen, die Heuernte ist im Gang, die Jagd geht auf, die Saaten reifen, die Beeren kochen ihre Süße aus, die Märkte quellen über. Der Sommer war Ernte, Fülle und Vorrat. In den Küchen regte es sich, die Schätze aus Garten, Wald und Feld zu bergen; der Mustopf wurde nimmer kalt, das erste Gelee steifte in der Speisekammer, die frischen Hollerküchel prangten golden.

Der Holler, ein alter Freund des Hauses, ein Zauberstrauch, ein Gabentisch und Jahrhunderte hindurch lebende Hausapotheke. In Flascherln, Dosen, Krügen, wohlbeschriftet, sorgfältig verwahrt, standen seine Schätze bereit, in Küche, Haus und Stall zu helfen. Zuerst sind es die Blüten, die Bienenweide und damit Honig liefern. Die breiten Blütendolden geben nicht nur liebgewohnten Raumschmuck, sondern auch köstliche Mehlspeisen. Der zarte Duft der weißen Sterne erinnert an Vanille und hat deshalb früher vielfach anderen Süßspeisen und Limonaden sein beliebtes Aroma mitgeteilt. In vielen Sackerln warteten auch getrocknete Blüten und Blätter, daß man aus ihnen einen hustenlindernden und schweißtreibenden Tee gegen Erkältungen und Podagra aufbrühte. Die frischen Blätter, auf die Backe gelegt, halfen schmerzende Zähne beruhigen. Zerrieben, heilten sie wohl auf Grund des Chlorophylls kleinere Schnittwunden. Aber auch in der Küche wußte die Hausfrau sie zu verwenden, nämlich zum Reinigen von Kupfergeschirr, das daraufhin keinen Grünspan mehr ansetzen sollte. Sogar der Hausherr hat die feinverriebenen Hollerblätter gebraucht, um Holz damit einzureiben, damit sich keine Schadinsekten dranmachten; sie fürchten den starken Geruch.

Die weiße Innenseite der abgezogenen Rinde half bei Verbrennungen am heißen Herd. Kleinere Äste haben die Buben zum Schnitzen der beliebten Pfeiferln verwendet; aus größeren wurden sie zu Hirtenflöten. An langen, schmalen Hollergerten rankten sich die Erbsen im Garten in die Höhe und das Holz alter Hollerbäume war von Drechslern und zur Herstellung von hölzernen Schuhnägeln sehr gesucht. Das weiche, saugfähige Mark der Äste war bis in jüngste Zeit Physikern und Uhrmachern zum schonenden Reinigen und Polieren von empfindlichen In-

strumenten, Uhren und Meßgeräten gleichermaßen wertvoll, und die Wurzeln wiederum dienten zu Nieren- und Schlankheitstee; sie wirken bekanntlich wassertreibend. Im Herbst dann, wenn die Beeren weich und süß und schwarz werden, beginnt die Haupternte. Da füllen sich Töpfe und Gläser und es duftet im Hause nach Hollermus. Getrocknete Beeren helfen bei Bauchweh und die, die draußen hängen bleiben, sind ein begehrtes Vogelfutter.
Ist es also ein Wunder, daß man den Holler für heilig angesehen hat und sich viele Sagen und Märchen um ihn rankten? Man sagt ihm nach: »Holunder wirkt Wunder« und gebot: »Hut ab vor dem Hollerbaum«. So mischte sich das Wissen von seiner naturgegebenen Heilkraft mit Nutzung seines praktischen Gebrauchswerts. Der Hollerbaum war darum früher ein jedem Hauswesen zugewachsener Freund. Er war mehr als Glücksstrauch und kulinarischer Lieferant; er war Apotheke und damit hilfsbereiter Spender. Darum muß ihm in diesem Kalendarium gebührend Platz eingeräumt werden.

Hollerküchel

Etwa 125 g Mehl, 1/4 l Milch, etwas heißer Butter, 2 bis 3 Eier, Salz und ein Beutel Vanillinzucker werden gut geschlagen. Der Teig muß dicklich rinnen! Man taucht eine ganze Hollerdolde, die gut ausgeschüttelt war, in den Teig und dann sofort in heißes Schmalz und bäckt sie goldbraun. Zuletzt streut man noch Zucker darüber und bringt sie möglichst frisch und heiß zu Tisch.

Auch aus reifem Holler kann man solche Küchel backen.

Hollersekt

Der Bayer sagt bekanntlich zum Sekt ›Hupfert's Wasser‹. Auch der Hollersekt schäumt und hupft und braucht infolgedessen dicke, schwere Flaschen, am besten Sektflaschen. Das Rezept selbst ist höchst einfach und der Erfolg überaus wohlschmeckend:
6 Zitronen werden in Scheiben geschnitten und 6 Hollerdolden von den Stielen befreit. Dann gibt man 6 l Wasser, 1 kg Zucker und 1/4 l Essig darüber und rührt um, damit sich der Zucker gut lösen kann. Am nächsten Tag gießt man die Flüssigkeit durch ein Haarsieb ab und füllt sie in Sektflaschen. Man treibt einen Kork hinein und hält diesen mit einem sehr starken Spagat fest, wenn man nicht besondere Patentverschlüsse verwenden will. Die Flaschen werden stehend aufbewahrt, weil starke Kohlensäure-Ent-

wicklung eintritt. Zu dünne Flaschen würden dabei platzen und nicht gesicherte Korken herausgetrieben. Hollersekt muß kühl gelagert und sehr kalt getrunken werden.

Hollerwacker

(aus dem Bayerischen Wald)

Einen gut abgeschlagenen Pfannkuchenteig mit getrennten Dottern und steifgeschlagenem Eiweiß gießt man in eine Reine mit etwas heißem Fett. In diesen Teig taucht man, flach nebeneinander liegend, abgeschüttelte Hollerblüten und schneidet oben die Stielreste weg. Dann bäckt man diesen Wacker in der Röhre bei guter Hitze goldgelb und überzuckert ihn stark. Er wird in Stücke gestochen.

Der Juni ist auch Auftakt der Rehjagd. Man sieht die Jäger spät nachmittags über die Felder dem Waldrand zusteuern und teilt ihre Hoffnung auf erfolgreiche Pirsch. Früher gab es ja noch keine Tiefkühltruhen, so war der erste frische Ziemer eine besondere Delikatesse. Nachstehend vier alte Rezepte aus Urgroßmutters handgeschriebenem Kochbuch, das über hundert Jahre alt ist.

Rehbraten mit Zwiebelpüree

Ein schönes Stück Rehrücken oder ein geschlossenes Stück Rehschlegel wird entsprechend gehäutet, gespickt und in je 1 Tasse Olivenöl und Rotwein 2 bis 3 Tage unter häufigem Wenden gebeizt. Das Beizgefäß soll möglichst klein sein. Dann tropft man das Fleisch ab und brät es mit etwas feingehacktem, fetten Schinken und Butter an. Inzwischen läßt man auch 2 bis 3 große, geschnittene Zwiebeln in wenig Fett glasig schmoren; man gießt etwas Fleischbrühe dazu, kocht die Zwiebeln weich, drückt sie durch ein Sieb und gibt sie an die mit Weißwein und Beize aufgegossene Soße.

Estragon-Rehbraten

Aus einem Rehschlegel wird ein schönes Bratenstück ausgelöst, das gesalzen, gepfeffert und gefällig gebunden wird. Der Braten wird mit reichlich Zwiebeln in Butter angebräunt und unter häufigem Begießen durchgegart. Dabei gibt man etwas Estragon-Essig und noch einige frische Estragon-Blättchen hinzu. Der fertige Braten wird aufgeschnitten und mit Spätzle, grünen Erbschen und der Estragon-Soße serviert.

Reh-Rouladen

Eine Rehschulter wird sorgfältig ausgelöst, flachgelegt, mit Salz und Pfeffer bestreut, geklopft, mit Senf bestrichen und mit 100 bis 150 g roher Bratwurstmasse bestrichen. Man streut etwas geriebene Zwiebel und geriebene Zitronenschale darüber, rollt den Braten auf und bindet ihn gut zusammen. Er wird leicht gemehlt und in genügend Fett, am besten in Butter, ringsum langsam und unter häufigem Begießen mit der allmählich vermehrten Soße gargebraten. Zum Aufgießen der Soße verwendet man Rotwein, Rahm oder Buttermilch und Wildbeize; man kann sie nach Belieben durch Zugabe von geschmorten Pfifferlingen oder Steinpilzen verfeinern.

Rehragout mit Champignons

Von einer eingebeizten Rehschulter schneidet man gleichmäßige Würfel und schmort sie mit reichlich kleingehackten Zwiebeln in genügend Butter und etwas Zitronensaft, Salz und Pfeffer durch. Dann bereitet man eine kleine weiße Einbrenn, läßt das Fleisch noch eine Weile darin garen und gibt 250 g frische, feinaufgeblätterte Champignons hinzu. Die Soße wird mit 1 bis 2 feinzerdrückten Wacholderbeeren, 1 bis 2 Likörgläsern Wacholderschnaps (Steinhäger oder Gin) und etwas Zitronensaft nachgeschmeckt. Man reicht Nudeln oder steifes Kartoffelpüree dazu.

Weichser Radi

In Steinweg und Weichs
baun's allerhand grea Zeug:
Salat, Sellerie, Kohlrabi,
doch d'Hauptsach san d'Radi

Schmal und lang oder auch dickkopfig, weiß, oft auch rot, jedenfalls aber zart und in reichen Mengen, so präsentieren sie sich ab Juni und das seit je und besonders auf dem Regensburger Radimarkt. Sie sind nicht nur ein ›liebliches‹ Gewächs, sondern eine ausgesprochen bayrische Institution. Sie sind bei einer zünftigen Brotzeit mit Brezen und Bier – in der Oberpfalz kommt noch der Käs dazu – unumgänglich. Und gar vom Oktoberfest in München sind sie nicht fortzudenken. Kein Wunder, daß sie stets Grundlage für vielerlei gelehrte und praktische Abhandlungen aus dem Bereich der Radiologie waren. Überdies aber versteht die bayrische Hausfrau auch allerhand aus ihnen zu machen:

Rettichgemüse

Große, geriebene Rettiche werden eingesalzen, dann ausgedrückt und in eine zarte, weiße Buttereinbrenne gegeben. Man gießt mit etwas Milch auf, pfeffert leicht und fügt eine Spur Zucker und etwas Suppenwürze hinzu. Das ist ein feines Gemüserl zu Rindfleisch, gekochter Räucher- oder Kalbszunge, zu Ripperl und dergleichen.

Rettich-Kartoffelpüree

An ein fertiges Kartoffelpüree
gibt man ein Stück Butter und einen aufgerissenen Rettich,
etwas Muskat und Suppenwürze.

Bei meiner Großmutter trank man sie noch, die duftende, kühlende herrliche Bowle aus den Blättern der rankenden ›Rosa Centifolia‹, der hundertblätterigen, die den ganzen Balkon umschloß, daß er die Sonnenwärme des Tages speichere und am Abend den Trinkenden wohlige Wärme wie einen warmen Schal umlege. Und immer gab's Makronen dazu. Nach einem Rezept von Großmutters Großmutter! In einer alten, durchbrochenen Silberschale aus Venedig, einem Andenken von ihrer Hochzeitsreise. Und immer gab es einen Kuß, bevor der Großvater das erste Glas kredenzte.

Und beide lachten, herzlich, schallend, und niemand hat je ergründen können, warum eigentlich. Es muß ein ganz süßes und entzückendes Geheimnis gewesen sein. Zudem war der 12. Juni der Geburtstag der Großmutter und das gab alljährlich Anlaß zu einem großfamiliären Sommerfest.

Rosenbowle

Von 3 bis 4 vollerblühten, großen und stark duftenden Rosen nimmt man die Blätter ab. Sie müssen natürlich tadellos sauber sein und werden gut ausgeschüttelt, damit keine Käferl darin bleiben. Man füllt sie in einen Bowlenkrug und gießt 2 Flaschen Chablis (trockenen französischen Weißwein) darüber. Nach 1/2 bis 1 Stunde folgen 1 Weinglas voll gutem Rum (kein billiger Verschnitt!) und zuletzt 1 bis 2 Flaschen Sekt. Jetzt werden auch die Rosenblätter entfernt; ein paar besonders schöne läßt man darin schwimmen, denn sie sehen so nett im Krug aus. Ein großer Strauß Rosen sollte dazu noch auf dem Tisch stehen – Rosenzeit, Junifreude.

Makronen zur Rosenbowle

Drei Eiweiß werden sehr steif geschlagen. Man gibt 150 g feinen Zucker und 2 Packerl Vanillinzucker darunter und schlägt weiter. Dann folgen 200 g ungeschälte und geröstete Haselnüsse, die fein gemahlen wurden, sowie einige Bittermandeln oder ein paar Tropfen Bittermandelöl. Davon formt man längliche Häufchen auf ein gefettetes Blech, drückt in die Mitte eine kleine Vertiefung ein und füllt eine dickliche Marmelade hinein. Um diese garniert man etliche flache Nuß- oder Mandelblättchen. Dann werden die Makronen bei milder Hitze etwa 25 Minuten gebacken.

SONNWEND
24. Juni
JOHANNI

Wer im Heuet nicht gabelt,
in der Ernte nicht zappelt,
Im Herbste nicht früh aufsteht,
Seh' zu, wie's ihm im Winter geht

Der Juni, früher Heuet oder Heumond genannt, ist erfüllt vom Duft von Gras und Heu, Jasmin und Rosen. Das Jahr steht im Zenit, Johanni, Sonnwend! Immer schon hat man diese Zeit mit Feuern und Feiern begangen. Hoch auf den Bergen werden Feuer entzündet und brennende Räder ins Tal geschleudert. Man springt über die Flamme.

Man trinkt die alte Johannis-Minne, wünscht einander Glück und Segen, bringt einander Liebe und Verständnis entgegen. »Bibite amorem Sancti Joannis in nomine Patris et Filii et Spiritus Sancti« war der priesterliche Spruch, wenn der Hausvater eine Flasche Wein für den Minnetrunk weihen ließ. Mit der Familie und mit Freunden wurde sie dann im ›Salettl‹ oder in der Gartenlaube unter bunten Lampions getrunken.

Wie wichtig das Minnetrinken einst gewesen ist, beweisen die kostbaren Gefäße, die Becher, Schalen und Kelche, die dafür angefertigt wurden.

Besonders Bayern gibt dazu etliche hervorragende Beweise: Schon im Jahre 591 bot die bayrische Prinzessin Theodolinde, die Tochter des Herzogs Garibald, ihrem Gatten, dem Langobardenfürsten Agilulf, den Verlobungs- oder Minnetrunk. Der Saphirbecher, mit dem dies geschah, ist heute noch im Dom von Monza zu bewundern, wohin er mit dem ganzen Theodolindenschatz gekommen ist. Die verwandtschaftliche Verbindung zwischen den Langobarden und den Bayern wurden lange weiter gepflegt. Ein berühmter Zeuge dafür ist der Tassilo-Kelch, den der bayrische Herzog Tassilo anläßlich seiner Vermählung mit der langobardischen Königstochter Luitpirga um 770 anfertigen ließ. Auch er wurde dann als Meßbecher gestiftet und kam ins Kloster Kremsmünster in Oberösterreich, wo er als kostbares

IV
Peter Jakob Horemans
Kaffeetrinkende Köchin

Kleinod in seiner ganzen Pracht seine Doppelaufgabe als zuerst königlicher und dann göttlicher Minnebecher zeigt.

Viel später noch, in der Blütezeit der Augsburger und Nürnberger Goldschmiedekunst, also im 16. und 17. Jahrhundert, wurden die bekannten silbernen, oft sogar vergoldeten, reich verzierten Brautbecher angefertigt. Sie dienten gleichfalls zum Minnetrunk der Neuvermählten und sind heute ein wertvolles Erbgut geworden.

Auch Met gehörte zum Trinken der Johannis-Minne, ebenso Krapfen und besonders Hollerküchel. Von ihnen sagte man, daß alle, die zu Sonnwend viel davon essen, das ganze Jahr über nicht von Fieber befallen werden und daß sie auch die Kraft bekommen, am höchsten übers Feuer zu springen. Wie zum ›Schön- und Stärke-Trunk‹ hat man auch Leckerle oder Wiebele zum Met oder zur Bowle gegessen. In manchen Gegenden Bayerns wurde nämlich die ›Schön und Stärk‹ zu Sonnwend gefeiert.

Leckerle oder Wiebele

5 Eiweiß werden sehr steif geschlagen; daran gibt man langsam 250 g Zucker, 1 Packerl Vanillinzucker und zuletzt 200 g eingesiebtes Mehl. Man setzt mit 2 Kaffeelöffeln oder mit einer Kuchenspritze kleine Häufchen (Wiebele) auf ein bemehltes Backblech, streut etwas Anis oder Haselnußblättchen, Mohn oder Mandelsplitter darauf und läßt sie über Nacht abtrocknen. Sie werden dann bei schwacher Hitze ausgebacken und warm noch leicht aufgebogen. Zu Wein oder Bowle schmecken sie besonders gut. Sie wurden auch gerne als Leckerle beim Schön- und Stärke-Trunk verwendet, aber nicht zum Werfen, sondern wirklich zum Essen!

Jetzt blüht auch das Johanniskraut (Hyperium perforatum), vielfach ›Mariä Bettstroh‹ genannt. Es lockt zum Pflücken von Sträußen für Vasen und Krüge, aber auch als Heilkraut und Teepflanze. Auf ihm ruht ja der Johannissegen und keine gute Hausmutter hätte es darum früher versäumt, sich reichlich damit einzudecken. Es heißt ja auch

Wer Kräutl sammelt nach Johanni,
der macht sich umasunsten ani [daran].

BEERENZEIT

Überall quellen sie rot hervor aus lockerem Blattwerk und bieten erste Gaumenletze. Mit den süßaromatischen Erdbeeren fängt es an. Sie sind der Auftakt für die neue Fruchtsaison in den Gärten. Unseren Großmüttern und deren Müttern und Großmüttern bedeutete das aber noch viel mehr, denn kein Erntetag durfte versäumt werden, sonst war es zu spät für die großen und kleinen Steintöpfe. Der Großvater vergaß auch nicht, an den Rumtopf zu erinnern und an das erste Apfelgelee, an die geeisten Weichseln und an all die andern Köstlichkeiten, die es sparsam über das ganze Jahr zu verteilen galt.

Erdbeertraum

Gereinigte und gezuckerte Erdbeeren werden mit Rum übergossen und kurze Zeit kühl gestellt. Dann schlägt man 1/4 l Schlagrahm steif und fügt 1 Packerl Vanillinzucker, etwas Muskat, ein wenig Zucker und Erdbeerrum sowie zuletzt die Beeren hinzu. Sie werden nochmals mit Rum nachgewürzt und mit Mandelsplittern überstreut.

Tante Adelines Erdbeerblätter

2 Eier werden mit 100 g Zucker sehr schaumig gerührt; man gibt dann 1 Packerl Vanillinzucker und 100 g Mehl daran und setzt davon kleine Häufchen auf ein flaches, gefettetes Blech. Da sie breit laufen, benötigen sie viel Platz. Man bäckt sie hell aus, damit sie nur außenherum ein bräunliches Rändchen bekommen. Dann biegt man sie noch heiß zusammen, so daß sich die Teigblätter oben treffen. Hierauf füllt man sie mit gesüßtem Schlagrahm und leicht eingezuckerten Erdbeeren und serviert sie rasch.

Rumtopf

Man beginnt mit den ersten Früchten des Jahres, und zwar mit Erdbeeren. 250 g gereinigte und abgezupfte Erdbeeren werden mit 250 g Zucker durchstreut; wenn sich der Zucker gelöst hat, füllt man sie in eine Flasche mit breitem Hals, in einen Krug oder einen Steintopf und gießt 1/2 l Rum darüber. Hierbei ist zu unterscheiden zwischen hochprozentigem Rum (72 bis 75 Prozent) und Rum-Verschnitt, bei Verschnitt benötigt man entsprechend mehr. Dann folgen 250 g Himbeeren und wiederum die gleiche Menge Zucker. Hierauf abgezupfte Stachelbeeren und Zucker, Johannisbeeren, Kirschen oder Sauerkirschen, Aprikosenschnitze, halbierte Zwetschgen, geviertelte oder halbierte und geschälte Birnen, Pfirsiche usw. mit jeweils derselben Menge Zucker wie Frucht. Sobald die Gesamtmasse mehr als 3 bis 4 Pfund Obst beträgt, muß man noch 1/4 bis 1/2 l Rum dazugießen. Die Früchte werden häufig umgeschüttelt; sie müssen stets unter der Brühe liegen. Da sie infolge der Zuckerzugabe selbst genügend Saft bilden, braucht man keine weitere Flüssigkeit. Sollte sich einmal ein wenig Schimmel bilden, so wird er einfach abgenommen; er ist aber der Beweis, daß die Früchte zu wenig Alkohol haben. Man muß also wieder etwas Rum hinzugießen.

Nach einigen Wochen ist der Rumtopf fertig. Er hält sich monatelang und es ist ein Hochgenuß, die mit Alkohol und Zucker durchtränkten aromatischen Früchte, natürlich nur in kleinen Partien, zu genießen. Man kann auch damit garnieren.

Wie Kommerzienrat S. Johannisbeeren mochte

In 1/4 l Milch kocht man 1 gehäuften, mit etwas Wasser verrührten Eßlöffel Mehl dick und rührt den Brei kalt. Daran gibt man 1 Glas Johannisbeergelee, 2 Eßlöffel Senf, etwas Pfeffer und Paprika, Salz und Zitronensaft, etliche Tropfen Worcester-Soße und 1 bis 2 verklopfte Eidotter. Diese pikante Soße wird gut gerührt und zu Schinken, Wild oder Pasteten gegeben. Sie hält sich im Kühlschrank bis zu acht Tagen.

Heidelbeersulz

1 l gut gesüßtes Heidelbeerkompott vermischt man mit 12 bis 15 Blatt eingeweichter und dann in etwas angewärmten Kompottsaft völlig aufgelöster Gelatine und rührt gut durch. Man füllt die Masse in eine glattrunde, kalt gespülte Schüssel, läßt sie in der Kälte steif werden und stürzt sie Zum Schluß wird die Sulz dick mit geschälten, großen Mandelsplittern gespickt und mit Schlagrahm umgeben.

Geeiste Weichseln

Kleine Büschel von Weichseln, die noch zu je 2 bis 3 Stück zusammenhängen und möglichst auch noch ein grünes Blättchen haben, werden sauber gewaschen und abgetropft. Dann kocht man 300 bis 400 g Zucker mit 1/2 Tasse Wasser so lange, bis er ganz dick wird und Fäden spinnt. In diesen Zuckersirup taucht man die Kirschenbüschel bis zum Stielansatz kurz hinein, wobei sich der Zucker sofort weiß ankristallisieren muß; er darf also nicht zu dünn abfließen! Sollte dies doch der Fall sein, so muß man ihn *eben einfach noch ein wenig länger kochen. Die in diese dicke Zuckerkruste eingehüllten Weichseln müssen auf einer Platte rasch serviert werden, damit die Kruste nicht vom austretenden Saft wieder naß und rot wird.*

Himbeeren und Rhabarber in Rumcreme

Dicke, rote Rhabarberstücke werden in reichlich Zucker mit wenig Wasser kurz geschmort; sie dürfen dabei nicht musig werden. Inzwischen bereitet man eine Vanillesoße, zieht sie vom Feuer, gibt 2 verschlagene Eidotter, ein Stück Butter, 2 Vanillinzucker, etwas Muskat, 2 bis 3 Likörgläser Rum und zuletzt den steifen Eischnee oder nach völligem Erkalten 1 Tasse Schlagrahm daran. In die süße, schaumige Creme setzt man gezuckerte Himbeeren und den Rhabarber und streut Mandelsplitter darüber.

Brennende Himbeer-Crêpes

6 Eier, 6 bis 8 Eßlöffel Wasser, 3 Kaffeelöffel Zucker, 1 Vanillinzucker, Salz, Zimt und 3 Eßlöffel Mehl werden zu einem dünnen Teig verschlagen. Daraus bäckt man 8 bis 10 sehr dünne kleine Pfannkuchen (Crêpes) und stellt sie heiß. Nun läßt man in einer Flambierpfanne 5 Eßlöffel Zucker mit 50 g Butter zergehen, gibt etwas abgeriebene Zitronen- und Orangenschale, den Saft der Früchte und 2 bis 3 Likörgläser Grand Marnier oder Weinbrand hinzu. In diese Soße legt man die wie Taschentücher gefalteten Crêpes, streut reichlich gezukkerte Himbeeren darauf und gießt Himbeergeist darüber. Er wird beim Auftragen angezündet.

ERSTER HONIG
Juni/Juli

Je nachdem, wie das Wetter war, gab es im Juni oder Juli den ersten Schleuderhonig. War das eine Wonne, wenn die goldgelbe Klebeflut von den Fingern rann und schnell von ihrer dicken Butterunterlage abgeschleckt werden mußte, damit die herumschwirrenden ›Wepsen‹ wieder das Weite suchten.
Die großen, wohl zugedeckten Honiggläser standen noch einige Tage zum Klären in der Sonne, bevor sie in den kühlen Keller verschwanden, damit der Honig fest und hell wurde. Aber vorher gab's noch

Herrenhonig

Das ist ein zartes Gemisch aus gerührtem Butter, Honig und feinstgeriebener Zitronenschale, wohl auch etwas Zitronensaft. In kleinen Partien kam diese sorglich gehütete, gut kühl gestellte Köstlichkeit auf den Frühstückstisch, wo die knusprigen Semmeln, Hörnderln und Eierweckerl liebevoll damit bestrichen wurden.

Noch einmal gab's solchen Herrenhonig nach Weihnachten, wenn gebackene Christstollen, Kletzenbrot und Lebkuchen durch diesen feinen, allerdings dünnen Belag aufgemöbelt werden sollten. Sie wurden dadurch weich und dufteten erneut nach Honig.

Honig-Äpfel

Säuerlich pikante Äpfel werden geschält, halbiert und vom Kernhaus befreit; nach Belieben kann man sie auch grob schnitzen. Dann läßt man ein Stückchen Butter mit ein paar Eßlöffeln Honig schmelzen und schmort darin die Äpfel mit etlichen Rosinen und Zitronensaft zart gar. Sie werden heiß aufgetragen und mit geraspelten Haselnüssen überstreut. Man kann die Soße mit Weinbrand verlängern.

Omas Honigzwetschgen

Dörrzwetschgen werden mit Zucker, Zimtrinde und geriebener Orangenschale gewürzt und mit 2 Gläsern Rotwein und 1 Glas Wasser weichgekocht. Man fügt 1 Eßlöffel Honig und nach dem Erkalten 1 Glas Orangenlikör (Grand Marnier) hinzu.

Honig-Milch

An gut 1/4 l eisgekühlte Milch gibt man 1 bis 2 Eidotter, 1 bis 2 Eßlöffel Honig und eine Spur Muskat, nach Belieben auch noch ein Likörglas Weinbrand. Man verquirlt das Ganze und serviert mit Strohhalm und an heißen Tagen mit Eiswürfeln.

Frau Rat Mosers Honigkuchen

Aus frischem Honig schmeckt er am besten. 350 g Honig, 1/8 l Milch und 130 g Zucker werden leicht erwärmt. Dazu kommen 500 g Mehl, 5 g in etwas Rum aufgelöste Pottasche, 2 Vanillinzucker, etwas Piment und Muskat. Der Teig wird 2 bis 3 Tage kühl gestellt, dann in einer gut gefetteten Kastenform 60 Minuten bei schwacher Mittelhitze gebacken. Man soll den Kuchen erst nach 2 bis 3 Tagen anschneiden.

Honig-Rum

ist ein Schnell-Likör, der aus jungem Honig besonders gut schmeckt und in der Lage ist, kleinen seelischen wie körperlichen Wehdam rasch zu heilen.

Zu seiner Herstellung wird eine Flasche 54%iger Rum mit 500 g flüssigem Honig gut verrührt. Bei Gebrauch stark geschüttelt, wird er aus Likörgläsern getrunken oder in den Tee gegeben oder leicht erhitzt und über feine Mehlspeisen gegossen.

Im Juni nach der Frühjahrsbestellung und der Heumahd und noch bevor die Ernte beginnt, wenn also eine kleine Verschnaufpause eintritt und Garten und Stall voll sind, wurde reihum geheiratet. Weise vorausbedacht auch der gefüllten Wiege wegen. Wenn nämlich die junge Frau im Juni ins Brautbett steigt, ist ihr Kindbett im März zu richten und sie ist dann wieder wohlauf und einsatzfähig, wenn die Arbeit beginnt. Im Winter hat sie gut Zeit, sich und das kommende Kind zu pflegen. Das ist so bekannt und beliebt gewesen, daß sogar die reich bemalten Wiegen einen entsprechenden Spruch aufwiesen:

Ihr, die im Junius Hochzeit macht,
ihr lieben Brautleut habet acht,
so braucht ihr mich im Märzen –
das kommt vom Lieben und Scherzen

Das Hochzeitmachen in Stadt und Land war stets eine wichtige Sache, da es nicht nur den Brautleuten den schönsten Tag des Lebens schenkte, sondern der ganzen Familie rechts und links willkommene Gelegenheit gab, zu zeigen, wer man ist und was man hat. Es ist auch heute noch ein Gemisch aus Brauchtum, gegenseitiger Referenz und gutem Essen. Es wurde aufgefahren, was Speise und Keller, Geschirrschrank und die langen Tafeln bieten können.
Der kulinarische Teil der Hochzeit begann mit der Morgensuppe. In Ruhpolding gab es Brotsuppe, Stockwürste, Lüngerl und Rindfleisch. Das Festmahl nach dem Kirchgang stellte an die Leistungsfähigkeit des Magens höchste Anforderungen: Suppe (die sogenannte Flecklsuppe), Rindfleisch mit Gemüsen und Kraut, in dem saure Leber oder Nieren lagen, Leberknödel in Fleischsuppe, Geselchtes mit Kartoffeln oder Kraut, Braten mit Gemüse.
Das Hochzeitsmahl dauerte drei bis vier Stunden und war so wohlschmeckend wie beschwerlich, so aufwendig, wie lärmgeplagt. Der volle Tisch band alte Freunde enger zusammen, knüpfte neue Bande, löste Verstimmungen. Zwischen jedem Gang gab es eine Rede oder die feierliche Übergabe von Geschenken, und zuletzt kam der blasmusikbegleitete Tanz an die Reihe. Dazwischen wurde die Braut ge-

stohlen, gesucht und ausgelöst und noch lange, lange hatte der Wirt zu tun, seine Gäste zu bedienen, denn das Fest war nun ins Flüssige übergegangen und da pressiert's keinem heim.

Am andern Morgen gabs noch ein großes Frühstück mit Kaffee und Semmeln, Würsten und Bier. Jetzt konnte der Alltag wieder beginnen, bis dann, eben im März, die Freundschaft wiederkam, um der Kindsmutter das Weiset zu bringen und zu erkunden, wann denn das Taufmahl sein werde.

Hochzeitssuppe

In eine gute Fleischbrühe gibt man kleine, fertiggekochte Fleischknöderl, 1 Tasse grüne Erbsen, Streifen von 1 bis 2 Pfannkuchen, Stückchen von Mark, 1 Tasse voll Backerbsen, 2 gewürftelte Tomaten und viel Petersilie.

Bachene Leberknödel

Leberknödel werden nach dem üblichen Rezept zubereitet und nicht in Salzwasser gekocht, sondern in Fett gebacken und dann erst in die Suppe gegeben.

Gefüllte Schweinshaxe

Eine große Schweinshaxe wird vorsichtig vom Knochen befreit und auf der Schmalseite zugenäht. Man macht eine Semmelfülle mit reichlich Speckwürfeln, einer gehackten Essiggurke und viel Majoran an, füllt damit die Schweinshaxe und näht ein Stück Schweinsschwarte darauf, damit sie schön geschlossen ist. Die Haxe wird dann unter häufigem Begießen goldbraun gebraten und in dicke Scheiben geschnitten.

Saurer Rindsbraten

Ein geschlossenes Stück Ochsenfleisch wird 2 Tage in eine Beize aus Rotwein, 2 Eßlöffeln Öl und 1/2 aufgeschnittenen Zwiebel gelegt, dann abgetropft und mit Senf bestrichen. Der Braten wird gesalzen, gepfeffert und dann scharf mit reichlich Zwiebeln angebraten. Man gießt mit dem Rotwein der Beize und saurem Rahm auf, fügt noch einmal etwas Senf, eine gute Prise Zucker und nach Belieben kleine Speckbröckerl dazu. Der Braten wird zart gar gebraten und die Soße nochmals mit Rotwein gut süßsauer abgeschmeckt. Dazu gibt es beliebige Knödel.

Zum Weiset hat sich aus dem ursprünglich sehr einfachen, später großen und weinbeerlgespickten Weißbrotwecken allmählich ein zarter Kuchen entwickelt. Man schenkt einen Aniszwieback (Seite 127), denn der Anis oder Enaiß war als einheimisches Gewürz allen zugänglich, beliebt und als gesund bekannt. Wer's nobler geben wollte, brachte einen stolzen, zuckerbestäubten Gugelhupf (Seite 85), der es vom Kugelhupf über den Gogelhopfen zu allerlei mundartlich betonten Bezeichnungen gebracht hat.

Hochzeits-Herzen

Die Biskuitherzen, die man auf alten bayrischen Hochzeiten, besonders auf dem Land, als Nachtisch dargeboten bekam, waren geschmacklich recht leer, denn es handelte sich um ein billiges Wasserbiskuit. Wesentlich feiner sind die nachfolgenden Herzen, die in einer großen oder in zwei bis drei kleineren Herzformen ausgebacken werden.

200 g Butter und 300 g Zucker werden schaumig gerührt; man gibt die Schale von 1 großen oder 2 kleineren Zitronen und 4 Eier dazu. Dann folgen 400 g Mehl, 1 Packerl Backpulver und 2 Packerl Vanillepudding oder 100 g Mondamin. Der Teig wird mit Salz, reichlich Mandelöl, dem Saft einer Zitrone, 1 bis 2 Tassen Milch und 200 g gewaschenen und gemehlten Rosinen vermengt. Man füllt die Masse in gefettete Herzformen bis dreiviertel voll, damit der Teig schön steigen kann, und bäckt sie etwa 3/4 Stunden bei mäßiger Hitze.

Dann überzieht man die Herzen mit einer erhitzten glatten Marmelade und hierauf mit einem weißen oder rosagefärbten Guß aus je 100 g gesiebtem Puderzucker und etwas Zitronen- oder Himbeersaft. Aus dunklem Zuckerguß macht man einen dikken Rand darum und in den noch weichen hellen Guß streut man reichlich aufgeschnittene geschälte Mandeln. In die Herzgrube steckt man echte oder künstliche Röschen.

DIE WACHLER
Ende Juni

Heute gibt es sie nicht mehr, und man bräuchte sie auch gar nicht mehr, die ›Wachler‹, die Erntehelfer aus dem Bayrischen Wald. Wer von seinem kleinen Hof abkömmlich war, zog manchmal mit der geschulterten Sense in den Gäuboden zur Heumahd. In breiter Reihe traten sie im frühen Tageslicht an, Schwade um Schwade des duftenden Grases hinzulegen, zu ›wacheln‹, und schließlich hochauf zu gabeln, damit die vollen Wagen nach einem langen Arbeitstag in die Heustadel einfahren konnten. Nach Hitze und Plage, Schweiß und Schwiele folgte am Schluß ein fröhlicher Abend mit Umtrunk und Tanz. Und Weißbrot gab's, die dem Waldler so seltene Köstlichkeit, und Bier, wenn auch ein dünneres, den sogenannten Erntescheps, und große, dampfende Töpfe voll Voressen und Lüngerl und Küchl und Nudeln.
War das letzte Fuder im Gäuboden herin, ging's weiter ins Allgäu, wo das Bergheu später zu ernten ist. Dort war's bei Kässpatzen und Mehlspeisen auch nicht schlecht, jedenfalls besser als im armen Bayerischen Wald. Die letzten Tage dann hatten sie es eilig, denn jetzt wartete im Gäuboden das Getreide. Wieder fuhren die Sensen in das Getreide, wieder erwartete sie die schwere Arbeit und kurzer Schlaf.
Ende August dann, wenn die Ernte eingebracht war, zogen sie wieder heim, die Wachler, braun gebrannt, satt gegessen und mit einem Hosensack voll klingendem Lohn, der den langen Winter leichter machte. Nun wartete noch die eigene Arbeit im kleinen Gehöft. Im nächsten Jahr kamen die Wachler wieder, lockten doch Geld und gutes Essen. Sie erinnern sich noch lange an das Voressen oder, wenn's besonders gut war, an

Saures Lüngerl

Eine Kalbslunge, am besten auch noch das Herz dazu, wird in Salzwasser gut durchgekocht. Man schneidet dünne Scheiben davon und von diesen wieder feine Streifchen. Dabei entfernt man alle weißen Adern und Sehnen sorgfältig. Dieses Lüngerl kocht man nun in wenig Kochbrühe mit Essig, Lorbeerblatt, 1 bis 2 Nelken und kleingeschnittenen Gelben Rüben, Petersilie und gehackter Zwiebel oder gibt es einige Tage in diese Beize. Dann bereitet man aus Fett, Mehl und etwas Zucker eine braune Einbrenne, gießt mit Beize auf und gibt das Lüngerl hinein. Es wird noch eine Weile darin durchgekocht und dabei mit Rotwein, Zukker, Suppenwürze, einer Spur Zimt und Pfeffer sehr kräftig süßsauer abgeschmeckt. Die Beilage bilden Semmelknödel.

Erdäpfel-Käs

Eine sehr originelle und dabei für eine Massenverpflegung geeignete Speise:

Ein kalter, steifer Kartoffelbrei wird mit reichlich Salz, Pfeffer, viel geriebener Zwiebel und nach Belieben mit Majoran sehr herzhaft und würzig abgeschmeckt und recht kalt gestellt. Jeder hat sich dann aus der gemeinsamen Schüssel seinen Teil davon genommen.

Kässpatzen

Im Schwäbischen und im Allgäu haben die Erntehelfer diese auch heute noch beliebte Regionalspeise bekommen. Einfache Spätzle, oft mit Kartoffeln verlängert, werden mit reichlich Käse vermischt. Man nennt sie, weil der Käs lange Fäden zieht, auch oft Telephondrähte. Manche noble Bäurin hat sie noch mit braunen Zwiebelringen aufgeschmälzt oder mit Speckbröckerln bereichert.

JULIUS hat XXXI. Täg.

VII. Monat.	Der Heiligen Fest-Täg im Heumon.	☽ Lau	☼en Aufg.	☼en Nider.	Erwählung der Aspecten, und vermuthliche Witterung.
Samb.	1 g Aaron Hoherpr.	♉	4. 7.	7.53.	☍ ♂ , Es richtet Don-
☉ 27.	JEsus speißt 4000. Mann / Marc. 8.				Tagl. 15. Stund / 44. min.
Sonta.	2 A6. Mar. Heimsu.	♉	4. 8.	7.52.	✠ ● ✱ ☉ , △ ♃ , ner,
Monta.	3 b Eulogius Mart.	♉	4. 8.	7.52.	□ ♄ ☿ , ✱ ☿ , Nebel- und
Erchta.	4 c Udalricus Bis.	♊	4. 9.	7.51.	✠ ● ☌ ♀ , ☾ ap. Regen-
Mitwo.	5 d Demetrius M.	♊	4. 9.	7.51.	☍ ☉ ♃ , △ ♄ , Wetter an.
Doner.	6 e Isaias Prophet	♊	4.10.	7.50.	☾ vacat. der Regen conti-
Freyta.	7 f Wilibaldus Bis.	♋	4.10.	7.50.	● 7. Uhr, 45. min. Nachm.
Samb.	8 g Chilianus Bis.	♋	4.11.	7.49.	□ ♄ , ☌ ♀ , ☿ in ♌ , nuirt.
☉ 28.	Von denen falschen Propheten, Math. 7.				Tagl. 15. Stund / 38. min.
Sonta.	9 A7. Cyrillus Bis.	♌	4.11.	7.49.	□ ♂ , ☋ , Donner und
Monta.	10 b Amalia Jgfr.	♌	4.12.	7.48.	✱ ♄ , ✱ ♀ , Regen.
Erchta.	11 c Pius Pabst,	♍	4.12.	7.48.	△ ♄ ♀ , ☾ vacat. geschwi-
Mitwo.	12 d Johann. Gual.	♍	4.13.	7.47.	✠ ● □ ♂ ☿ , △ ♃ , lig.
Doner.	13 e Esdras Proph.	♍	4.14.	7.46.	□ ☉ ♄ , ✱ ☉ , □ ♀ , Die
Freyta.	14 f Bonaventura,	♎	4.15.	7.45.	✠ ● □ ♃ , ✱ ☿ Hitz nimt
Samb.	15 g Apostel Theil.	♎	4.16.	7.44.	☽ 9. Uhr, 40. m. Frühe. ab.
☉ 29.	Vom ungerechten Haußhalter / Luc. 16.				Tagl. 15. Stund / 26. min.
Sonta.	16 A8. Scapulierf.	♏	4.17.	7.43.	✱ ♃ , ☌ ♂ , wieder feucht.
Monta.	17 b Alexius Bisch.	♏	4.18.	7.42.	✠ ● △ ☉ , Sonnenschein.
Erchta.	18 c Fridrich Bisch.	♐	4.19.	7.41.	✠ ● ☾ perig. Regen und
Mitwo.	19 d Arsenius Einsi.	♐	4.20.	7.40.	✠ ● ✱ ♄ , ♀ in ♋ , unbe-
Doner.	20 e Elias Prophet,	♑	4.21.	7.39.	✠ ● ✱ ♄ ☿ , ✱ ♃ ♂ /
Freyta.	21 f Daniel Proph.	♑	4.23.	7.37.	□ ♄ / queme Ernd- Zeit.
Samb.	22 g Mar. Magdal.	♑	4.24.	7.36.	● 12. Uhr, 27. min. Frühe.
☉ 30.	Von der Zerstöhrung Jerusalem / Luc. 19.				Tagl. 15. Stund, 10. min.
Sonta.	23 A9. Apollinaris	♑	4.25.	7.35.	△ ♄ , ☼ in ♌ , Hundstägen
Monta.	24 b F. Christina J.	♒	4.26.	7.34.	✠ ● ✱ ♃ , ☊ , Anfang.
Erchta.	25 c Jacob Apostl,	♒	4.27.	7.33.	✠ ● △ ♂ , Sonnenschein
Mitwo.	26 d Anna M. Ma.	♈	4.28.	7.32.	✠ ● △ ☉ , und feine
Doner.	27 e Pantaleon M.	♈	4.30.	7.30.	✠ ● □ ♃ , ☿ in ♍ , Täg.
Freyta.	28 f Nazarius M.	♈	4.31.	7.29.	☍ ♃ ♀ , ☍ ♄ , Es schicket
Samb.	29 g Martha Jgfr.	♉	4.32.	7.28.	☾ 7. Uhr, 21. min. Frühe.
☉ 31.	Vom Pharisäer und Publican / Luc. 18.				Tagl. 14. Stund / 52. min.
Sonta.	30 A10. Abdo. Sen.	♉	4.34.	7.26.	☍ ♂ , sich wiederum zu
Monta.	31 b Ignatius Lojo.	♊	4.35.	7.25.	□ ☿ , einigen Regen an.

Die Monds-Brüche in disem Monat.

Den 7. diß das Neue Liecht um 7. Uhr 45. m. Abends, ist zu etlichen Hochgewittern geneigt.

Den 15. dito das erste Viertel um 9. Uhr 40. min. frühe / deutet auf vile Regen.

Den 22. dito das Volle Liecht um 12. Uhr 27. min. frühe / geht naß ein / darauf einige trockene Täg einfallen.

Den 29. dito das letzte Viertel um 7. Uhr 21. min. frühe, tritt mit Regen ein / wornach bessere Ernd einfallet.

Gut Aderlassen / den 2. 4. 12. 14. 17. 19 20. 24 25. 26. 27.

Kranckheiten. □ ♄ ☿ / Schwermuth / Wahnsinnigkeit / Hirnwehe / kalte Flüsse. □ ♂ ♏ , Lungensucht / Melancholey / Fieber. □ ☉ ♄ / Hertzklopffen / Ohnmächten / Schlag-Flüsse / schnelle Todtfäll hoher Personen.

Heuet Juli

Gewitter und Regen bringt reichlich Segen

WALNUSSZEIT
Anfangs Juli

Eine liebe Kindheitserinnerung: der Schnaps aus grünen Nüssen.
Mein Bruder, 9 oder 10 Jahre alt, hatte einmal zu viel aus Omas Kochtöpfen gegessen. Da half ein selbstgemachtes Schnapserl, ein voller, süßer Nußlikör. Aber merkwürdig, der Bub war von nun an häufig krank; immerzu war ihm übel. Sein Gejammer war herzerweichend; jedenfalls das Herz der Großmutter erweichte dabei. Und plötzlich war der ganze Nußlikör im großen Eßzimmerbüffet versiegt; drei volle Flaschen! Aber gottlob, der Bub war nun auch wieder gesund. Ob das irgendwie zusammenhing?
Im nächsten Juli wurden daraufhin fünf Flaschen Nußlikör angesetzt. Sie reichten plötzlich sehr lange, denn der arme, vorher immer kranke Bub war nun fort auf dem Gymnasium.

Stets anfangs Juli, manchmal in warmen Sommern auch schon Ende Juni, waren die Walnüsse vom großen, alten Baum hinterm Haus groß, dick und grün. Wenn man eine halbierte, mußte sie leicht durchzuschneiden sein, weil die innere Schale sich noch nicht verholzte. Dann war es Zeit, einen Korb voll herunterzuschlagen. Die eine Hälfte wurde zu Nußlikör, die andere zu kandierten Nüssen verarbeitet. Das war zwar eine langwierige Arbeit, aber sie wurde jeweils in so kleinen Intervallen vollzogen und hatte so großen Erfolg, daß man die Mühe gering erachtete.

Nußlikör

20 Walnüsse, Ende Juni oder Anfang Juli gepflückt, müssen sich noch gut durchstechen lassen. Man macht in jede 8 bis 10 Stiche mit einer Stricknadel und wässert sie dann 14 Tage lang, wobei man das Wasser immer wieder wechselt. Hierauf kommen sie mit 3/4 l 96prozentigem Weingeist in eine weithalsige Flasche; man stellt sie nun 3 bis 4 Wochen ans Fensterbrett in die Sonne oder in Ofennähe. Dann kocht man 375 g Zucker mit 3/4 l Wasser sehr gut durch, schäumt ihn ab und gibt den Zuckersud zum Alkohol. Nach weiteren 8 Tagen siebt man den Likör von den Nüssen ab, füllt ihn in Flaschen, verkorkt sie gut und lagert sie, so lange dies möglich ist.

Kandierte grüne Nüsse

Die dicken grünen Nüsse werden je 8 bis 10mal mit einer Stricknadel durchstochen und dann mindestens 8 Tage in dauernd gewechseltes, kaltes Wasser gelegt, damit sie entbittern. Man kocht sie hierauf in ganz leichtem Zuckerwasser weich, siebt sie ab und verstärkt das Zuckerwasser, in das man, sobald es tüchtig kocht, die Nüsse gibt. Dann zieht man den Topf vom Feuer und läßt die Nüsse im Topf erkalten. Sie werden wieder herausgenommen; die Kochbrühe wird mit weiterem Zucker gekocht und neuerdings mit den Nüssen versehen. Diesen Vorgang wiederholt man noch mehrmals, bis die Nüsse schwarz, prallsüß und allmählich mit einer dicken Zuckerkruste umgeben sind. Der Zuckersud muß zuletzt dicklich und weiß sein und Blasen werfen. Man rechnet auf 2 Pfund Nüsse insgesamt etwa 2 bis 3 Pfund Zucker; was übrigbleibt, ergibt einen herrlichen Gewürzzucker für Gebäck oder Kompotte. Die Nüsse müssen trocken und elastisch sein. Man bewahrt sie lagenweise zwischen Pergamentpapier in gut schließenden Blechschachteln auf und rückt sie erst zu Advent und Weihnachten heraus, weil sie sonst gleich verschwunden sind.

SANKT KILIAN
8. Juli

Sankt Kilian
ist ein rechter Rübenmann

Früher waren die Bauern ihm dankbar, dem heiligen Kilian, daß er sie ans Rübenaussäen erinnert hat, denn Kraut und Rüben waren ja die Grundlagen ihrer Küche.

Scherr-Rüblein zu kochen

Rüblein / die Bayerische / oder Scherr-Rüblein genannt: Diese werden gebutzt / ein wenig gesaltzen und eingemeelbt, und Liecht-gelb braun aus Schmaltz gebachen / dann mit Wasser / Fleisch- oder andrer Brühe / wenig Pfeffer / Zucker und Zimmet gar gekocht / gibs mit kurtzer Brühe. (Konrad Hagger, Salzburgisches Kochbuch, 1719)

Wilde Rüben zu kochen

Dito wilde Ruben / so in dem Getreyd und fetten Aeckern wachsen / und hernach gelbe Blumen und Saamen machen / diese seynd gut im Frühling zum Verkochen / und kalter zum Salat / wann sie noch jung und Spannen-lang seynd.
(Aus Konrad Hagger, Salzburgisches Kochbuch, 1719)

MÜHLBACHER GÄNSEFEST

Sonntag nach Sankt Kilian

Würzburgs Stadtheiliger Kilian wird weitum mit Prozession, Amt und Festmahl gefeiert. Um seinen Tag ungestört begehen zu können, wurde das Kilianifest auf den nachfolgenden Sonntag verlegt. Und wenn die von weither gekommenen Gäste vom Umgang auf Feld und Flur müde und hungrig geworden waren, dann ehrten sie ihren Schutzpatron, wie's immer war, mit festlicher Atzung des höchsteigenen Magens. Weil die in dieser warmen Gegend herangezogenen Gänslein jetzt schon bratreif sind, hatte sich ein ausgesprochenes Gänsefest entwickelt, das bei goldbraunen Junggänsen und fränkischem Wein abrollte. Es ist ja auch Hochsommer mit durstmachender Hitze und mit langen, lauen Abenden. Es riecht aus allen Häusern und Gärten, aus Küchen und Kellern, so sei es denn: Prosit!

Gefüllte Gans

Eine junge Gans wird innen mit Salz und Pfeffer eingerieben. Dann schmort man 1/2 gehackte, große Zwiebel mit Würfeln von Speck und Kartoffeln und gibt Salz, Pfeffer, Knoblauch und Petersilie dazu. Damit füllt man die Gans, steckt sie zu und brät sie gar. Sie wird auf ihrer Fülle mit Knödeln, Blaukraut und Bratäpfeln serviert.

Wepsennester

Nicht nur die Sprache und die Gestik der Bayern ist kraftvoll-realistisch; auch die Gestaltung der alltäglichen Dinge ist sinnfällig lebensnah. So werden zum Beispiel im Juli, wenn die ›Wepsen‹ auftauchen und den Genuß aller zuckrigen Sachen erschweren, sozusagen zur Beschwörung süße Wespennester gebacken.

Einen zarten Hefeteig mit genügend Eiern und Butter macht man wie einen Dampfnudelteig an und läßt ihn schön gehen. Dann walgt man ihn auf einem bemehlten Brett dünn aus, bestreicht ihn mit zerlassener Butter, streut dick gewaschene Rosinen und nach Belieben auch geriebene Nüsse sowie etwas Zimt-Zucker darauf und rollt den Teig der Länge nach auf. Von dieser Rolle schneidet man zweifingerbreite Stücke ab und setzt sie hochkant, dicht an dicht, in eine feuerfeste Form, in der knapp halbfingerhoch zerlassener Butter ist. Sie werden dann in der Röhre goldbraun überbacken. Man kann sie in der Form oder auch einzeln auf einer Schüssel überzuckert servieren.

JAKOBI
25. Juli

Sankt Jakob nimmt hinweg die Not
Bringt erste Frucht und frisches Brot

oder *Sankt Jakob schüttet das*
Mehl in den Backtrog

An Jakobi, Ende Juli, gibt es die erste frische Ernte, Kartoffeln, Brotgetreide, Äpfel.

Der Sommer steht in höchster Pracht
Vom Baum der goldene Apfel lacht

Jakobi- oder Haber-Äpfel sind's, die langbegehrten, die ersten des Jahres, und nun gibt's auch wieder den ersten Apfelstrudel, nicht den golden gebackenen aus Wien, sondern den echten bayerischen, saftigen, in Rahm gebratenen Apfelrahmstrudel.

Bayerischer Apfelrahmstrudel

Für den Strudelteig verknetet man 300 bis 400 g Mehl mit Salz, 3 bis 4 Eßlöffeln Öl und 1 bis 2 Eßlöffeln Essig. Der Teig wird sehr fein verknetet, bis er sich glatt ballt und nicht mehr klebt. Dann schlägt man ihn kräftig auf den Tisch (auf einem Brett geschlagen, gäbe es einen Höllenlärm), bis er ganz feinporig ist. Er kommt nun etwa 1 Stunde unter eine vorgewärmte Schüssel. Wenn man ihn offen liegen läßt, bekommt er eine harte Haut und reißt dann beim Ausziehen. In 3 bis 4 Teile geschnitten, walgt man diese jetzt einzeln auf ganz wenig Mehl aus und zieht dann den Teig, am besten zu zweit oder über die Tischplatte so dünn wie möglich aus. Man muß eine Zeitung hindurchlesen können! Er wird mit zerlassenem Butter beträufelt, mit Zucker und viel, viel feinen Apfelscheibchen, Rosinen und dicken sauren Rahmkleckserln bestreut. Nach Belieben kann man auch Zimt oder Topfenbröserl daraufgeben. Nun rollt man den Strudel auf (manche machen es mit einem Tuch), bestreicht ihn mit Butter und gibt ihn in eine Reine, in der Rahm, etwas Butter und Zucker kochen, ähnlich wie zu Dampfnudeln. Die fertiggefüllten Strudel werden dicht nebeneinander in ihr Rahmbett halb versenkt und dann langsam im Rohr goldgelb fertig gebraten. Sie müssen ringsum saftige Ramerl haben. Bequemerweise kann man sogenannten Strudelteig auch fertig kaufen. So schön wird der Strudel aber dann freilich nicht.

Eine weit größere Bedeutung hatte der Jakobitag für die Almwirtschaft. Auch auf den Almen ist nun der volle Sommer zu spüren mit langen Tagen, fruchtbarem Gewitterregen, saftiger Weide, duftenden Kräutern. In Ruhpolding, im Allgäu und im Berchtesgadener Land gehen die Bauern hinauf zum Vieh, zum Milchmessen, zum Almkirta, zum Jakobessen. Die Kühe nehmen ab, die Milch wird weniger:

Jakobi an Schluck
Lorenz an Ruck
Barthelmä
gar nix meh

Im vollen Rucksack werden G'selchtes, Eier, Zucker und Trinkbares hinaufgeschleppt, denn heute wird groß aufgekocht. Nach einem Trumm durchwachsenem Speck gibt's einen goldgelben, fettglänzenden Schmarrn, dann einen so guten Rahmkaffee, daß noch lang davon gesprochen wird.

Schmarrn

Er wird auch ›Muas‹ genannt und ist eine weiterentwickelte Form des urtümlichen Breies, der in Bayern eben ›Muas‹ heißt. Und die ›Backschaufel‹, also den Scherrer, nennt man im schmarrnträchtigen Bergland auch den ›Muaserer‹. Was ein echter Schmarrn ist, unterscheidet sich wesentlich von einem zerstochenen Pfannenkuchen; er ist locker, braunkrustig, glänzend und gut rutschend. Und er wird gleich aus der Pfanne gegessen, die bei Tisch im alten, handgeschmiedeten Pfannenknecht, einem formschönen und zweckgerechten Gestell, hängt.

Zum Teig wird Mehl mit Salz und Milch dick abgeschlagen; dann gibt man 3 bis 5 Eier hinein und schlägt weiter. Der gerade noch fließende Teig wird in eine nicht zu flache Pfanne gegossen, in der bereits genügend Fett heiß bruzzelt. Es muß zischen beim Eingießen! Eine große Menge macht man eben auf zweimal an. Man läßt den Teig unten anlegen und bräunen, sticht ihn dann um, gibt nötigenfalls weiteres Fett, am besten viel Butterschmalz, hinein und bearbeitet die fester werdende Masse mit dem Scherrer, aber nicht zu lange, denn der Schmarrn muß saftig, zart und nicht durch zu langes Backen trocken und dadurch zu feinkrümelig sein.

Als Beilage gibt's Milch oder Zucker oder Kompott oder frische Walderdbeeren.

Kaiserschmarrn

Er ist der vornehmere Bruder des normalen Schmarrns. Vielleicht ist er auf einem Kaser an Jakobi als Festschmaus entstanden und hat sich von einem Kaserschmarrn in einen Kaiserschmarrn verwandelt. Einer anderen Version nach soll er aus Ischl stammen und von einer Wirtin zu Ehren von Kaiser Franz Josef bereitet worden sein.

Er ist ein Schmarrn mit viel Eiern, und zwar als Dotter und Eischnee getrennt und mit viel Rosinen drin. Der zarte, feine Teig wird nur kurz in Butter oder Butterschmalz herausgestochen und kommt großstückelig und vanillinzuckerüberglänzt vor die verzückten Augen des Genießers und ist wirklich ein kaiserlicher Schmarrn.

Vielerorts gibt's auch noch die Jakobidult, nach der gern die Zeit mit wichtigen Tagen oder Festen vorher oder nachher gemessen wurde. Sie hatte keine besondere kulinarische Spezialität, sondern überall nur ihre Lebzelten, das Magenbrot, die Zuckerwatte und natürlich große Bierzelte. Besonders in München spielte die seit dem 13. Jahrhundert nachgewiesene Jakobidult eine große Rolle. Hier bot der ›Billige Jakob‹, eine für diese Dult einst typische Figur, die später auf allen Märkten und Dulten zu finden war, schreiend und werbend seine Waren an.

DAS PICKELSTEINERFEST
Sonntag nach Jakobi

Obwohl nicht einmal der Name ganz genau bestimmbar ist, weil es ›Büchelsteiner‹, ›Pichelsteiner‹ oder ›Pickelsteiner‹ heißen kann, so handelt es sich doch um ein bemerkenswertes Fest. Die Geschichte seines Ursprunges wird so erzählt: Da war in Grafenau im Jahr 1839 seine Gnaden, der Kgl. bayrische Herr Landrichter Benno Storlein, der an einem Sommertag, an seinem Namensfest, am Sankt-Benno-Tag, einen Ausflug machen wollte. Er lud Freunde, Amtskollegen und Verwandte dazu ein und sie erwanderten gemeinsam den Büchelstein. Die Legende erzählt auch von bequemen Kutschen; der Büchelstein ist ein angenehmes Zwischending von Berg und Buckel im Lallinger Winkel, zwischen Deggendorf und Schönberg, also im Bayerischen Wald.

Da kein Wirtshaus auf dem Berg war, wanderten die Ausflügler zur nicht allzu weit entfernten Wirtin von Grattersdorf, Frau Auguste Winkler. Sie kochte der fröhlichen Gesellschaft einen riesigen Eintopf, den man auf den Berg schleppen und dann am offenen Feuer wieder heiß werden ließ.

Das Gericht galt lange Zeit als Erfindung der Tafernwirtin Winkler. Dem widerspricht aber sein Wesen, denn solche ›Ursuppen‹ oder Eintöpfe entstammen sowohl einer gewissen Tradition, wie sie in ihrer Primitivität auch ein Armeleute-Essen gewesen sind. Und arme Leute gab's im Bayerischen Wald ja genug. Daß heute das Pickelsteiner »Mode« geworden ist, entbehrt nicht des kulinarischen Reizes.

Ausgehend von der dicken, nährenden Suppe also, in die alles kommt, was gerade da ist und was den landschaftlichen Möglichkeiten entspricht, wurde damals angeblich Dreierlei – Fleischbrocken, Kartoffeln und Gemüse – zusammengekocht. Daß daraus ein weltbekanntes und zu einem Spezialfest Anlaß gebendes Gericht entstehen sollte, konnte die wackere Wirtin nicht ahnen. Für alle Fälle aber gebührt ihr hohe Anerkennung, denn das ›Pickelstoana‹ ist seine Geschichte wert.

Frau Auguste Winkler war eine geborene von Kießling, die Tochter eines altansässigen, adeligen Glashüttengeschlechts, wie es auch bei den Familien Poschinger,

Hilz, Hafenbrädl und Steigerwald der Fall war. Sie legte aber früh schon ihren Kochlöffel aus der Hand, wie ihr Grabstein in Grattersdorf verkündet:

Hochwohlgeborene und gewesene Gast- und Tafernwirtin
Auguste Winkler, geb. v. Kießling,
1871 im 48. Lebensjahr selig im Herrn verstorben

Wie um alle Dinge auf der Welt, hat es auch um das Pickelsteiner Streit gegeben. Zuerst waren es die Grafenauer, dann die Grattersdorfer, die, weil es gar so nett war damals bei dem Picknick auf dem Büchelstein, das Fest wiederholten. Trotz vielerlei zeitbedingter Veränderungen, Kriegen und Inflation behielt man das Fest bei und feierte so sein vierzigstes, fünfundsiebzigstes oder hundertstes Jubiläum.
Weil es so fröhlich und gesellig war, kam eine Regener Stammtischgesellschaft auf die Idee, das Pickelsteinerfest hier in Regen zu feiern. Und seitdem ›pichelt‹ man zuerst doppelt und jetzt eigenständig trotz sogar ›advikatisch‹ gemachter Einwände und heute ist das Fest ganz eine Regener Sache geworden. Man hat sich aber wohl einmal geschämt, Grattersdorf völlig links liegenzulassen, und deshalb wurde wenigstens am Grabstein der Frau Winkler der Nachtrag angebracht: »Ihr verdanken wir das Büchelsteinerfleisch«. Hier kommt also für kurz der alte Ursprungsort zu Tage.
Seit 1847 aber ist Regen am Zug und hat den Pickelsteiner-Tag am Sonntag nach Jakobi von einem eintägigen Erinnerungsschmaus zu einem fünftägigen Volksfest gemacht. Mit Musik und Umzug wird von vier Pferden eine große Gulaschkanone voll mit diesem dampfenden und duftenden Gemisch durch die Stadt gezogen. Der weiße Koch mit hoher Mütze und Riesenlöffel dirigiert die nahrhafte Kolonne. Zwei- bis dreitausend Portionen werden ausgegeben, denn heute kommen bis zu 50 000 Gäste zum Fest.
Die Verantwortung für das rechte Gelingen des Gerichtes, für die in Kartoffeln und Gelben Rüben liegenden Fleischwürfel und die vielerlei Gewürze und Kräuter ist ja auch groß. Und damit das ›Pickelstoana‹ auch wohlbekommt, werden dazu viele Bierquellen angezapft. Riesenzelte, Brezenberge, Schaubuden, Karussell und sonstige Gaudi bieten der immerzu herbeiströmenden Menge frohe Stimmung.

Zum Abschluß gibt es auf dem Regenfluß eine Gondelfahrt mit Lampions und Fackelzug. Diese ›Venezianische Nacht‹ endet dann mit einem Riesenfeuerwerk, und wenn es aus ist – freut man sich auf's nächste Jahr.
Die Regener Pickelsteiner-Gesellschaft führt seit vielen Jahrzehnten eine Chronik; aus ihr ist der Verlauf der Feste zu ersehen. Bemerkenswert ist, daß 1902 unter den Besuchern auch der Sohn Herbert des Reichskanzlers Fürst von Bismarck mit dem Leibarzt seines Vaters, dem Oberpfälzer Dr. v. Schweninger, und dem Schriftsteller Paul Lindau waren. Sie zollten dem Pickelsteiner-Gericht solches Lob, daß es von da an wöchentlich daheim auf die fürstliche Tafel kam. Lindau berichtete in Berliner Blättern begeistert darüber. Und 1902 hat der im Ersten Weltkrieg gefallene Maler Albert Weisgerber auch drei Regener Pickelsteiner-Persönlichkeiten gezeichnet. Diese Werke sind noch im Besitz der Regener Pickelsteiner-Gesellschaft.

Pickelsteiner

(Original-Rezept)

In etwas Fett röstet man 2 große, aufgeschnittene Zwiebeln glasig an und gibt 1 kg rohe Kartoffelschnitze, 3 bis 4 in Stifte geschnittene, große Gelbe Rüben, 2 bis 3 Stangen Lauch, 1/4 Kopf aufgeschnittenes Weißkraut, 3/4 bis 1 kg in Würfel geschnittenes Schweine-, Kalb- und Rindfleisch, Salz, 1 Würfel Rindsbouillon und so viel Wasser dazu, daß der Inhalt des Topfes gerade bedeckt ist. Man deckt zu und läßt das Gericht 5/4 bis 1 1/2 Stunden, ohne umzurühren, durchschmoren. Das Pickelsteiner wird nötigenfalls noch mit etwas Salz abgeschmeckt; man kann zuletzt auch noch 1 bis 2 Eßlöffel Rahm dazugeben oder die Soße mit ganz wenig Mehl eindicken. Als letzte Zutat sind Schnittlauch, Petersilie und andere Kräutchen zu nennen.

DAS MEMMINGER FISCHERSTECHEN

An einem Samstag im Juli

An einem schönen Julisamstag, wenn's warm ist und sich die Bürger Memmingens am Stadtbach vereint haben, hebt früh um 8 Uhr das alte Fischerstechen an. Um die notwendige Auskehr des fischreichen Baches fröhlich zu gestalten und wohl auch, um sich Kosten zu ersparen, hat es die Obrigkeit verstanden, ein Fest daraus zu machen. Mit großen Gabelnetzen, den sogenannten ›Bären‹, fangen die Memminger die eingeschlossenen Fische, damit der Bach dann gesäubert werden kann. Wer den allergrößten Fisch erwischt, ist Fischerkönig. Dann gibt es ein großes Fischessen für alle. Das Fest dauert bis tief in die Nacht und endet am andern Morgen mit einem fidelen Krönungs-Frühschoppen.

Forellen mit Nußbutter

Einige Forellen werden wie üblich gereinigt und in Essig-Salzwasser mit etlichen Zitronen- und Zwiebelscheiben, Gelben Rüben und Petersilie blau gekocht. Gleichzeitig kocht man auch aus Kartoffeln und Gelben Rüben ausgestochene Kugeln in Salzwasser nicht zu weich und gibt sie, mit etwas Petersilie überstreut, zu den abgetropften Forellen auf eine Platte. Man legt je eine Scheibe Nußbutter darauf und garniert die Platte noch mit grünen Blättern und Zitronenschnitzen.

Für die Nußbutter rührt man 50 bis 100 g Butter mit Salz, 2 Eßlöffeln feingeriebenen Haselnüssen, etwas Zitronensaft und Fondor an, macht eine kleine Rolle, wälzt sie in geriebenen Nüssen und gehackter Petersilie und stellt sie sehr kalt. Dann schneidet man mit einem Buntmesser Scheibchen davon ab und benützt sie als Garnitur.

Forellen, in alten Büchern oft Ferchen genannt, sind wie Saiblinge oder Salblinge Salmoniden und gelten als die feinsten Fische bayrischer Flüsse und Seen.

Salbling / und Forellen / mit Oel auf dem heißen Rost gebraten [gegrillt]

Es werden die Salbling und Forellen mit Oel auf dem heissen Rost gebraten / hernach mit Oel / Eßig / Gewürtz und Capry versehen / warmer / oder kalt gegeben.

Salbling / oder Ferchen / so geselcht oder geräuchert

Diese geräucherte / oder geselchte Fisch seynd allzeit gut / nachdem sie in Wasser einen kurtzen Sud gethan / in einer guten weissen / oder gelben Butter-Brühe; Jtem in durchgetriebnen Erbsen-Brühe / mit Butter / Gewürtz / Lemoni / oder klein-gehacktes Petersil-Kräutlein; Jtem / mit sauren / oder süssen Ram; schließlich in klarer Erbsen-Brühe / mit Butter / und wenig weiß Meel liechtgelb eingebrennt / mit wenig Pfeffer / und wohl Muscatnuß / einen Zwibel mit Näglein besteckt / ein Lorbeer-Blättlein und Lemoni-Schelffen / oder Blättlein / mit wenig Rosmarin / und damit aufsieden lassen; die Fisch werden in die Schüssel gelegt / und die Brühe darüber gesiehen / und wann sie von dem eingebrennten Meel nicht gelb genug / mit wenig Saffran gefärbet / und einen kurtzen Sud lassen aufthun / und zur Tafel gegeben / mit / oder ohne Haut. (Aus Konrad Hagger, Salzburgisches Kochbuch, 1719)

Salbling / oder Ferchen ordinari gebachen

Es werden dise mit Meel aus Schmaltz / oder Oel gebachen / und mit ausgerösten Petersil-Kräutlein / und Lemoni regaliert.

Salbling und Forellen / oder Ferchen anderst gebachen

Stoß einen Salbling und Forellen / oder Ferchen / mit einer gebähten Schnitten im Mörsel / treibs mit wenig Wein und Erbsen-Brühe durch / machs gut mit Gewürtz / Butter und Lemoni / oder Rosmarin; laß die andern Fisch darmit aufsieden / und gibs zur Tafel.

NB. *Hier können auch Dardoffelnblättlet geschnitten / ausgelößte Austern / oder Müschelein / gehackte Sardellen / oder Capry zugemischt werden.*

AUGUSTUS hat XXXI. Täg.

VIII. Monat.	Der Heiligen Fest-Täg im Augustmonat.	☽ Lau	☉en Aufg.	☉en Nider.	Erwählung der Aspecten, und vermuthliche Witterung.
Erchta.	1 c Peter Kettenfe.	♊	4.34.	7.26.	✱☉, ☾ apog. Es ziehen
Mitwo	2 d Portiunc. Ablaß	♊	4.35.	7.25.	△♂♀, △♄ sich Donner-
Doner.	3 e Eleazar Beicht.	♋	4 36.	7.24.	‡◍☍♃, ✱☿, Wol-
Freyta.	4 f Dominic⁹ Or. st.	♋	4.38.	7.22.	△♃☿, cken zusammen.
Samb.	5 g Oswald M.	♌	4.39.	7.21.	◍ ☾ vacat. Und Regen.
☉ 32.	Von dem Taub- und Stummen / Marc. 7.				Tagl. 14. Stund / 40. min.
Sonta.	6 A 11. Verkl. Chri.	♌	4.40.	7.20.	●9. U. 30. m. Fr. sich. ☉ fin.
Monta.	7 b Cajetan Ordst.	♌	4.42.	7.18.	◍✱♄, ☋, ☾□♄♀,
Erchta.	8 c Cyriacus Mart.	♍	4.43.	7.17.	✠◍△♃, ☌♀, kühle
Mitwo.	9 d F. Romanus M.	♍	4.45.	7.15.	✠✱♀ Frühe-Stunden.
Doner.	10 e Laurentius M.	♎	4.46.	7.14.	‡◍□♃, Sonnenschein.
Freyta.	11 f Susanna J. M.	♎	4.48.	7.12.	✱☉, ☌♄ Regen-Wolcke
Samb.	12 g Clara Jungfr.	♏	4.50.	7.10.	✠◍□♀, Feiner Tag,
☉ 33.	Vom Priester und Leviten / Luc. 10.				Tagl. 14. Stund / 18. min.
Sonta.	13 A 12. Cassianus,	♏	4.51.	7. 9.	☽ 3. Uhr, 25. min. Nachm.
Monta.	14 b F. Eusebius Pr.	♐	4.53.	7. 7.	✠◍△♀, ♀ in ♌, und
Erchta.	15 c Maria Himelf.	♐	4.55.	7. 5.	✱☉♄, △☉, ☾ peri. □☿
Mitwo.	16 d Rochus Beich.	♑	4.56.	7. 4.	☾ vac. gute Ernd-Zeit.
Doner.	17 e Bonifac. Mar.	♑	4.58.	7. 2.	□♃, □♄, Dann folget
Freyta.	18 f Helena Kayse.	♒	5. 0.	7. 0.	□☉♂, ☿ Retr. Donner.
Samb.	19 g Sebaldus Bei.	♒	5. 1.	6.59.	☍♀, schön u. heller Tag.
☉ 34.	Von den 10. Außsätzigen / Luc. 17.				Tagl 13. Stund / 54. min.
Sonta.	20 A 13. Joachim,	♒	5. 3.	6.57.	◍ 9. Uhr, 21. min. Frühe.
Monta.	21 b Burghard Bis.	♓	5. 5.	6.55.	‡◍✱♃, ☾☊, unsi. ☾ fin.
Erchta.	22 c Zachäus Bisch.	♓	5. 6.	6.54.	✠◍△♂, schön u. Regen.
Mitwo.	23 d F. Philip. Ben.	♈	5. 8.	6.52.	‡◍□♃, ☉ i ♍, Hunds-
Doner.	24 e Bartholom. A.	♈	5. 9.	6.51.	☍♄, trüb, Tägen Ende.
Freyta.	25 f Ludwig König,	♉	5.10.	6.50.	✠◍△☉, △♃, wieder
Samb.	26 g Zephyrin. Pab.	♉	5.12.	6.48.	✠◍□♀, △☿, Regen.
☉ 35.	Niemand kan 2. Herern dienen / Math. 6.				Tagl 13. Stund / 32. min.
Sonta.	27 A 14. Gebhard,	♉	5.14.	6.46.	☍♂, ♂ in ♐, Nebel.
Monta.	28 b Augustin' K. L.	♊	5.16.	6.44.	☾ 12. Uhr, 17. min. Frühe.
Erchta.	29 c Joh. Enthaupt.	♊	5.18.	6.42.	✠◍ ☾ apog. ✱♀, △♄,
Mitwo.	30 d Rosa v. Lima,	♋	5.20.	6.40.	‡◍△♃☿, ✱☉, schön.
Doner.	31 e Raymundus,	♋	5.21.	6.39.	‡☌☉☿, △☉♃, windig

Die Monds-Brüche in disem Monat.

Den 6. diß der Neumond um 9. Uhr 30. min. Frühe, mit sichtbahrer Sonnen-Finsternuß, macht Hochgewitter, und viel Regen.

Den 13. dito das erste Viertl um 3. Uhr 25. min. Abends, geht schön ein, am Ende bringt es Donner-Wetter.

Den 20. dito der Vollmond um 9. Uhr 21. min Frühe, mit unsichtbahrer Monds-Finsternuß, deutet auf nasse Zeit.

Den 28. dito das letzte Viertel um 12. Uhr, 17. min. Frühe, macht trocken, und windig.

Gut Aderlassen, den 3. 8. 9. 10. 12. 14. 21. 22. 23. 25. 26. 29. 30. 31.

Kranckheiten. □♄♀, Mund-Fäule, Halß Geschwär, Apostem, Lenden-Wehe, Harn-Wind. □☉♂, Gelb Sucht, Nasen-Bluten, Blut-Speyen, Brand bey Wunden.

Ernting August

Des Sommers Schwüle bringt viel zur Mühle

DIE JAGD BEGINNT

1. August

Horrido und Halali, die Hirschjagd geht auf in den Bergen. Schweren Schrittes kommen die Grünbefrackten heim mit ihrer Beute, Hirschen und Gemsen. In der Küche wußten die Jägersfrauen damit umzugehen und haben uns viele gute Rezepte überliefert.

Hirschbraten Sárvár

Sárvár war das ungarische Gut von Ludwig III., dem letzten bayerischen König.

In einer Bratpfanne mit genügend Schweinefett läßt man 2 große, aufgeschnittene Zwiebeln hell anlaufen. Da hinein kommt dann der eingebeizte, abgetrocknete und gehäutete, mit reichlich Paprikaspeck gespickte Hirschschlegel oder auch ein Stück aus dem Blatt. Man läßt das Fleisch von allen Seiten anbraten und gibt 2 Kaffeelöffel süßen ungarischen Delikateßpaprika dazu, gießt dann mit Wasser und saurem Rahm, etwas Beize und 1/2 Tasse Tomatenmark auf und gart den Schlegel langsam fertig. Spätzel und Sauerkraut sind die passenden Beilagen.

Gebackene Hirschbrust

Eine Hirschbrust wird in Ölweinbeize gelegt, wie dies bei Gamsschlegel beschrieben ist. Man tropft sie dann ab, wäscht sie gut durch und kocht sie in nur leicht gesalzenem Wasser mit viel Wurzeln, Lorbeerblatt, Wacholder- und Pfefferkörnern sowie einer Nelke weich. Sie wird wieder abgetropft, man läßt sie erkalten und schneidet sie dann in schöne Scheiben, die in Ei und Bröseln paniert und in der Pfanne in genügend Fett goldbraun gebacken werden. Dazu passen süß-saueres Blaukraut und Bratäpfel.

Gamsschlegel

Ein möglichst junger, fleischiger Schlegel wird um den Knochen herum mit einem Messer oder Holzstück gelockert und mit reichlich geschälten Knoblauchzehen gespickt. Man gießt eine Beize aus einer großen Tasse Rotwein und ebensoviel Öl darüber und legt das Fleisch in eine so kleine, passende Schüssel, daß diese Beize genügt. Darin wendet man den Schlegel eine Woche lang täglich, danach trocknet man ihn ab, häutet ihn und spickt ihn mit Räucherspeck. Man gibt reichlich kleingewürfelten Speck und viel gehacktes Wurzelwerk, je 2 Pfefferkörner und Wacholderbeeren, Salz und Pfeffer dazu und läßt den Schlegel langsam unter häufigem Begießen mit Beize bräunen. Das Fleisch muß immer in genügend Soße liegen; zuletzt deckt man zu und läßt den Schlegel langsam darin garen. An die Soße gibt man sauren Rahm oder Buttermilch, noch etwas Knoblauchpulver, einige gehackte Tannennadeln und Preiselbeersaft. Als Beilage passen am besten Polenta, aber auch Semmel- oder Grießknödel sowie Blaukraut oder Sauerkraut, auch Steinpilze oder Reberl sind klassische Beilagen.

Hirsch nach Prinzregent Luitpold

Einen eingebeizten Hirschhals oder ein Stück vom Blatt kocht man in Salzwasser mit etwas Essig, reichlich Suppenwurzeln und einem Stück Zitronenschale gut weich. Inzwischen bereitet man eine hellbraune Schwitze, die mit Kochbrühe und Weißwein abgeschmeckt und pikant mit Zitronensaft, Muskat, Suppenwürze, 2 Eßlöffeln Rosinen und etwas Beize gewürzt wird. Das Wildpret, das man eine Weile darin kocht, schneidet man dann in schöne Scheiben, gießt die Soße darüber und bestreut sie dicht mit geschälten Mandelstiften und eingekochten Weichseln.

SANKT OSWALD UND SANKT LORENZ

5. und 10. August

Sind wir eigentlich dankbar, daß wir heute und nicht vor einigen hundert Jahren leben? Ich glaube kaum, denn nur selten wird man sich bewußt, daß der allgemeine Küchenzettel von damals in der Hauptsache aus Brei und Brot, Kraut und Rüben bestand. Fleisch war selten, Wild ein reines Herrenvergnügen; Kühe und Hühner gaben ihre Produkte nur sparsam, der Roggen stand vor dem Weizen, die Kartoffeln waren noch nicht eingeführt, Reis und Zucker waren Luxus, Obst nur eine Sache des Sommers; was blieb, waren Kraut und Rüben.
Wen wundert es, daß es sogar Rübenheilige gab? Noch dazu gleich zwei. Für die Rüben war zuerst Sankt Oswald da, und als eine Art Rückversicherung, damit das rechtzeitige Aussäen nicht vergessen werde, fünf Tage später und speziell für die Stoppelrüben, die sogenannten bayerischen ›Ruam‹, der Sankt Lorenz.

Es hieß:

Sankt Oswald,
wachsen die Rüben bald

Und danach:

Wer Stoppelrüben will essen,
Muß Laurenz nicht vergessen

Stoppelrüben, die schönen weißen mit dem eleganten lila Rändchen, sind in Bayern eine beliebte Rübenspezialität. Schon 1642 berichtet Mathias von Kemnath aus der Oberpfalz von »baierischen Ruebben, die man steckruben heist und sind vast süße und lieblich zu essen«. Ja, man ißt sie gern, meist süßsauer als pikantes Gemüse oder grob aufgehobelt als Kraut. Das schmeckt besonders gut zum Gansbraten und zur Ente wie auch zu Wild und Rauchfleisch. Allerdings erst im Herbst, aber Sankt Lorenzens Mahnung, sie nicht zu vergessen, ist jetzt schon fällig (und deshalb stehen die Rezepte auf dieser Stelle). Man konnte sich ja stets auf die beiden Heiligen verlassen, denn sie kannten ihren Kalender und wußten, wann es notwendig war, an Feld- oder Hausarbeiten zu denken. Das war recht beruhigend, gab es doch noch keinen Landfunk und keine Wettervorhersage, an deren Stelle die vielerlei Märtyrer und heiligen Jungfrauen einstmals so getreulich standen.

Karamel-Rüben

Einen gehäuften Eßlöffel Zucker läßt man mit etwas Butter braun schmelzen und gibt 4 bis 5 große, geschälte und gewürfelte Weiße Rüben dazu. Man rührt gut um, gießt mit ein wenig Wasser auf, salzt und läßt die Rüben zugedeckt weichschmoren. Dann fügt man ein wenig Pfeffer, notfalls etwas Zukker, damit sie recht gut süß schmecken, und Petersilie hinzu. Wenn man die Soße binden will, kann dies mit ganz wenig eingerührtem Mondamin geschehen. Die Rüben passen gut zu Rindfleisch und zu allen anderen gekochten Fleischsorten. Das Gemüse kann man auch aus Futterrüben bereiten.

Rübenkraut

Die geschälten Rüben werden grob aufgerieben und wie Sauerkraut mit Salz und Wacholderbeeren in einem Holzfaß eingestampft. Man gießt etwas Buttermilch dazu, damit eine milde und günstige Milchsäureentwicklung eintritt, beschwert das Kraut und läßt es reifen. Es kann zu allen Speisen serviert werden, zu denen Sauerkraut paßt.

Landshuter Rüben

Die Rüben werden geschält und in kleinfingergroße Stifte geschnitten. Man schmort sie mit etwas Fett und Wasser, Salz, Zukker und ganz wenig Essig zartweich. Zuletzt richtet man sie an und übergießt sie mit braunen Butterbröseln und bestreut sie mit Schnittlauch. Man kann sie auch mit einer zarten Schwitze binden.

Im übrigen meint der heilige Lorenz auch noch: ›Lorenzenbrot schimmelt nicht‹, was im übertragenen Sinn bedeutet, daß alles Brot aus jungem Getreide, wie es einst ja wichtig war, bevor uns die Getreideimporte völlig zeitunabhängig machten, daß dieses erste Brot aus frischem Korn zu gut geschmeckt hat, um es alt und schimmlig werden zu lassen.

MARIÄ HIMMELFAHRT
15. August

Es ist noch gar nicht so lange her, daß Medizin und Ernährung eng miteinander verbunden waren. Kein altes Kochbuch gab es vor zwei- oder dreihundert Jahren ohne Kräuterweisheit, Heil- und Diätanweisungen, kein altes medizinisches Werk ohne Eßvorschriften. Die Heilpflanze war ja bis zur synthetischen Herstellung vieler Medikamente der Hauptbestandteil aller wirksamen Pharmazeutika. Und heute noch schenkt uns die Natur unzählige Heilmittel. Durch lange Erfahrung wurde für alle Leiden ein heilendes Kraut gefunden.

Kein Wunder, daß das Wissen über die Heilkräuter auch ins religiöse Brauchtum eingegangen ist.

›Mariä Himmelfahrt‹, auch ›Maria Aufnahme‹, ›Maria Ruh‹, ›Heimgang Mariä‹ oder ›Maria Schlaf‹ genannt, mitten im Sommer, wenn alles Kraut üppig sprießt und in höchstem Saft steht, ist der Kräuterweihe gewidmet. Diese steht auch in Beziehung zu den Bezeichnungen Marias als ›Blume des Feldes‹ oder ›Lilie der Täler‹. Unter vielerlei Namen wird dieser ›Große oder Hohe Frauentag‹ gefeiert, als ›Krautmesse‹, als ›Kräuterbischeltag‹, als ›Kräuterweihe‹, auch als ›Maria Würzweih‹. Er ist der Beginn des ›Frauendreißiger‹, das heißt der dreißigtägigen Marienverehrung (bis 13. September), in welcher Zeit nach dem Volksglauben die Natur besondere Heilkräfte besitzt.

Man band Garten-, Würz-, Heil- und Tee-Kräuter und Blütenblätter, Getreideähren und Haselnuß zu einem Busch, brachte sie zur Weihe und verwendete sie dann einzeln, aus dem Strauß gezupft oder als Pulver zerrieben, zum Eingraben, zum Verspeisen oder, ins Feuer geworfen, zum Räuchern das ganze Jahr über gegen Gewitter und Unwetter, Hexen und Druden, Blitzschlag und Krankheit, Not und Tod, bei Geburt und Schmerz, für Mensch und Tier. Man kannte vielerlei Kräuter gegen Wunden und Gebresten, zum Blutstillen und zum Lindern von Schmerz, gegen trübe Augen und vollen Magen. Die Königs- oder Wetterkerze, auch Muttergotteskerze oder so hübsch auch Himmelbrandblüh genannt, fehlte als Mittelstück ebensowenig wie Salbei und Lavendel, Arnika und Wegwarte,

Wermut und Baldrian, Minze und Sauerampfer, Petersilie und Kamille, Haselnuß und Weizenähre. Jede Gegend hatte, entsprechend ihrer Vegetation, eine andere Zusammensetzung des Kräuterstraußes.

Alles wurde vom Kräuterbusch bedacht und beschenkt: der kranke Körper, das Auge wie der aufnahmebereite Magen, das Gemüt wie die offene Wunde, Haus und Stall, Herrgottswinkel und Küche, Medizin- und Würzschrank. Der ›Kräuterboschen‹, ›Kraut- oder Frauenwisch‹ war alles in einem: Wunderglaube, Tradition und Hoffen auf seine Hilfe.

Amüsant, daß so manche Bäuerin eine der drei aufgesteckten und im Kräuterbusch geweihten Haselnüsse ins Butterfaß geworfen hat, wenn der Rahm nicht zusammengehen wollte, wenn also das Rühren endlos dauerte. Bald danach schon hörte man die Nuß nicht mehr im Faß klappern, denn sie war in den entstandenen Butterknödel eingehüllt. Später wurde sie herausgenommen und für den nächsten Notfall aufgehoben. Derweil beschützte sie die Milchkammer vor Hexen und neidigen Geistern.

Einstmals gab es sogar spezielle Wallfahrten zum Weihen der Kräuter, so zur Pfarrkirche Sankt Maria in München-Ramersdorf mit dem Erasmus Grasser zugeschriebenen Gnadenbild von 1480 oder zur Marienkirche in Thalkirchen vor München mit der spätgotischen Madonna auf dem Ignaz-Günther-Altar.

In Würzburg standen bei der Kräuterweihe Buben und Mädel mit mannshohen Riesensträußen vor dem Altar, und in Bamberg feierte man ein großes Gärtnerfest mit dem fränkischen Würzwisch und blumenumflochtenen Kerzen und Stäben, wobei junge Gärtnerinnen farbige Blumenteppiche streuten. Es war ihr großer Feiertag. Auch in Hemau in der Oberpfalz wurden Riesenbüsche zur Weihe getragen.

Man sammelte während des Frauendreißigers vielerlei Teepflanzen und Kräuter für die Hausapotheke, denn in dieser Zeit sind sie von besonderer Wirksamkeit.

Teemischungen aus alter Zeit

Es wurde schon in frühen Zeiten zu einer Art Schatzgräberei, eigene Kräuter-Tees zusammenzustellen; immer wieder gab es neue Geschmacks-Nuancen dabei. Die Grundstoffe bildeten die Blätter der Himbeere, der Erd- und Brombeere, der Brennessel, der Schwarzen Johannisbeere, der Heckenröschen und Kirsche, der Schlehen, der Birke und des Walnußbaumes. Auch Heidel- und Preiselbeeren sowie Moosbeeren ergeben aromatischen Tee, unter den man noch Waldmeister, Pfefferminze, Schlüsselblumen oder die Blüten von Schlehen und Holunder, etwas Heidekraut und Linde oder zuletzt noch eine Spur Thymian und Salbei mischen kann. Bei den beiden letzten muß man ein wenig vorsichtig sein, denn sie sind im Duft etwas aufdringlich. Hagebuttenkerne und getrocknete Apfelschalen sind ebenfalls für häuslichen Kräutertee geeignet.

Lindenblüten-Tee

Dazu verwendet man gleiche Teile von getrockneten Lindenblüten, Schwarzen-Johannisbeer-Blättern, Weidenröschenblättern und Quecke sowie ergänzend dazu je einen halben Teil Brombeer- und Pfefferminzblätter. Je nach Geschmack kann das angegebene Verhältnis der verschiedenen Teesorten auch abgeändert werden.

Heideröschen-Tee

Je ein Teil Hagebuttenkerne, Linden- und Brombeerblätter, Quecke und Schwarze Johannisbeeren werden gut getrocknet und dann gemischt in Blechdosen aufbewahrt.

Walddust

Jeweils einen Teil Ulmen- und Walnußblätter sowie Kirschblätter, dazu ein wenig Thymian, Lindenblüte, Brombeerblätter und noch etliche Tannennadeln ergeben einen feinherben Untergrund, der diesem Tee seine Besonderheit verleiht.

Auch wo heute gar kein Zusammenhang mehr mit dem Kräutertag zu finden ist, da wird man wenigstens durch die Buden und Limonadenstandl vor den Himmelfahrtskirchen oder auf Jahrmärkten am 15. August zu Ehren der Muttergottes an den Brauch erinnert, wo Tüten und Berge voll bunter, stark duftender Kräuterzuckerln feilgeboten werden. Braun, grün, gelb, rosa und weiß helfen sie gegen alle nur denkbaren kleinen Leiden und schmecken außerdem gut.

Die in den Frauendreißigern gelegten Eier, ›Frauen-Eier‹ genannt, spielten eine bedeutsame Rolle und wurden für den Winter gesammelt. Man schrieb ihnen besondere Heilkraft zu. Sie galten als so wertvoll, wie die Antlaß-Eier.

Gleichzeitig war der Frauendreißiger auch Ernte-Fastenzeit. Das war weise eingeteilt, denn die Sommerhitze ist ja der vollen Sättigung ungünstig und viel Fleisch, Fett und andere schwere Speisen lehnt der Körper von sich aus ab. Da fällt dann ein kirchliches Fastengebot nicht schwer, denn es gab ja Eier, Salat, Gemüse und auch schon das erste Obst. Andererseits eröffnete solche kluge Beschränkung im Essen besondere Vorfreude auf das üppige Erntefest, auf Kirchweih und die dann vollen Töpfe, Truhen und Kästen.

WILDENTEN

Mitte August

Ab Mitte August gibt es Wildenten. Man muß sie nur einmal frisch, zart, aromatisch und nicht zu sparsam gegessen haben, um zu verstehen, warum sie den Gaumen von Jäger und Jägersfrauen begeistern. Moorig schmeckende Wildenten hat Großmutter mit Holzkohlen oder Gelben Rüben gefüllt; die haben allen Geruch an sich gezogen und, nachdem sie entfernt wurden, waren die Enten tadellos. Da es früher ja genug von diesen schönen, bunt schillernden Wasservögeln gab, waren die Haken im Wildkeller zur Saison immer voll davon und die Rezepte dafür oft raffiniert.

Ein Wildenten-Rezept von der bayrischen Hoftafel

Zwei schöne, fleischige Wildenten werden wie üblich vorbereitet; dann salzt man sie innen und füllt sie mit einem Gemenge aus 1 Eßlöffel gerührtem Butter, 2 Eiern, gehackter Petersilie und Zitronenschale, Salz und Pfeffer, Muskat und Suppenwürze, den durchgedrehten Mägen, Herzen und Lebern der Entchen und 2 bis 3 Eßlöffeln geriebenen Mandeln. Die hierauf zugenähten, dressierten Enten werden nun auch außen gesalzen und schön goldbraun gebraten, je nach Größe 50 bis 60 Minuten. Man legt sie mit in Butter geschwenkten, sorgfältig geschälten und entkernten Orangenscheiben garniert, auf eine große Platte und umgibt sie mit einem Häufchen goldbraun geschmorter Zwiebelringe, mit gekochten und in Butter geschwenkten Karottenstiften, mit in Zucker und Butter geschmorten Weißen Rüben sowie Rosenkohl, der gekocht und gleichfalls in Butter geschwenkt wurde. Die Soße wird mit französischem Rotwein, einer Spur Paprika und Tomatenmark, ein wenig Zucker und Suppenwürze sehr pikant, ja sogar etwas scharf abgeschmeckt und gesondert serviert.

Wildente mit Rübenkraut und Speck

Eine schöne Wildente wird (möglichst frisch) sauber geputzt und innen mit Salz und Pfeffer, außen nur mit Salz eingerieben. Man bereitet dann aus 2 Semmeln, 1 bis 2 Eiern, dem durchgetriebenen Magen sowie Herz und Leber, Petersilie, Rosmarin, Zitronenschale, einem Stück geriebenem Sellerie, in Fett geschmorter Zwiebel, Salz, Pfeffer und Ingwer eine sehr würzige Fülle, die man in die Ente gibt. Sie wird zugesteckt; dann brät man sie mit reichlich Fett und Zwiebel bei guter Hitze rasch gold-

braun und setzt sie auf Rübenkraut, das man auch fertig kaufen kann. Es braucht nur weich geschmort und mit etwas Butter, Zucker und Salz abgeschmeckt zu werden. Außenherum legt man braungebratenen Speck, der zu Röllchen geformt wurde. Man garniert reich mit Orangenscheiben und Petersilie. Die Soße, mit Rotwein, einer Spur Zucker, Zitronensaft und Suppenwürze nachgeschmeckt, serviert man gesondert.

Wildente mit Pilzen

Eine Wildente wird vorbereitet, innen mit Salz und Pfeffer, außen mit Salz und einigen zerdrückten Wacholderbeeren eingerieben und dann in eine dünne, große Speckscheibe gewickelt. Je nach Alter muß sie 1/2 bis 1 Stunde braten. An die Soße gibt man etwas Weißwein, dicken sauren Rahm und reichlich grobgehackte Steinpilze. Die mit viel Petersilie, einem Spritzer Essig und Salz herzhaft nachgeschmeckte Soße wird nach Belieben mit ganz wenig Mondamin gebunden. Als Beilagen eignen sich Bandnudeln oder Knödel aller Art, aber auch Polenta oder ein Kartoffelschmarrn.

Wildenten-Salmi

Nachdem die Enten gebraten, erkaltet und in schöne Stücke zerlegt sind, stellt man sie in Rotweinsoße warm. Inzwischen stößt man (im Mörser) die Knochen der Enten mit den gedämpften Lebern und kocht sie mit Fleischbrühe und Rotwein kurz auf. Dann rührt man mit etwas Salz und Worcester-Soße das Ganze durch ein Haarsieb. Die Entenstücke werden auf einer Platte angerichtet; die heiße, dicke Soße wird darüber gegossen und der Rand mit gerösteten Brotschnitten verziert. Eine ausgezeichnete Platte für ein Jagdessen, besonders aber eine feine Schüssel für den Knödelbogen.

SANKT BARTHELMÄ

24. August

Sankt Barthelmä,
Brotzeit ade!

Jetzt wird der Tag schon wieder kürzer; die Sonne steht nicht mehr so lang am Himmel, die zum Frühaufstehen zwingende Erntezeit ist vorbei. Das bedeutete einst eine Brotzeit weniger, ein bemerkenswerter Einschnitt im ländlichen Jahreslauf: War doch das Essen so wichtig wie die Arbeit!

Sankt Bartholomä, der Patron der Fischer, Metzger, Gerber und Handschuhmacher, zeigt dem Beschauer ein Stück Haut und ein Messer. Die gedankliche Verbindung seines Martyriums – er wurde geschunden – und seiner Attribute wie auch die zu seinen Verehrern ist so vielschichtig wie originell: Messer und Haut lassen ebenso auf seine Todesart schließen wie auf die ihm als Schutzpatron zugeteilten Gewerbezweige.

Früher gab es noch mehr Namensformen von Bartholomäus als heute, etwa Bartl, Barscht oder Berchtl. Auch der Bartlmarkt in Oberstimm bei Ingolstadt als Roß- und Viehmarkt hat seine einstige Bedeutung verloren.

Einige Kirchen, vor allem Fischerkirchen, sind nach unserem Heiligen benannt: So auch das höchst romantisch gelegene Sankt Bartholomä am Königssee. Alljährlich am 24. August kommen viele Pilger, oft von weither, auch aus dem Österreichischen und über das Gebirge, wo sie etwa über den Sattel des ›Steinernen Meers‹ am Funtensee, vorbei am Kärlingerhaus, und dann – unter vielen Seufzern und mit Blasen an den Füßen – die steile ›Saugasse‹ hinunter ziehen, die ihren bildhaften Namen zurecht führt. Am Ende dieser Pilgerfahrt liegt schließlich das Kleinod zu Füßen der jäh abfallenden Watzmann-Ostwand vor den Betern. Dann ist Gottesdienst in der kleinen Kirche, hinterher fröhlicher Umtrunk im alten Wirtshaus gleich daneben, dem einstigen Jagdschlößchen der Fürstpröpste von Berchtesgaden. Das Kirchlein, schon 1134 als ›Basilica chunigesee‹ geweiht, ist mit seiner kuppelreichen Silhouette eine weltberühmt gewordene barocke Schöpfung.

Mit den Fischern eng verbunden ist Sankt Bartholomä durch seine köstlichen Saiblinge, eine rosafarbene, besonders zarte und würzige Art von Forellen. Man nennt sie auch ›Schwarzreiter‹, und als solche traten sie oft auf der Tafel der Pröpste von Berchtesgaden und später auf der königlichen Hoftafel in Erscheinung. War doch der Königssee ein persönlicher Besitz der Wittelsbacher.

Saibling in Nuß-Soße

Blaugekochte Saiblinge werden auf eine heiße Platte gelegt. Man übergießt sie mit einer Soße aus je 2 bis 3 Eßlöffeln gerösteter, geriebener Haselnüsse und Meerrettich, 2 feingehackten Eidottern, Zitronensaft, Salz, Pfeffer und einem Schuß Weinbrand. Zuletzt garniert man sie mit Radieschen, Petersilie und Zitronenspalten.

Gebackene Saiblingsfilets

Geputzte Saiblinge werden von Kopf, Schwanz und Flossen befreit und zu je 2 Filets von der Hauptgräte abgeschnitten. Diese werden gesalzen, mit Streuwürze, Salz und ein wenig Pfeffer gewürzt, leicht gemehlt und in genügend Butter gebacken. Man gibt eine Remoulade oder Kräuterbutter, Salzkartoffel und italienischen Spinat dazu. Das ist im Ganzen gekochter Spinat, nur abgetropft und mit etwas Salz und ein wenig Zitronensaft und Zucker gewürzt. Auch Zuckererbschen passen ausgezeichnet.

Der heilige Bartholomäus hatte aber auch noch andere Schutzbefohlene, nämlich die Hirten und die Viehhüter im Bayerischen Wald, die ihm zu Ehren auf dem Dreisesselberg und auf dem Arber alljährlich einen ›Hirtakirta‹ abhielten. Mit böhmischen Melodien, die über die nahe Grenze herübergekommen sind, mit Preisrankeln, ›Laufats‹ und Tanz, Festschmaus, Bier und Freudenfeuer wurde dieser fröhliche Augusttag gefeiert. Heute gibts keine Hirten mehr und die wenigen Alten, die noch leben, könnten nicht mehr auf die Gipfel der Berge steigen. Die Erinnerung ist jedoch geblieben, wie auch das Rezept der ›Moaren Zelten‹, die so gern als Bergproviant und auch sonst als liebgewohnte Zuspeis dienten.

Moare Zelten

So seltsam dieser Name klingt, so einfach ist er zu erklären: ›Moar‹ heißt mürb und ›Zelten‹ sind ein Flachgebäck. Es handelt sich also um ein brotartiges Gebilde aus Mehl und dickem, saurem Rahm, der es mürb macht, Salz und nach Belieben auch etwas Hefe oder Butter. Der dick ausgewalgte Teig wird in gut gefetteter Reine goldgelb gebacken und dann zu Zelten geschnitten. Man ißt sie ebenso zu saurer Milch wie auch als pikanten Soßenschlucker zu Rehbraten, Geflügel oder dergleichen.

Sankt Barthelmä ist in vielfacher Hinsicht Zeitmaß; an seinem Tag sind meist auch schon die ersten Haselnüsse erntereif, was das Verserl schuf:

Z'Bathlmei
san d' Haselnuß frei

Man spürts überall, wie die Früchte heranreifen, und darum sagt ein anderer alter Spruch:

Sankt Jakob bringt Kraft in d' Birn,
Sankt Barthelmä in d' Äpfel

Man erntet jetzt rote, gelbe, grüne, gescheckte, große und kleine, feste und zarte Äpfel, Korb um Korb, für den Tisch, zum Verschenken, für Küche, Keller und Mostfaß. Und der Rest macht noch die Kirchweihsäue fett.

Versoffene Äpfel

Dicke, geschälte Apfelspalten werden in Pfannkuchenteig getaucht, in Schmalz gebacken und in eine Schüssel gegeben. Man gießt gesüßten, erhitzten und mit Zimtrinde, 2 Nelken und Weinbeeren gewürzten Rotwein darüber.

Nußäpfel

Gleichgroße, aromatische Äpfel werden geköpft, vorsichtig ausgehöhlt und mit einem Gemisch aus geriebenen Nüssen, Zucker, 2 Eiern, Rosinen, 1 bis 2 geriebenen Äpfeln, etlichen Böseln, Vanillinzucker, Zimt, Piment und Rum gefüllt und im Rohr gebraten. Dabei übergießt man sie mit etwas Butter oder Himbeersaft und reicht eine mit Rum abgeschmeckte Vanille- oder eine Weinschaumsoße dazu.

Da und dort weiß man überdies noch, daß Bartholmä-Butter besondere Heilkraft hatte. Deshalb formte man ihn zur Erhöhung seiner Bedeutung geschickt zu gefälligen Laiben mit Blumen und Herzen auch aus Butter oder zu Hahn und Henne und verschenkte sie an die ›Freundschaft‹, an Paten und junge Mütter.

ERNTEZEIT
August

Die Ernte war einst mehr als Arbeit, errechenbarer Gewinn, Zeitabschnitt; sie war die Lebensgrundlage für Land und Stadt. Das Erntemahl oder Arntmahl, wie es hieß, war Höhepunkt und Abschluß der Erntezeit und wurde entsprechend gefeiert. Schon tagelang klapperten in Küche und Keller Schüsseln und Teller; die Bäuerin hatte es drinnen so heiß und so wichtig wie die draußen auf dem Feld, die Garbe um Garbe aufgabelten und auf die Wagen luden.

Es waren schöne Bräuche, daß die jüngste Magd als Arntbraut den Erntekranz über der Haustür aufhängte, oder daß in der Dinkelsbühler Gegend der erste Knecht beim Einfahren des letzten Erntewagens einen kleinen, mit Bändern, Tüchern, Brezen und Blumen geschmückten Baum vom obersten Fuder herunterholte und in den Hof warf zum Zeichen dafür, daß eingeerntet war und daß das Feiern, das Arntmahl, nun beginnen konnte. Anderswo wieder wurde noch schnell der Arntgockel geschlachtet.

Die Tische bogen sich, die Platten türmten sich. Je nach Gegend und Gewohnheit gab es Mordstrümmer von Schweins- oder Hammelbraten, gefüllte Kalbsbrust und Voressen, Kraut und Salate, natürlich auch Knödel und Küchel. Soviel, daß jedem noch etliche geblieben sind fürs nächste Früstück. Und hierbei ging es genau nach Rang: die erste und die zweite Dirn, der erste und der zweite Knecht bis herunter zum Roßbuben bekamen jeder die althergebrachte Anzahl zugesteckt. Das volle Bier oder der Most, nicht der leichte Scheps, das Erntebier, wurden reihum in großen Krügen von Hand zu Hand gereicht, denn es galt, tagelangen Durst, viel vergossenen Schweiß aufzuholen.

Nochmals wird über die Ernte gesprochen; die Burschen scherzen, die Mägde sehen die Platten leerer werden und wissen neue Küchenarbeit auf sich zukommen, aber das Hauptstück ist geschafft, nichts hemmt die Lust und den Genuß. Nach der Fülle der Zwetschgenbavesen, wischt man sich den Zuckerrand vom Mund und greift nochmals nach einem Hasenöhrl. Und lobt die Bäuerin, die müde dabeisitzt und lacht, daß alles gut verlaufen ist. Es waren doch nicht zu viele Küchel, auch wenn die Bretter übervoll davon gewesen sind, und die Bratensoß war würzig, der Salat schön resch, die Knödel locker.

Nachstehend nun eine Auswahl der gebräuchlichsten schmalzgebackenen Köstlichkeiten aus Altbayern, von überall her.

Auszogne Küchel

500 g Mehl, 20 g aufgelöste Hefe, 80 g weicher Butter, 1 bis 2 Eier, 1 Eßlöffel Zucker, etwas Salz und ein wenig Milch verschlägt man zu einem sehr zarten Hefeteig, der zu kleinen Nudeln ausgestochen wird. Sie müssen unter einem Tuch liegend in der Wärme gehen. Inzwischen erhitzt man das Fett. Dann zieht man die kleinen Nudeln drehend so aus, daß in der Mitte ein dünnes Häutchen bleibt und außenherum sich ein verdickter Rand bildet. Man setzt sie vorsichtig in heißes Fett und läßt sie auf beiden Seiten bräunen. Das dünne Innenhäuterl wölbt sich dabei hoch und bleibt schön weiß, wenn man beim Wenden darauf achtet, daß kein Fett in die Grube kommt. Die noch heißen Nudeln werden abgetropft und mit reichlich Zucker überstreut. Ganz frisch und noch etwas warm schmecken sie am besten.

Wie hoch bewertet so eine frische, schmalzgebackene Nudel war und auch heute noch ist, geht aus der altbayerischen Sprachwendung hervor, wenn ein noch so verlockendes Angebot abgewehrt wird: »Ja, net um a warme Nudl!«

Drahte Nudeln (Gedrehte Nudeln)

Aus 20 g Hefe macht man mit etwas lauwarmer Milch und ganz wenig Zucker ein Dampferl, gibt es nach dem Gehen an 500 g erwärmtes Mehl und fügt 1 Ei, 25 g weichen Butter, 100 g Zucker, Salz und noch ein wenig Milch hinzu. Der halbfeste Teig wird geschlagen, bis er Blasen wirft und sich von der Schüssel löst. Daraus formt man kleine Nudeln und läßt sie auf einem bemehlten Brett zugedeckt gehen. In diese Nudeln steckt man in die Mitte den Zeigefinger, schleudert sie um den Finger etwas herum, damit ein Ring entsteht und dreht sie dann noch um sich selber, so daß sie als Achter daliegen. Dann ins heiße Fett, goldbraun gebakken und zuletzt noch mit Zucker überstreut.

Bayerische Springnudeln

Den gleichen Teig wie zu den vorher erwähnten ›Drahten Nudeln‹ würzt man noch mit etwas geriebener Zitronenschale und gibt eine Handvoll Rosinen darunter.

Daraus sticht man mit einem Löffel Nudeln, die mit bemehlter Hand rund gedreht werden und auf einem gemehlten Brett zugedeckt schön gehen müssen, bis sie fast doppelt so groß sind. Die Nudeln werden nun kreuzweise tief eingeschnitten und sofort ins heiße Fett gegeben, wo die vier Zipfel recht schön aufspringen. Zum Schluß gibt man Zucker oder Zimt-Zucker darüber oder setzt in die Mitte etwas Marmelade.

Strauben

An 1/4 l Milch gibt man 75 g Butter und eine Prise Salz. Wenn die Milch kocht, rührt man auf einmal 175 g Mehl dazu und rührt die Masse so lange, bis sie sich als Klumpen um den Kochlöffel legt und vom Topf löst. Man läßt sie etwas auskühlen und gibt nacheinander 3 Eier daran; jedes einzelne muß schön untergerührt werden. Dann formt man mit der Straubenspritze große Ringerl und große S auf bemehltes Papier und läßt sie von da aus vorsichtig in das heiße Fett gleiten und allseits goldbraun backen. Die Strauben schmecken ganz frisch am besten.

Hahnenkämme

300 g Mehl, 30 g Fett, 75 g Zucker, 2 große Eier, 1 Packerl Vanillinzucker, viel geriebene Zitronenschale und 1 gestrichenen Kaffeelöffel Backpulver vermengt man mit ein wenig Salz und walzt den Teig dicklich aus. Man sticht große, runde Plätzchen davon aus, halbiert sie und schneidet den Rand je dreimal ziemlich tief ein. Dann bäckt man die hahnenkammähnlichen Stücke in heißem Fett goldgelb und streut zuletzt Zucker darüber. Man kann auch dünne Plätzchen füllen und sie zusammenklappen.

Schlitzaugen

60 g Butter, 1 bis 2 Eier, 50 g Zucker, 1 Packerl Vanillinzucker, etwas Salz und Zimt rührt man gut durch und gibt 400 g Mehl und 2 gehäufte Kaffeelöffel Backpulver dazu. Der zarte Teig wird mit ganz wenig saurem Rahm geschmeidig gemacht, dann dicklich ausgewalgt und zu Stückerln ausgeradelt, die etwa zweifingerbreit und -lang sind. In die Mitte macht man mit dem Rädchen einen kleinen Schlitz hinein und bäckt dann diese Schlitzaugen goldgelb. Zuletzt streut man Zucker darüber.

Inntaler Kröpf

Zuerst bereitet man einen Brandteig, wie bei Strauben (siehe oben) beschrieben, hält ihn aber mit etwas Milch so dünn, daß er dick fließt. Dann nimmt man einen mittel-

großen Kochlöffel, taucht ihn in den Teig ein und bäckt den Teig am Löffel in heißem Schmalz goldbraun. Daraufhin wird der Kochlöffel wieder in Teig getaucht und abermals in heißes Schmalz; so fährt man fort, bis der ›Kropf‹ die gewünschte Größe hat. Man kann auch mehrere kleine Kröpfe daraus backen. Zuletzt wird der Kochlöffel herausgezogen und das Loch mit dicklich eingekochten, entkernten Weichseln oder Weinbeeren oder mit Marmelade gefüllt. Man legt die gebackenen Kröpfe auf eine Schüssel und streut Zucker darüber oder kocht sie in gesüßtem Rotwein einmal auf, damit sie recht schön saftig werden. Das ist eine ebenso originelle wie feine Mehlspeise.

Topfenküchel

An 300 g Topfen gibt man 4 Eidotter und 2 ganze Eier, 15 g in wenig Milch aufgelöste Hefe, etwas Salz und so viel Mehl, daß ein Teig entsteht, wie etwa ein Nudelteig. Man deckt ihn zu, läßt ihn gut aufgehen und formt dann Küchel daraus. Sie werden in heißem Fett gebacken und mit Vanillinzucker oder Zimt-Zucker bestreut.

Storchennester

100 g Butter, 75 g Zucker und 4 Eidotter rührt man recht schaumig. Daran gibt man die Schale von 1/2 Zitrone, 1 Messerspitze Kardamom, 2 Eßlöffel Rum, 2 Eßlöffel süßen Rahm, 1 Messerspitze Hirschhornsalz und knapp 500 g Mehl. Der zarte Teig wird 1/2 Stunde kühlgestellt und dann zu einer Rolle geformt, von der man gleichgroße Stückerl abschneidet. Diese werden handtellergroß ausgewalgt. Man macht mit einem Backrädchen dicht nebeneinander liegend 8 Schnitte hinein, die aber nicht über den Rand hinausgehen dürfen. Dann nimmt man den Kochlöffelstiel, nimmt das erste, dritte und fünfte Band auf und läßt das Storchennest so vom Kochlöffel aus in das heiße Schmalz gleiten. Man bäckt die Nester, die recht schön aufgehen, doppelseitig goldbraun, tropft sie ab und zuckert sie. Sie schmecken ganz frisch am besten.

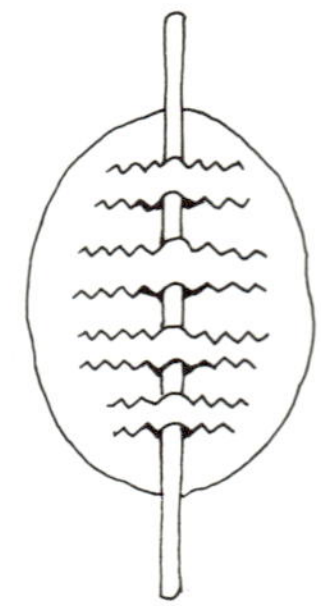

Gefüllte Polsterzipfel

125 g Butter, 60 g Zucker, 2 Eier, etwas Salz, geriebene Zitronenschale und eine gute Prise Muskat rührt man gut durch und gibt 300 g Mehl, 1 Kaffeelöffel Backpulver, Salz und 2 Eßlöffel Rahm dazu. Der Teig wird ausgewalgt und zu kleinen Vierecken ausgeradelt. In die Mitte gibt man einen Kaffeelöffel voll Marmelade oder Preiselbeeren oder gehackte Nüsse mit Honig gebunden und bestreicht die Ränder mit Eiweiß. Die Vierecke werden übereck zusammengeschlagen und die Ränder fest angedrückt. Dann bäckt man sie in heißem Fett goldgelb und streut Zucker darüber.

Bachene Knöpf

An 350 g Mehl gibt man 15 g aufgelöste Hefe, 2 Eidotter, 60 g weichen Butter, 75 g Zucker, etwas Salz, ein wenig geriebene Zitronenschale, ein Packerl Vanillinzucker und so viel Milch, daß ein halbstrenger Teig entsteht. Er wird sehr gut geschlagen, dann mit 2 bis 3 Eßlöffeln in Rum eingeweichten Weinbeeren vermengt und zum Gehen warm gestellt. Aus dem ausgewalgten Teig schneidet man fingerdicke, etwa 15 cm lange Streifen und macht einen einfachen Knopf daraus. Diese Knöpfe stellt man zugedeckt warm und bäckt sie dann in heißem Fett goldbraun.

SEPTEMBER hat XXX. Täg.

IX. Monat.	Der Heiligen Fest-Täg im Herbstm.	☽ Lau	☀en Aufg.	☀en Nider.	Erwählung der Aspecten, und vermuthliche Witterung.
Freyta.	1 f Egidius Abbt,	♋	5.22.	6.38.	□ ♄, trocken Wetter.
Samb.	2 g Nonnosus Bei.	♌	5.23.	6.37.	⚹ ♄ ♀ / ☾ vac. Nunmehr
⊙ 36.	Von der Wittib zu Naim / Luc. 7.				Tagl. 13. Stund / 10. min.
Sonta.	3 A 15. Schutzenglf.	♌	5.25.	6.35.	⚹ ♄, ☋, ♃ Stat. Regen.
Monta.	4 b Moyses Proph.	♍	5.26.	6.34.	● 10. Uhr, 5. min. Nachm.
Erchta.	5 c Victorinus M.	♍	5.28.	6.32.	◒ ☾ vac. (♃ dir. fahrt fort
Mitwo.	6 d Magnus Abbt,	♎	5.30.	6.30.	✠ ◒ □ ♃, ⚹ ♂ mit Regē.
Doner.	7 e Regina Jgf. M.	♎	5.32.	6.28.	✠ ◒ ☾ vac. ♀ in ♍; Nun
Freyta.	8 f Mariä Geburt,	♏	5.34.	6.26.	✠ ◒ ⚹ ♃, ⚹ ♀, haitert
Samb.	9 g Gorgonius M.	♏	5.36.	6.24.	✠ ◒ ⚹ ☉, der Himmel
⊙ 37.	Von dem Wassersüchtigen / Luc. 14.				Tagl. 12. Stund / 46. min.
Sonta.	10 A 16. Mar. Nam	♏	5.37.	6.23.	✠ ◒ □ ♀, ☿ dir. auf.
Monta.	11 b Prothus Mar.	♐	5.39.	6.21.	☽ 8. Uhr, 46. m. N. perig.
Erchta.	12 c Tobias Patri.	♐	5.41.	6.19.	◒ ⚹ ♄ / △ ☿, feucht.
Mitwo.	13 d Maternus Bi.	♑	5.42.	6.18.	✠ ◒ △ ♃ ♀, ☌ ♃, Es
Doner.	14 e Heil. ✝ Erhöhu.	♑	5.44.	6.16.	△ ☉, □ ♄ / kommen
Freyta.	15 f Nicodemus,	♒	5.46.	6.14.	✠ ◒ ⚹ ♂, feine Herbst-
Samb.	16 g Cornelius Pa.	♒	5.47.	6.13.	✠ ◒ △ ♄, ☊, Täge.
⊙ 38.	Von dem fürnehmsten Gebott / Math. 22.				Tagl. 12. Stund / 22. min.
Sonta.	17 A 17. Lambertus	♓	5.49.	6.11.	✠ ◒ ☍ ☿, ⚹ ♃, Es will
Monta.	18 b Thom v. Villa.	♓	5.51.	6. 9.	○ 8. Uhr, 44. min. Nachm.
Erchta.	19 c Januarius Bi.	♈	5.52.	6. 8.	✠ ◒ △ ♃ ☿, □ ♂ ♀, re-
Mitwo.	20 d F. Quatember,	♈	5.54.	6. 6.	✠ ◒ △ ♂, gnen, darauf
Doner.	21 e Matthäus Ev.	♈	5.56.	6. 4.	☍ ♄, schön und haitere
Freyta.	22 f F. Mauritius,	♉	5.58.	6. 2.	✠ ◒ △ ♃, △ ☿, Täg.
Samb.	23 g F. Linus Pabst,	♉	6. 0.	6. 0.	△ ♀, ☀ in ♎, Herbsts
⊙ 39.	Von dem Gichtbrüchigen / Matth. 9.				Tagl. 11. Stund / 58. min.
Sonta.	24 A 18. Gerhard.	♊	6. 1.	5.59.	△ ☉, Anf. Tag u. Na. glei.
Monta.	25 b Cleophas Jün.	♊	6. 2.	5.58.	☍ ♂, ☾ apog. gewölckig.
Erchta.	26 c Justina J. M.	♊	6. 4.	5.56.	☾ 6. Uhr, 52. min. Nachm.
Mitwo.	27 d Cosmas, Dam.	♋	6. 6.	5.54.	✠ ◒ ☍ ♃, (□ ♂ ☿,
Doner.	28 e Wenceslaus,	♋	6. 8.	5.52.	✠ ◒ □ ♄, ⚹ ♀, Wind
Freyta.	29 f Michael E. E.	♌	6. 9.	5.51.	⚹ ☉, und sanffte Regen.
Samb.	30 g Hieronymus,	♌	6.11.	5.49.	◒ △ ♂, veränderlich.

Die Monds-Brüche in disem Monat.

Den 4. diß das Neue Liecht um 10. Uhr 5. min. Abends / bringet eingehends feuchtes / alsdann trocken Wetter mit.

Den 11. dito das erste Viertl um 8. Uhr 46. min. Abends, weiset anfangs auf nasses hernach schönes Wetter.

Den 18. dito das volle Liecht um 8. Uhr 44. min. Abends / geht wieder mit Regen ein / und zieht feine Zeit nach sich.

Den 26. dito das letzte Viertl um 6. Uhr 52. min. Abends / gibt gedeyhliches Saat-Wetter.

Gut Aderlassen / den 6. 7. 8. 9. 10. 13. 15. 16. 17. 19. 20. 22. 27. 28.

Kranckheiten. □♂☿/ Rauhe des Halß / Stinckender Athem / Cholica. □♂☿/ Tobende Sucht und Hirn-Schmertzen / Bräune der Zungen / Schäbigkeit / Händ-Zittern.

Herbstmond September

In Feld und Garten viel Früchte warten

MARIÄ GEBURT
8. September

Mariä Geburt
flieg'n d'Schwalben furt

Jetzt reisen sie also wieder ab in den Süden, die Schwalben, und um Telefondrähte und Kirchtürme wird es stiller. In meiner Kindheit war sogar zu ihrer Abreisezeit die Turmglocke still; vielleicht auch aus Trauer, weil der Sommer nun zu fliehen begann. In Wirklichkeit aber war es so, daß die allzuvielen sich sammelnden Schwalben den riesigen, altertümlichen Uhrzeiger so stark belasteten, daß er, wenn es auf Viertel ging, ein Stück nach unten fiel und die Schwalben dann kreischend aufflogen. Um Dreiviertel einer jeden Stunde blieb er dann eine Weile stehen, um verspätet erst einen großen Ruck zu tun. Dann erst schlug die Glocke wieder.
Auch wir Kinder wollten mit beiden Händen den Sommer am Zipfel halten, daß er noch bleibe. Uns tröstete dann nur, daß es jetzt die Drachen gab, die hoch im Wind fliegen konnten, und Zwetschgen und helle Birnen, rote Äpfel und die ersten Haselnüsse. Und Mutter hat Köstliches daraus zu kochen gewußt.

Augsburger Zwetschgendatschi

Einen einfachen Hefeteig walgt man dünn aus und zieht ihn noch flach aufs gefettete Blech. Die Augsburger hatten dazu große, flachrandige Rundbleche aus Kupfer, aber ein längliches von heute tuts auch. Auf den gegangenen Teig streut man eine dünne Lage Semmelbrösel, legt dicht halbierte, eingeschnittene Zwetschgen darauf und gibt Zucker und Zimt darüber. Der gebackene Datschi wird noch stark nachgezuckert, in große, gleichmäßige Stücke geschnitten und möglichst frisch angeboten.

Zwetschgenknödel

Kalte, gekochte Kartoffeln werden durchgedreht; man kann auch einen Teil rohgeriebene daruntergeben. Mit noch etwas Mehl und einem Ei sowie Salz verknetet man eine glatte Masse und formt daraus kleine Knödel. Man füllt sie mit aufgeschlitzten Zwetschgen, deren Kern man durch ein halbes Stück Würfelzucker ersetzt, schließt die Knödel wieder vorsichtig und kocht sie einige Minuten in Salzwasser, bis sie schwimmen und tanzen. Dann tropft man sie ab und trägt sie mit reichlich Butterbröseln übergossen und mit Zimt-Zucker auf.

Niederbayrischer Zwetschgenkuchen

An einen Mürbteig gibt man etwas Zimt und 2 bis 3 große, geriebene, kalte Kartoffeln vom Tag vorher. Der Teig wird dünn ausgewalgt und mit Zwetschgen belegt. Man zuckert sie, bäckt den Kuchen und streut dann Zimt darauf. Der Kartoffelteig schmeckt nur gut, wenn er ganz frisch ist, aber so gut, daß dann nichts übrigbleibt.

Aprikosenknödel

werden auf dieselbe Weise zubereitet.

Schusterbuben

Frische Zwetschgen werden seitlich aufgeschnitten; man nimmt den Kern heraus und legt an seine Stelle ein Stückchen Würfelzucker hinein. Für etwa 60 Zwetschgen macht man aus 125 g Mehl, 1/2 Flasche Bier, 2 Eßlöffeln Zucker, 3 steifen Eiweiß und etwas Salz einen halbdicken Teig, in den man die Zwetschgen eintaucht und dann sofort in heißes Fett gibt. Darin werden sie goldbraun gebacken, abgetropft und mit Zimt-Zucker überstreut. Nach Belieben kann man auch eine Vanillesoße dazugeben.

Hollermus

Je 1 kg reifer, abgezupfter Holler und reife, halbierte Zwetschgen sowie 1/2 kg geschälte Birnenschnitze, nach Belieben auch noch etliche Apfelschnitze, werden mit etwas Essigwasser weichgekocht. Man gibt je Liter Kompott 100 bis 150 g Zucker und ein Stück Zimtrinde dazu. Das Kompott wird entweder kühlgestellt und in den nächsten Tagen verbraucht oder sterilisiert. Bei Gebrauch dickt man es mit etwas Mehl oder Stärkemehl oder mit einem Vanille- oder Mandelpudding ein; in manchen Gegenden nimmt man dazu auch ein wenig Grieß oder eine mitgekochte Semmel.

Hollergelee

Abgezupfter, gewaschener Holler wird, mit Wasser bedeckt, gar gekocht. Man siebt die Masse ab und mischt den gewonnenen Saft mit etwa der Hälfte Johannisbeersaft, damit er pikanter schmeckt. Dann wird er gewogen, mit der gleichen Menge Zucker versehen und mit einem Geliermittel oder Gelierzucker nach Vorschrift eingekocht. Man füllt das Gelee in Gläser und bindet sie mit Einmach-Cellophan zu, damit es auch im tiefsten Winter noch seinen pikanten Duft verströmen kann.

Walnuß-Bombe

140 g Butter, 3 Eidotter, 140 g Zucker und 1 Packerl Vanillinzucker rührt man schaumig und gibt 1 Eßlöffel Rum und ebensoviel Zitronensaft, 200 g feingeriebene Walnüsse, 150 g Mehl, 1/2 Packerl Backpulver und 50 g Stärkemehl dazu. Zuletzt zieht man den sehr steifen Eischnee vorsichtig darunter und füllt den dicklichen Teig in eine gut gefettete Bombenform oder in eine glattrunde, feuerfeste Glasform. Die Bombe wird 50 Minuten gebacken und nach dem Erkalten gestürzt. Man überzieht sie mit einem rosafarbenen Guß, der mit Rum angemacht wurde und steckt große, halbierte Walnüsse hinein. Auch ein Schokoladeguß mit geschälten Mandeln ist wirkungsvoll.

Nuß-Triangel

250 g Mehl, 2 gehäufte Kaffeelöffel Backpulver, 125 g Butter, 125 g Zucker, 1 Ei, eine Spur Salz, Zimt und Zitronensaft werden zu einem mürben Teig verknetet. Man gibt 100 g feingemahlene Walnüsse und etwas Mandelöl darunter und wellt den Teig aus. Er wird zu Dreiecken ausgestochen und hell gebacken. Je zwei Kekse klebt man dann mit Marmelade zusammen, überzieht sie mit einer Glasur aus Puderzucker und Zitronensaft und steckt je eine halbe Walnuß in die Mitte.

Birnen mit Nußfülle

1 Eßlöffel Honig, 1 Eßlöffel Johannisbeer-Gelee, 3 Eßlöffel geriebene Nüsse, 1 bis 2 Eßlöffel verbröselte Makronen oder Butterkekse und 1 Packerl Vanillinzucker vermengt man und füllt die mit etwas Rahm oder weichem Butter geschmeidig gemachte Masse in halbierte, ausgehöhlte Birnen. Wenn es sich dabei um eine härtere Sorte handelt, schmort man sie zweckmäßig in gesüßtem Weißwein kurz durch. Zuletzt garniert man sie mit Schlagrahm und Weinbrand- oder kandierten Kirschen.

Die Hirgstmilli oder Hirgst-Suppen (Herbstsuppe)

Im ehemals so armen Bayrischen Wald hatten die meisten Leute große Sorge um die winterliche Verpflegung. Deshalb fingen sie im Herbst an, ihre Milch zu sammeln (eine Kuh hatte jeder Holzhauer oder Glasarbeiter) und schütteten sie in einen großen Bottich, manchmal sogar in Steinbottiche, wie es sie im granitreichen Bayrischen Wald viel gab. Die Milch wurde dann sauer und dick. Gelegentlich nahm man die oberste Gärschicht ab und ersetzte sie durch frische Milch, die wieder untergerührt wurde. Kluge Hausfrauen hatten dabei herausgefunden, daß die Zugabe von etlichen Weinbeeren die Gärung sehr förderte und auch den Geschmack wesentlich verbesserte. Täglich haben sie dann einen guten Schöpflöffel voll von dieser dicken Milch genommen und mit 1 bis 2 Eßlöffeln Mehl verrührt. Diesen Brei ließ man in kochendem Wasser kurz sprudeln. Nach der Zugabe von etwas Salz war die ›Kas- oder Schodsuppen‹, auch ›Hirgstmilli‹ fertig. Man hat sie heiß oder kalt oder auch aufgewärmt mit Kartoffeln oder Brot morgens und abends gegessen. Eine besondere Delikatesse war sie nicht, aber es gibt noch heute genug alte Leute im Wald, die ihr nachtrauern.

Jetzt begann bei den Bergbauern auch schon das ›Hoamfahrn‹ oder der ›Viehscheid‹, der Almabtrieb. Wenn alles gut ging, kehrten die Rinder bunt geschmückt mit schweren Kronen voller Bänder und Flitterzeug, Papierrosen und Spiegeln heim. Am Königssee geschah dies auf flachen Kähnen, begleitet von festlich gewandeten Sennen und Sennerinnen. Im Tal erwartete sie dann ein Volksfest.
Wenn die Almleut und das Vieh glücklich daheim waren, rüstete man zu Hause zum großen Empfangsmahl mit Braten und Knödeln, aber vor allem mit Schmalznudeln und Apfelkücheln mit Zwetschgendauch.
Schon bevor die letzte Feldarbeit geschehen war, hatten sich die Bäuerinnen für die einzelnen Arbeitstage extrige ›Nu'ln‹ ausgedacht, die ›Umbaunudeln‹, die weizenen ›Einheugnudeln‹, die roggenen ›Abschnittnudeln‹, die ›Abdreschnudeln‹, die ›Dampf- und Stichnudeln‹, die ›G'stutzten und G'schutzten‹, die ›Fingernudeln oder Bauchstecherl‹, die ›Topfen-, Rohr- oder Milchnudeln‹, die ›G'schnittenen und die Drahten‹ sowie die ›Schuchsen‹. Überall duftete es in dieser Zeit nach Küche, Essen und Behagen.
In Coburg machten sich jetzt die Gärtner-Bauern auf zur Zwiebelkirmes und die Bamberger und Baiersdorfer Krenweiberl richteten um dieselbe Zeit ihre Zwerchsäcke und die Kirmen her zum kommenden Verkauf über Land, durch ganz Bayern, denn die Hausfrauen, Köchinnen und Wirte warteten schon darauf, sich wie gewohnt mit Kren und Gewürzen einzudecken. In ihrer bunten Tracht waren diese Frauen ja auch eine ausgesprochene Herbstattraktion; sie sind es heute noch im Münchener Stadtbild.

MATHIS

21. September

Mathis
macht die Birnen süß

Der Tag des heiligen Matthäus war einst Herbstbeginn, nicht wie heute erst der 23. September.

Wie nett vom heiligen Mathis, sich um die Birnen zu kümmern, denn jetzt brauchen sie die letzte Geschmacksrundung, den letzten Schliff. Vom hohen Baum, vom schmalen Spalier, grün oder schon gelb, rotbackig oder braunfleckig wandern sie in die gepolsterten Körbe und von da sorgsam ins Stroh oder auf die Regale im Keller. Birnen, so saftig, daß man sie eigentlich in der Badewanne essen muß, wie mein genüßlicher Großonkel immer sagte.

Die gute Luise, die Pastorenbirnen, die Zuckerbirnen und die Flaschenhälse, jede Sorte eigens gelegt, zu spezieller Gelegenheit serviert, zur richtigen Speise verwendet, das war eine eigene Wissenschaft. Nicht so, wie heutzutage in der Stadt, einfach so ein Pfund irgendwo gekauft und aus der Tüte vernascht. Und was gab es für herrliche Birnen-Desserts:

Rotes Birnkompott

Aromatische Birnen werden geschält und geviertelt. Man kocht sie mit Zucker und Johannisbeersaft oder mit 2–3 Löffeln Preiselbeeren, 1 Stange Vanille und etwas Orangenschale weich und gibt zuletzt etwas Portwein daran.

Kaminkehrerbirnen

Geschälte, halbierte Birnen werden in ganz wenig, sehr starkem Zuckerwasser mit Ingwer mehr geschmort als gekocht, dann abgetropft und auf eine Platte geschichtet. Man übergießt sie mit einer heißen, sehr süßen und starken Schokolade-Soße, die mit etwas Butter, 1 Eidotter, Rum und 1–2 Kaffeelöffeln Pulverkaffee herzhaft abgeschmeckt wurde. Obenauf streut man kandierten, gehackten Ingwer.

MICHAELI
29. September

Unter den zahlreichen Heiligen gab es einige besonders bedeutsame Herren und mächtige Fürbitter. Dazu gehört auch Sankt Michael, der das Jahr so gewichtig teilt. Sankt Michael, den großen Reitern Martin und Georg in Gestalt und Gewalt nahe, war auch ein viel gefeierter Ernteheiliger, dem zu huldigen schon deshalb leicht fiel, weil an seinem Tag die Speisekammern voll waren. Dieser Tag, einst auch Zins- und Termintag, Dienstbotenwechsel wie Lichtmeß, Erntetag und Winzerfest in einem, hat viele kulinarische Tönungen angenommen: man verspeiste mit Behagen die Michaeli-Gans, den Michaeli-Hasen oder ein frühes Michaels-Entlein, ebenso auch Giggerln und junge, fette Hammel von der noch üppigen Weide. Man trank dazu Michaeliwein, von dem es hieß:

Sankt Michaels Wein ist Herrenwein,
Sankt Gallus' Wein ist Bauernwein!

Das bedeutet, daß der erste Wein zu Michaeli etwas ganz Besonderes war, während die spätere Oktoberfülle auch noch für die Bauern etwas übrigließ.

Heute ist Michaeli aus dem Bewußtsein nahezu geschwunden, nur noch das um eine Stunde vorverlegte Aveläuten mahnt, daß Michael die Lampen anzündet, weil sich das Jahr schon merklich neigt. Als es noch kein elektrisches Licht gab, verabschiedete man es zumeist mit einem feierlichen ›Lichtbraten‹ in Stadt und Land, beim Handwerker wie beim Bauern. Der Meister versammelte seine Gesellen, der Bauer seine Ehhalten, der Hausherr sein Gesinde. So wurde Sankt Michael ein weiteres kulinarisches Patronat zugedacht: der Lichtlbraten.

Mit alljährlich wiederkehrender Freude wurde ein kleines, häusliches Fest daraus gemacht. Man nahm die Tatsache, daß es nun morgens beim Arbeitsbeginn und abends beim Ende des täglichen Werkens bereits dunkel war und die Lampen angezündet werden mußten, zum Anlaß eines speziellen Schmauses. Nach andächtigem Gebet ging es an den gefüllten Braten oder den Hammelschlegel, die Michaeli-Gans, die Lichtl-Ente oder einfach sonst einen ergiebigen Lichtbraten

mit genügend bemessenem Umtrunk. Jeder durfte dreinhauen, was der Bauch vertrug. Zuletzt wurde noch der Michaeli-Weck verteilt, ein einfaches Weißbrot, das aber der meist nur roggenmehlgewohnten Zunge bereits als Kuchen galt.
In Simbach am Inn wurde der Lichtlbraten meist an einem Montag vor Michaeli gefeiert, denn da machte man dann blau und erst am nächsten Tag, beim ersten Werkstattlicht, ging die Arbeit wieder an, denn:

Der Michel zent's Liacht an
daß s'Dirndl spinna kann

Auch für den Wiederbeginn der Spinnarbeit wurden, wie für alles übrige Tun und Genießen, feste Termine eingehalten.

Als Lichtlbraten: Gespickte Rindslende

Ein schönes Lendenstück wird über Nacht in eine kleine Schüssel gegeben und mit einer Mischung aus einem Glas Weinbrand und 2 Eßlöffeln Öl mariniert. Am andern Tag tropft man das Fleisch ab und spickt es tief mit langen Räucherspeckstreifen. Der Braten wird gesalzen, gepfeffert und ringsum in heißem Fett scharf angebraten. Man legt ihn dann auf einen Rost, gießt die Soße während des Bratens langsam auf und fügt reichlich kleingeschnittenes Suppengrün hinzu. Nun wird der Braten unter häufigem Wenden und Begießen bei großer Hitze rasch garbraten; er muß dabei innen noch rosa und außen dunkelbraun sein. Die Soße wird mit Rotwein, einer Prise Zucker und Suppenwürze abgeschmeckt. Das mitgebratene Suppengrün kann man entweder kleinschneiden oder mit durch das Sieb drücken

Ente in Rotwein

Eine Ente ist ein komischer Vogel: für eine Person ist sie zuviel, für zwei zu wenig. Also brät man am besten gleich zwei Enten, und zwar schöne, große, die innen gesalzen und gepfeffert, außen nur gesalzen werden. Man gibt eine Fülle aus Dörrzwetschgen, Apfel- und Kartoffelwürfeln, Petersilie, Salz, Zitronenschale und etwas Thymian hinein und steckt sie zu. Die Enten werden dann wie üblich gebraten. An die Soße gibt man zuletzt 1/2 Glas schweren (französischen) Rotwein oder Portwein, Orangensaft, Pfeffer und 2 Eßlöffel sehr fein gemahlene Haselnüsse. Als Beilage eignen sich besonders rohe Kartoffelknödel, die mit 2–3 Eßlöffeln geriebenem Meerrettich abgeschmeckt wurden. Sie werden dadurch besonders pikant.

Lichtlgans

Eine große Mastgans wird innen mit Salz und Pfeffer eingerieben. Dann füllt man sie mit einem faustgroßen Stück Hefeteig, der pikant mit Salz und Pfeffer, Majoran, Petersilie, Kümmel, geriebener Zitronenschale und Zwiebel, Suppenwürze und Speckwürfelchen gewürzt wurde. Man steckt die Gans zu, brät sie goldbraun und legt sie tranchiert auf die aufgeschnittene Fülle. Dazu gibt es dicke, gebratene Apfelscheiben und Rüben- oder Sauerkraut. Auch Rosenkohl mit gekochten Kastanien ist gut dazu.

Michaeli war ein wichtiger Lostag und Wetterprophet; man richtete sich nach dem Wetter zu diesem Zeitpunkt und rechnete dann je nachdem auf einen gnädigen Winter oder ahnte schlechtere Tage voraus. Natürlich hat sich Sankt Michael auch wieder um Saat und Frucht, also ums liebe Essen, gekümmert:

Wenn an Michael die Schlehen blauen,
muß man nach Trauben schauen!

Die Schlehen, die herben, so viel verkannten und heute fast unbekannten Wildfrüchte, werden jetzt reif, aber sie brauchen noch einen festen Frost, damit sie schön weich und mild werden. Dann hatten die guten Hausmütter von einst heimlich Schnaps und Likör davon angesetzt. Heimlich, damit er nicht zu früh weggetrunken wurde, denn er war köstlich, süß, voll, stark und aromatisch.

Schlehenlikör

Die Schlehen müssen schon einen Reif abbekommen haben, bevor man sie pflückt, damit sie schön weich und mürb sind. Man überbrüht 3 Pfund zuerst einmal mit kochendem Wasser, damit sie milder werden im Geschmack, dann füllt man sie mit etwas Zimtrinde, 2 bis 3 Nelkenköpfen und 1 l 96prozentigen Weingeist (aus der Drogerie) in eine weithalsige Flasche. Sie wird gut verkorkt und etwa 3 Wochen lang an die Sonne oder an den warmen Ofen gestellt. Hierauf kocht man 750 g Zucker mit 2 l Wasser gut durch, läßt die Lösung erkalten und gibt sie an den abgesiebten Schlehen-Weingeist. Der Likör wird in Flaschen gefüllt und soll nun möglichst lange lagern; je später man ihn öffnet, desto voller schmeckt er.

Sogar einen Ritterorden vom Heiligen Michael gab es in Bayern; er war 1693 von Joseph Clemens, Erzbischof und Kurfürst von Köln und Bruder des Kurfürsten Max Emanuel, gestiftet worden und war dem heutigen Bayerischen Verdienstorden sehr ähnlich. So wurden in Michaels Namen die Bayern geehrt, um dem Heiligen selbst wieder höchste Ehren zukommen zu lassen. Bei den großen Ordensfesten wurde natürlich in festlichen Mählern geschwelgt.

Am Montag vor oder nach Michaeli wurde, wie schon erwähnt, aus unerfindlichem Grund, einfach, weil sie's eben ›g'freit‹ hat, blau gemacht. Und drei Samstage nach Michaeli, an den Goldenen Samstagen, fanden dann auf dem Land Wallfahrten, also Dank- und zugleich neue Bittumgänge statt, die sogenannten ›Missae aureae‹. Jetzt hatte man ja Zeit, jetzt wollte man feiern und sich selber für die sommerliche Mühe belohnen.

DAS OKTOBERFEST

Das Oktoberfest als kulinarisches Oktoberbrauchtum anzusehen, hieße zwei Irrtümer begehen: Erstens nämlich beginnt das Oktoberfest bereits im September und zum andern ist es, obwohl in der Hauptsache ein Sauf- und Freßfest, durchaus kein Termin für unser Küchenjahr. Denn 16 Tage voll Bierschaum, Steckerlfisch, Zuckerwatte, Herzeln fürs Herzerl, Brathendln und Brezen sind zu aushausig, zu sehr auf die Wiesn beschränkt, zu wenig abhängig von hausfraulichem und gar kochkünstlerischem Tun, als daß sie hier einen Platz beanspruchen könnten. Man geht ja hin, kauft seine Schmankerl und verzehrt sie im Gewühl der Wiesngassen oder im Bienengesumm der blechmusikerschütterten Bierzelte. Zwischen Lachen, Lärmen, Drehen, Stoßen, Schreien, Schießen, Orgeln und Gruseln kann von Gaumenkultur keine Rede sein, selbst wenn Hunderttausende von Hendln verzehrt, unzählbare Krüge geleert werden und Kokosnüsse, Magenbrot, türkischer Honig und gebratene Mandeln, gebratene Ochsen, Würste und Körbe voll Brot den Weg alles Irdischen gehen. Das Oktoberfest ist eine spezifisch Münchner, sicher auch eine altbayerische Gaudi, aber eben nur eine Gaudi und kein für unser bayerisches Küchenjahr bedeutsames Ereignis.

OCTOBER hat XXXI. Tâg.

X. Monat.	Der Heiligen Fest-Tâg im Weinmon.	☽ lau	☼en Aufg.	☼en Nider.	Erwählung der Aspecten, und vermuthliche Witterung.
☉ 40.	Von dem hochzeitlichen Kleid / Math. 22				Tagl. 11. Stund / 32. min.
Sonta.	1 A 19. Rosenkr. Fest	♍	6.14.	5.46.	✳ ♄, ☋, ☿ in ♎, trüb.
Monta.	2 b Vollradus Bei.	♍	6.16.	5.44.	✠ ● □ ☉ ♃, Sonnen-
Erchta.	3 c Candidus Mar.	♍	6.18.	5.42.	□ ♂, ☌ ♀ schein u. Regen.
Mitwo.	4 d Franc. Seraph.	♎	6.20.	5.40.	● 9. Uhr, 41. min. Frühe.
Doner.	5 e Placidus Mart.	♎	6.21.	5.39.	✳ ♂, ☌ ♄ ☾ ☌ ♀ ☿, Regē
Freyta.	6 f Bruno Ord. St.	♏	6.23.	5.37.	✠ ● ✳ ♃, ∴, Nebel,
Samb.	7 g Marcus Pabst,	♏	6.24.	5.36.	✠ ● □ ♃ ☿, schön und
☉ 41.	Von des Königs krancken Sohn / Joh. 10.				Tagl. 11. Stund / 8. min.
Sonta.	8 A 20. Birgitta,	♐	6.26.	5.34.	✠ ● □ ♃ ♀, ✳ ☉, Wind.
Monta.	9 b Dionysius Bis.	♐	6.28.	5.32.	✳ ♄, ☌ ♂, ☾ peri. gewöl-
Erchta.	10 c Gereon Mart.	♑	6.30.	5.30.	✠ ● ☌ ♃, □ ♀, ckig, Re-
Mitwo.	11 d Emilianus M.	♑	6.32.	5.28.	☽ 3. Uhr, 8. min. Fr. gen.
Doner.	12 e Maximilian Bi.	♒	6.34.	5.26.	✠ ● ☾ vacat. ♂ in ♑,
Freyta.	13 f Colomann. M.	♒	6.35.	5.25.	✠ ● ☌ ☉ ☿, △ ☉, Sonn
Samb.	14 g Calistus Pabst	♓	6.37.	5.23.	✠ ● △ ♄, und Regen.
☉ 42.	Von des Königs Rechnung, Mat. 18.				Tagl. 10. Stund / 42. min.
Sonta.	15 A 21. Kirchweih	♓	6.39.	5.21.	✠ ● ✳ ♃, mit trüb
Monta.	16 b Gallus Beicht.	♓	6.40.	5.20.	□ ♂, und kalten Nächten.
Erchta.	17 c Hedwigis Kön.	♈	6.42.	5.18.	✠ ● □ ♃, Dann folgen
Mitwo.	18 d Lucas Evang.	♈	6.44.	5.16.	● 10. Uhr, 49. min. Frühe.
Doner.	19 e Ferdinand Kö.	♈	6.45.	5.15.	✠ ● △ ♃ ☾ ☌ ♄ ☿, fin-
Freyta.	20 f Abraham Pat.	♉	6.47.	5.13.	☾ vacat. stere, kalte und
Samb.	21 g Ursula Jgf. M.	♊	6.49.	5.11.	☾ vacat. windige Tâge,
☉ 43.	Von dem Zinß-Groschen / Matth. 22.				Tagl. 10. Stund, 20. min.
Sonta.	22 A 22. Cordula J.	♊	6.50.	5.10.	☾ vacat. mit Regen oder
Monta.	23 b Severinus Be.	♊	6.52.	5. 8.	☌ ☉ ♄, ☾ apog. ☼ in ♏,
Erchta.	24 c Raphael E. E.	♋	6.53.	5. 7.	☍ ♃, ☍ ♂, Schnee.
Mitwo.	25 d Nathan Pro.	♋	6.55.	5. 5.	✳ ♄ ♀, ♀ in ♏, frisch.
Doner.	26 e Crispinus M.	♌	6.57.	5. 3.	☾ 2. Uhr, 6. min. Nachmit.
Freyta.	27 f F. Sabina Jgf.	♌	6.59.	5. 1.	✳ ♃ ☿ ☾ ✳ ♂ ☿, ♄ in ♏,
Samb.	28 g Simon Judas	♌	7. 0.	5. 0.	☌ ♃ ♂, ☋, haiter Wetter
☉ 44.	Von des Schul-Obristen Töchterl, Math. 9.				Tagl. 9. Stund / 56. min.
Sonta	29 A 23. Engelhard	♍	7. 2.	4.58.	✳ ☉, ✳ ♀, doch folget
Monta.	30 b Claudius Mar.	♍	7. 4.	4.56.	☌ ☉ ♀, ✳ ☿, feucht und
Erchta.	31 c F. Wolfgang /	♎	7. 5.	4.55.	✠ □ ♃, kalte Witterung.

Die Monds-Brüche in disem Monat.

Den 4. diß der Neumond um 9. Uhr 41. min. Frühe, macht anfänglich Regen, alsdann Sonnenschein, Neblen und Wind.

Den 11. dito das erste Viertl um 3. Uhr 8. min. Frühe, continuirt vorige Unbeständigkeit.

Den 18. dito der Vollmond um 10. Uhr 49. min. Frühe, erreget windig, trüb- und finstere Tâg.

Den 26. dito das letzte Viertl um 2. Uhr 6. min. Abends, macht anfangs temperirt, nachgehends nasse Zeit.

Gut Aderlassen, den 2. 6. 7. 8. 10. 12. 13. 14. 15. 17. 19. 31.

Kranckheiten. ☌ ♄ ☿, Traurigkeit, Schwere Noth, kalte Flüsse. ☌ ☉ ♄. Stein-Schmertzen, Hertzklopffen, Schwindel, Steck-Flüsse.

Weinmond Oktober

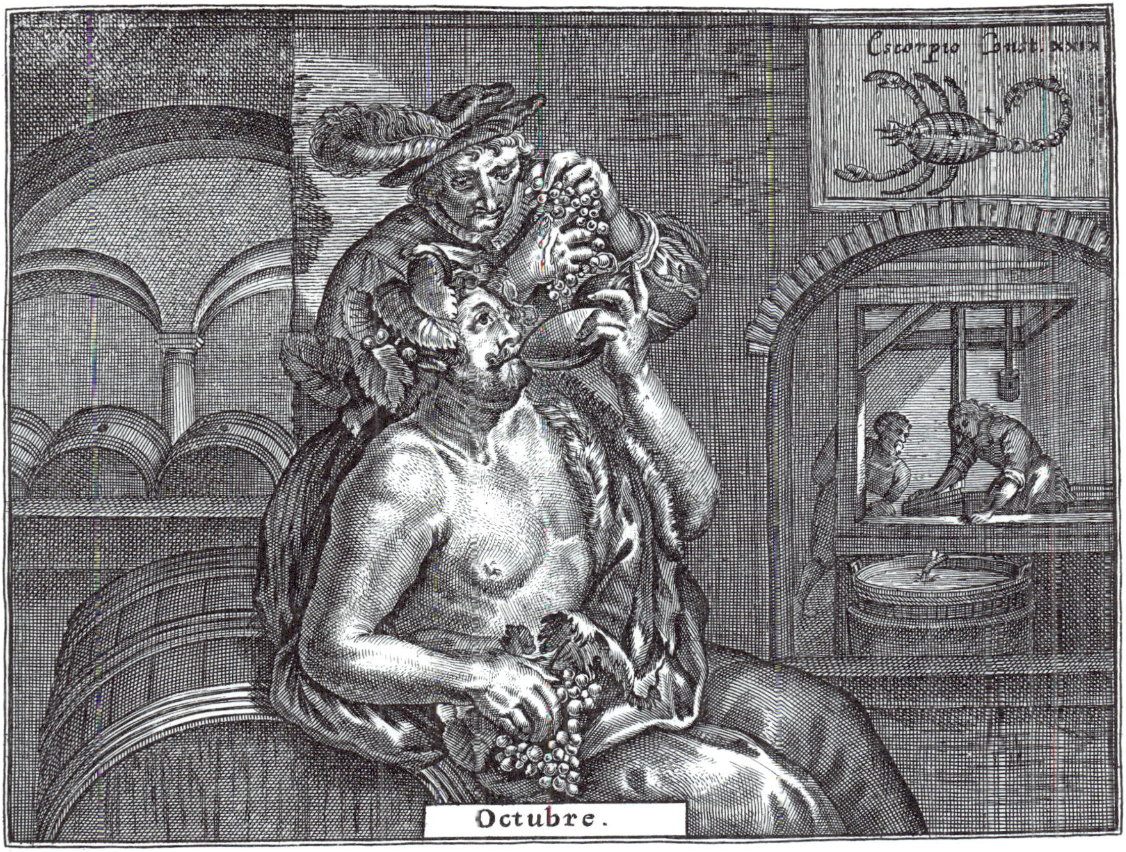

Oktobersonne kocht den Wein und füllt auch große Körbe ein

VOM ALTBAYERISCHEN WEIN

Oktobersaft
macht Bruderschaft

Altbayerischer Wein, ja, das gab es einmal! Von Regensburg bis Passau stuften sich die Rebgärten die Hänge entlang der Donau. Viele Flurnamen deuten daraufhin, wie zum Beispiel die ›Weinleite‹ bei Traunstein oder der ›Weinberg‹ bei Schliersee, wie denn auch alte Stiche aus dem 17. Jahrhundert an vielen Stellen Südbayerns die Signete für Weinbau zeigen. Wer Augen hat, kann noch die Terrassen sehen, auf denen einst die Winzer mühsam ihren Krätzer pflegten. So sauer war er, daß er gesüßt und zu Hypokras und Würzwein verarbeitet wurde und daß die Pfarrer die päpstliche Erlaubnis bekamen, auswärtigen Wein für das Meßopfer einzukaufen.

Aber er war einmal vor dem Bier das Volksgetränk. Freilich lästert man, die Weintrinker hätten sich nachts wecken lassen müssen, um sich umzudrehen, sonst hätte ihnen der bayerische Wein ein Loch in den Magen gebrannt. Wie gut, daß später die Pfalz und noch später das Maingebiet zu Altbayern kamen, sonst müßten wir heute noch die Donaustaufer und Straubinger Weine, die von Winzer, Vilshofen und Passau trinken.

Zum Kochen aber waren sie recht, und deshalb findet man in alten Kochbüchern bayerischer Provenienz viele Rezepte mit Wein, denn als Gewürz konnte man sich ihn gut gefallen lassen. Daneben aber man hat ihn ganz ernsthaft gekeltert und auf Fässer und dann auf Flaschen abgezogen, als ob er ein Edelgewächs gewesen wäre.

Der Oktober war vor allem ein Freßmonat; er brachte die letzte reiche Ernte. Die Wagen und Körbe, Kirmen und Schüsseln füllten sich mit Obst und Rüben, Kartoffeln und Nüssen. Noch lacht die Mittagssonne warm vom Himmel, aber die Bäume stehen bald blätterleer und aus den Sträuchern klingt kein Vogellied mehr. Ja,

Herbsteln tuat's
und d'Haselnuß wern zeiti.

Der zweite Teil dieses Verschens ist auf andere Weise ›kulinarisch‹ und jedenfalls gut bayrisch:

S'Deandl geht vom Buam net weg
des gfreit mi.
Warum soll's a wega geh', warum a,
es is im Winta grad als wia im Summa.

Auch hier wieder greifen Zeitmaß, Eßfreude und Lebensnähe ineinander und es ist amüsant, dieser starken Verbindung nachzuspüren, die sich überall und immer so unaufdringlich, so natürlich ergibt. Wir können dies im Schnadahüpfl wie im religiösen Bereich, im Brauchtum wie am Eßtisch beobachten.

Es wird Herbst, die ersten Nebel ziehen auf, die Fenster werden geschlossen, die Vorräte versorgt. Der Sommer hat Abschied genommen, die Küche beginnt schwerer, fülliger zu werden, das Familienleben spielt sich im Haus ab.

HASEN- UND FASANENZEIT
15. Oktober

Menschen, Hunde, Wölfe, Luchse,
Katzen, Marder, Wiesel, Füchse,
Adler, Häher, Raben, Krähen,
Jeder Habicht, den wir sehen,
Elstern auch nicht zu vergessen,
Alles, alles, will ihn fressen.
(von Wildungen)

Die Hasenjagd

Junghasen waren schon immer eine besondere Delikatesse, noch dazu, weil sie ja nur eine beschränkte Zeit über zu haben sind. Vom Sommer her schön fett, noch jugendlichen Alters, war es leicht, feine ›Richten‹ davon auf die Tafel zu bringen. Vordem ja nur dem Hof und dem Adel vorbehalten, wurde die Jagd spät, eigentlich erst im 19. Jahrhundert, auch dem Bürger und Bauern freigegeben, und von da an findet man viele gute Rezepte auch in den allgemeinen Kochbüchern.

Niederbayerischer Hasenbraten

Ein schöner Hasenziemer samt Schlegel wird gehäutet und reich gespickt. Man reibt ihn mit Salz und Pfeffer sowie etwas Senf ein und brät ihn mit reichlich gehackten Suppenwurzeln und etwas gehacktem Speck sowie mit zwei in Ringe geschnittenen Zwiebeln und ein wenig Knoblauch an. Die Soße wird mit Paprika, saurem Rahm und einer guten Prise Zucker abgeschmeckt, aufgegossen und zuletzt durch ein Sieb gestrichen, dann fügt man noch ein Stück Butter hinzu. Den zart durchgegarten Hasenbraten legt man im Ganzen auf eine große Platte und umgibt ihn mit verschiedenen Gemüsen wie Broccoli, einer Rose Blumenkohl, gefällig geschnittenen Gelben Rüben und Champignons. Zuletzt garniert man ihn noch mit Tomaten und Petersilie.

Hase mit Kastanien-Blaukraut

Der Hase wird enthäutet, gespickt, gewürzt und mit Fett, Zwiebeln, Grünzeug, Essig oder Beize und saurem Rahm gebraten. Die Soße wird leicht eingedickt; man gibt, wenn möglich, 1 Eßlöffel Preiselbeeren und etwas Madeira daran.
Inzwischen hat man Blaukraut, das mit einem geriebenen Apfel fein abgeschmeckt

wurde, fertig gekocht. Die Kastanien werden geröstet, geschält, gekocht und gut abgetropft. Dann werden sie in einer flachen Pfanne mit Butter, 1 Kaffeelöffel Zucker, ein wenig Salz und später mit 1 Eßlöffel Fleischsuppe hellbraun gedämpft. Man gibt das Blaukraut in die Mitte einer Platte. Der gefällig zerlegte Hase wird erhaben darauf angerichtet und die gedämpften Kastanien werden um das Blaukraut gelegt. Die Soße wird pikant abgeschmeckt, mit saurem Rahm aufgekocht, passiert und gesondert serviert.

Hasen-Medaillons

Vom Hasenziemer löst man rechts und links die Filets aus, häutet sie und schneidet schräge, dicke Scheiben davon ab. Sie werden mit reichlich Speckstreifen durchzogen, leicht mit Salz und Pfeffer bestreut und mit dicken Speckscheiben in nicht zu heißem Butter auf der Pfanne rasch durchgebraten. Man legt sie auf geröstete, gefällig zurechtgeschnittene Schwarzbrotkaros und garniert sie mit dem Speck und kleinen Paprikaschnitzen sowie Zitronenscheiben. Dazu reicht man Sauerkraut und je nach Belieben und Geschmack Senf oder eine würzige Soße.

Hasenpfeffer

Zum Hasenpfeffer wird alles Fleisch (außer Ziemer und Schlegeln) verwendet, das sich beim Zerlegen des Hasen ergibt. Man schneidet es in kleine, gleichmäßige Stücke und legt es einige Tage mit Zwiebeln, Lorbeerblatt, Pfefferkörnern, 1 Nelke, Sellerie und Gelben Rüben in eine kräftige, gekochte Essigbeize. Dann wird der Hasenpfeffer in der verdünnten Beize gar gekocht. Zur Soße läßt man Mehl in Butter mit gehackter Zwiebel schön braun rösten und löscht mit der Beize ab. Man gibt Rotwein, sauren Rahm, einige Wacholderbeeren und eine kleine Prise Zucker daran und läßt alles gut durchdämpfen. Die Soße soll sämig, aber nicht dick sein. Als Beilage zum Hasenpfeffer serviert man Knödel, Makkaroni oder Spätzel.

Hasenläufe im Topf

2 oder auch 4 Hasenläufe werden sorgfältig enthäutet, reich mit geräucherten Speckstreifen gespickt und in etwas Fett leicht angebraten; man gibt reichlich zerkleinertes Wurzelwerk und 1 bis 2 Eßlöffel Tomatenmark sowie 1 bis 2 Gläser Rotwein dazu. Das Fleisch wird im geschlossenen Topf langsam weich geschmort; dann hebt man es aus der Soße, schneidet die vorstehenden Knochen ab, drückt die Soße durch ein Sieb und gibt sie wieder zum Fleisch zurück. Sie wird mit einigen zerdrückten Wacholderbeeren, Salz und Pfeffer, 2 Eßlöffeln Preiselbeeren und womöglich etwas Hasen-

blut gewürzt und mit 1 Kaffelöffel angerührtem Mehl gebunden. Sie muß leicht süßsauer schmecken. Man serviert die Hasenläufe im Topf und reicht in einem kleinen Töpfchen gesondert etwas dicken, sauren Rahm, der nicht zu kalt sein soll, dazu. Als Beilage eignen sich Salzkartoffeln, Reis oder Knödel, besonders Kartoffelknödel.

Fasan, der königliche Vogel

Für Fasanenhähne geht die Jagd Mitte Oktober, für -hennen 4 Wochen später auf. Einstmals war das ein gewichtiges Küchendatum, denn der königliche Fasan gab königliche Braten.

Marperger führt sie in seinem ›Vollständigen Küchen- und Keller-Dictionarium‹, 1716, als »Phasiani, französisch: des Faisans« auf und sagt: »Sie seynd nebenst den Pfauen die schönsten Vögel / sie haben ihren Namen von dem Fluß und der Stadt Phasis / auf der Insul Colchos, als bey welcher diese Vögel / sich vor Zeiten sehr häuffig finden lassen.«

Andere frühere Autoren behaupteten, Fasanen seien ein künstliches Wild, weil sie meist gezüchtet würden. Einerlei, sie geben einen prachtvollen Festtagsschmaus.

Fasan nach Jagdherrn-Art

Ein großer Fasan wird innen mit Salz und Pfeffer und etwas Knoblauchpulver, außen nur mit Salz eingerieben. Dann bereitet man aus gerührtem Butter, 1 Ei und Semmelbröseln, dem kleingehackten Magen, Herz und Leber des Vogels, Suppenwürze und 1 geriebenem Apfel sowie etwas geriebenem Meerrettich eine pikante Fülle, die man in den Vogel hineinschiebt. Man steckt oder näht die Öffnung zu und brät den Fasan unter häufigem Begießen und je nach Größe 45 bis 60 Minuten schön goldbraun. Gleichzeitig schmort man 150 g grobgewürfelten Schinken mit etwas Butter und 3 bis 4 aufgeschnittenen Zwiebeln durch und gibt diese leicht mit Salz und Muskat gewürzte Mischung auf eine heiße Platte als Unterlage für den schön tranchierten Fasan, der mit Petersilie hübsch garniert wird. Dazu reicht man Semmelknödel oder gekochten Reis oder nach Belieben auch einen in Stücke geschnittenen Polentasterz.

Fasan im Speck

Ein junger Fasan wird mit einem Gemisch aus rohen, nur kurz angekochten kleinen Kartoffelwürfeln, ebensolchen Apfelwürfeln, einigen Dörrzwetschgen und reichlich

Petersilie gefüllt, mit Salz und Pfeffer eingerieben und mit 4 bis 5 Salbeiblättern belegt. Dann wickelt man den Vogel in durchwachsene, dünne Speckscheiben und bindet diese gut an und brät ihn mit reichlich Zwiebeln goldbraun. Die Soße wird mit etwas saurem Rahm aufgegossen und mit einem Stück kleinzerbröseltem Schwarzbrot eingedickt. Man gibt eine gestoßene Wacholderbeere, reichlich Kräuter, insbesondere Petersilie und Dill sowie ein Glas Rotwein dazu. Während der letzten Viertelstunde wird der Fasan ausgewickelt und bei scharfer Hitze gebräunt. Dann teilt man ihn, je nach Größe, in 4 bis 6 Stücke und richtet diese auf Sauerkraut oder auf Maronipüree an. Den Speck schneidet man in lange Streifen und legt sie über das Fleisch.

SANKT GALLUS
16. Oktober

Auf den Tag Sankt Gallus
der Apfel in den Sack muß.

Vor Gallus muß alles Gartenwerk im Keller sein,
daß es vorm Kuckucksschrei bringt Samen ein.

Wie könnte es anders sein, als daß sich auch der Heilige Gallus um den Garten, den Keller und um volle Teller gekümmert hat. Von ihm wissen wir, daß er bereits im 6. Jahrhundert das Kloster Sankt Gallen gegründet hat und von diesem ist uns der erste ausführliche Plan eines Küchen- und Kräutergartens erhalten geblieben.
Zur Erinnerung an diese so kluge wie dankenswerte Schöpfung des Heiligen wurde sein Tag bis zum Anfang des vorigen Jahrhunderts auf eigene Art mit einem speziellen Essen gefeiert. Er hatte eine gewichtige und sogar oberhirtlich geförderte Bedeutung, denn alljährlich wurde er von Stiftsherren und Stiftsbauern für ihre Hintersassen und Knechte abgehalten. Da war großes Schmausen zum Abschluß des herbstlichen Zinsens und der Zehentabgabe.
Noch vor guten hundert Jahren wurde der Sankt-Gallus-Tag in Pfarrhöfen oder Klöstern mit großem Gepränge begangen. Tagelang wurde geschlachtet, gebacken und gebraten, damit die Obertanen und die Untertanen, also die Einnehmer und die Zahler, wieder ins rechte Gleis kamen und das Lachen nicht verlernten. Gänse und Schweine, ein fettes Öchsl, ein oder zwei Kälber und Schafe mußten dran glauben und der Metzger hatte in der Waschküche mit dem Wursten und Sulzen so viel zu tun wie der Bruder Küchenmeister oder die Pfarrerkathl drin in der Küche mit dem Rühren und Sieden, Bruzzeln und Walgeln, denn die guten Suppen mußten einem saftigen Braten, das Voressen dem Rindfleisch mit den Ranen vorangestellt werden. Dann kamen die dicken, speckglänzenden Blunzen, die mit Leberwürsten und einem Stück Kopffleisch auf dem Sauerkraut thronten. Es waren nicht die üblichen, sondern besonders feine Galluswürste von der Gallussau. Zuletzt haben Küchl und Mehlspeisen dem vollen Magen noch einen süßen Deckel aufgesetzt. Der Kutscher hat den Herren im Refektorium oder der Oberstube des

Pfarrhauses, der Ochsenknecht den Bauern samt Ehhalten aufgetragen. Und alle haben geschwitzt vor lauter Mühe, die schweren Schüsseln zu tragen und zu leeren. Was in der Herrenstube fein manierlich mit Messer, Löffel und Gabel verspeist wurde, hat man in der Leutstuben einfach mit dem eigenen Feitel und der angewachsenen Gabel, also den Fingern, gegessen. Beim Trinken, das auch nicht zu kurz kam, haben's alle gleich gemacht, nur daß die feinen Becher und die kleinen Gläser erlesener gefüllt waren als die großen Humpen, die reihum gingen.

So hatte der althergebrachte Galli-Schmaus alle friedlich vereint und einen fröhlichen Ausgleich geschaffen. Man hatte allen gedient, dem Herrgott mit dem Besuch des vorangegangenen Amtes, dem Zinsherrn durch die gerechte Abgabe, dem Zinsenden durch eine große Freßgaudi und Sankt Gallus durch ein dankbares Gedenken. Voll und zufrieden zogen die Schmausenden dann wieder heim, sammelten die Schaffer die Reste für die Armen und alle, alle lobten den liebgewohnten 16. Oktober mit seinem spektakulären Riesenschmaus.

Ranen-Salat

Die Roten Rüben heißen in Altbayern Ranen. Man nimmt sie nur zum Salat, aber der ist, auf echt bayrisch zubereitet, keine Zuspeise, sondern auch heute noch eine Zumutung! Viele Gastwirte und Hausfrauen lassen nämlich die roten Ranenblattel in einer scharfen Essigbrühe schwimmen und meinen dann, das dies schon ein Salat sei. Nur einmal bin ich einer Passauerin begegnet, die ihn nachahmenswert zubereitete:

Die Ranen werden in Salzwasser gekocht oder wie Kartoffeln im Dämpfer gedämpft. Es sollen möglichst frische, dunkelrote Rüben sein, keine, denen schon ein winterlicher Keller- oder Modergeruch anhaftet. Noch etwas warm schneidet man sie mit einem gezackten Messer auf und gibt nun kein Wasser, sondern nur etwas guten Essig, viel Öl, ein wenig Salz sowie reichlich Zucker und Kümmel oder geriebenen Meerrettich dazu. Der Salat muß vom Öl schwer glänzen und gleiten. Eine Locke von saurem Rahm darüber macht ihn ausgesprochen nobel.

SANKT URSULA

21. Oktober

Ursula räumt's Kraut herein,
sonst schneit's am
End noch drein

Da hat sie in Bayern viel zu tun, die gute Urschl, weil viel Kraut wächst rundum. Sie sind aber auch etwas Feines, die ersten, zarten Krautköpf, die als süßsaures ›Bayrisch Kraut‹ oder auch als junges Sauerkraut so gut zu Schweinernem, zu Würsten, Wild und Schinken, aber auch sonst überall passen.

Bayrisch Kraut

Weißkraut wird ohne den Strunk fein aufgeschnitten und mit etwas Fett, Wasser, Salz, Kümmel und Zucker weichgeschmort. Man gießt mit Weißwein auf und kann das Kraut nach Belieben auch ganz wenig binden, aber wirklich nur mit einer Spur Mehl, sonst wird es pappig. Es soll andererseits aber auch nicht zu dünn sein.

G'röstes Kraut

Ein zarter, frischer Weißkrautkopf wird geviertelt und dabei vom Strunk (vom ›Butzen‹ sagte man früher) befreit. Dann kocht man ihn in Salzwasser gut weich und tropft das Kraut restlos ab. Nun erhitzt man genügend Fett in einer großen Pfanne, entweder Schweine- oder etwas Gänseschmalz mit frischem Butter oder nach Belieben auch reichlich Speckbröckerl. Darin röstet man das Kraut, bis es übertrocknet ist und an manchen Stellen braune Ramerln hat. Es wird, so weit nötig, mit Salz, Pfeffer und Petersilie nachgewürzt. Ausprobieren, es schmeckt garantiert!

KIRCHWEIH
3. Sonntag im Oktober

Am Kirta tuats koa solchers G'fraß,
Wia Lunge oder Leberkas,
Da muaß für'n Herrn und aa für's G'scheer
Scho allewei was Bessers her.
Warum? Dös is doch jea'm klar:
Kirta is oa mal nur im Jahr,
Drum feiert ma'n nach alt'm Brauch,
Dös muaß ma gspürn beim Ess'n auch.

Des Kirtas allerhöchster Glanz,
Dös is und bleibt die Kirtagans·
A Kirta ohne Ganserlg'ruch,
Waar dös a Kirta? Dös waar Bruch!
Wenn d'Gans ist gfuttert, kommt die Höh':
Schmalznudeln gibt's dann und Kaffee,
Und ganz am Schluß gibt's no was Süß's,
Damit ma woaß, daß Kirta is. Storch

Daß die Gaumenfreuden einmal im Jahr sogar eine eigene Fahne hissen, ist gar nicht so allgemein bekannt. Eine rote, mit großem, durchgehendem weißen Kreuz, die hoch vom Kirchturm weht, 8 Tage lang, fröhlich, einladend und ›Zachäus‹ benannt. Dabei hat der Zöllner Zachäus aus Jericho gar nichts mit dem Essen zu tun gehabt; er stieg nur auf einen Maulbeerbaum, um den vorbeiziehenden Heiland besser sehen zu können. Davon und von seiner Bekehrung wie auch vom Wucher mit dem Geld und den Talenten erzählt nun jedes Jahr ausgerechnet die Kirchweihpredigt aus dem entsprechenden Evangelium (Lukas 19/1 ff). Es ist die einzige Stelle in der Bibel, in der von Geld, Wucher und Handel die Rede ist. Damit wiederum hängt die Fahne zusammen, die während der acht merkantilen Markttage aus dem Schalloch des Turmes flattert. Sie ist, altem Gesetz zufolge, solange sie weht, die Hüterin des Marktfriedens; so wurden Evangelium und Gesetzesordnung unter einer kreuzgeschmückten Fahne vereint.

Beim Anblick des Zachäus weiß man also ganz genau: ›Kirchweih‹ – und denkt dabei natürlich gleich an große Braten und Berge von Kücheln. An den wahren Anlaß allerdings denkt man seltener. Seit Konstantin dem Großen hat man die Einweihung neugebauter Kirchen mit diesem Fest umgeben. Im Jahr 779 zum Beispiel weihte der heilige Willibald in Heidenheim in Mittelfranken die erste Kirche in Bayern ein. Von da an feierte man hier die Einweihtage und überdies noch den Namenstag des Kirchenpatrons mit einem eigenen Fest, bis vor gut

100 Jahren der ›Allerwelts-Kirta‹ am dritten Sonntag im Oktober eingeführt wurde und damit an Stelle der vielen, vorher aufeinander abgestimmten Orts-Kirchweihfeste ein gemeinsames Zachäus-Fest zum Gedächtnis der Einweihung aller Kirchen begangen wird.

Früher hatte also jede Kirchengemeinde ihren Spezialkirta, und da wurde dann reihum die ganze ›Freundschaft‹ auf d'Kirchweih eingeladen, wozu ein eigener Einlader herumging. Vielleicht ist nach der Aufhebung der vorher vielerlei Kirchweihfeste auch noch mancher irrtümlich eingeladen worden und hat sich dann genarrt gefühlt, woraus der Götz von Berlichingen adäquate berühmte bayerische Spruch entstand, einen »auf die Kirchweih zu laden«.

Auf dem Land ist die Kirchweih, *der* Kirta und etwas nördlicher *die* Kirta, Kirmeß oder Kerwe genannt, selbst heute noch lebendig, während man in den Städten kaum mehr etwas davon merkt. Es sei denn auf den Viktualienmärkten mit Ganserln und ›Antn‹ (Enten) und in den Konditorläden mit den Kirchweihkrapfen.

Wer einen richtigen Kirta, einen bayerischen, saftigen, zünftigen noch da und dort erleben will, der muß schon am Samstag ankommen, denn schon an diesem Tag grüßt ihn der Zachäus, beginnt die große, die fröhliche Fresserei. Alle warteten früher schon, bis er endlich um 6 Uhr abends zu sehen war. Das war der große Auftakt; die Kinder erbettelten die ersten Nudeln und sangen:

Der Kirta ist kema,
der Zachäus ist da.
Kirta, geh' nimma,
bleib alleweil da.

Die Alten richteten sich jetzt zur ›Kirchnacht‹, dem großen Vorabendschmaus. Da gab es beim Bauern und im Wirtshaus bereits eine Brühsuppe, Schweinernes, abgebrühte Würste, Bier nach Durst und Krapfen.

Richtig auf ging es dann aber am Sonntag nach dem Amt, und das Fest dauerte zwei bis drei Tage. Besonders in München wurde es meist drei Tage lang gefeiert. Deshalb heißt es auch:

A guater Kirta
dauert bis zum Irta (Dienstag).
Er kann si schicka
a bis zum Micka (Mittwoch)

Das war nun eine laute und füllige Gaudi, die am Morgen mit einer fetten Suppe, Leber- und Blutwürsten begann. Mittags stand ehedem ein schöner, alter Bierkrug mit Blumen und einem Band am Henkel geschmückt und stets neu gefüllt für den Willkommtrunk bereit. Das Mahl fing mit einer geschnittenen Nudel- oder Pfannkuchen-Suppe, mit Leberknödeln und weißen Knödeln, Voressen oder Gansjung an und dann kam dreierlei Fleisch, Rind, Spanferkel oder Schwein und ein Kalbsbraten. Auch Gans oder Ente, Göckerl oder Hennen waren zugelassen. Natürlich gehörten Kraut und Rüben, Kopfsalat und Knödel auch dazu.

Schon am Donnerstag zuvor ist ja die fetteste Sau geschlachtet worden, und die Würste hängen haufenweise glänzend und prall in der Speis. Man brauchte viel davon fürs Haus, für die Gäste, die Freundschaft, für God und Göden und in die Bschoad-Tüchl – große, bunte Tücher, in denen man den ›Bescheid‹, das Ehrengeschenk, nach Hause trägt.

An Kirchweih läßt sich keiner lumpen. In Parsberg zum Beispiel hatte der Wirt für die zur Kirchweih geladenen 450 Dorfnachbarn 7 Rinder und etliche Sauen geschlachtet. Und die Chronik von Willing bei Aibling vermeldet aus dem Jahr 1852, daß der Kirta einem Bauern 103 Maß Bier zu 6 Kreuzern, 36 Pfund Rindfleisch zu 10 Kr., 16 Pfund Kalbfleisch zu 10 Kr., 10 Pfund Voressen zu 5 Kr., 1 Pfund Weinbeerl zu 24 Kr., 1 Gulden für Makroninudel, Kaffee und Zucker und 1 Gulden für Semmelbrot gekostet hat. Dazu lieferte er noch hauseigene Gänse und Enten. Interessant ist dabei, daß die Weinbeerl zweieinhalbmal soviel kosteten wie das Fleisch(das waren noch Zeiten)!

Enden mußte jedes Mahl mit Kücheln aller nur denkbaren Art. Da waren die Fensterküchel, Schuchsen, Auszogne, Schneeballen, Striezel, Apfelküchel, Scheiterküchel, Zimtstriezel, Schuhfleck, drahte Waberl und dann die verschiedenen Apfel-, Zwetschgen- und Zwiebeldatschi, die Schmalzzelten und Kirta-Fleck. Jede Bäuerin hat so viel davon gemacht – und in jeder Gegend andere –, daß die ange-

reiste Verwandtschaft, der Pfarrer, der Lehrer, die Erntearbeiter God und Göden, der Vieh-, Schweine- und Gänsehirt und alle Bettler noch welche bekommen haben und daß sogar an die armen Seelen gedacht werden konnte. Für sie wurde beim Küchelbacken 1 Löffel Schmalz oder in der Oberpfalz, im Rupertigau und in Niederbayern die erste, in Tölz dagegen die letzte Nudel ins Feuer geworfen. So manche Bäuerin hält sich heute noch an die alten Bräuche.
Neben all den süßen, wohlgebauten Kücherln und Krapfen, Schnitteln und Bavesen mußte aber auch noch so viel feines, weißes Brot gebacken werden, daß jeder davon nehmen konnte, so viel er wollte – und das eine ganze Woche lang! Deshalb hat das große Backen auch schon am Freitag begonnen, denn der Samstag gehörte dem Hausputz. Das verlängerte so eine Kirchweih gewaltig.
Für den Nachmittag wartete für die Weiber neben den Apfelkücheln ein goldgelber Gugelhupf, für die Manner warmer Leberkäs und Bier und dann auch was Süßes. Die ersten Walnüsse wurden in großen Schüsseln aufgestellt und fanden natürlich auch viele Liebhaber. Dann kam das große Abendessen mit Schweinsbraten und jungem Sauerkraut, wieder mit Blut- und Leberwürsten, mit Rindfleisch und Kren, Ranen- und Gurken-, gemischtem oder Kartoffelsalat und ein Semmelmus.
In der Rosenheimer Gegend zogen die Burschen noch schnell von Hof zu Hof, wo ihnen Zwetschgen- und Birnenschnaps angeboten wurden.
Dann war es Zeit zum Tanz, um Polka und Zwiefachen, Hirtamadl und Engerltragen, Schottisch und Landler, Sechser-, Achter- und Zwölfertanz, den Neubayrischen und 's Eisenkeilnest, 's Schwarze Mäuserl und anderes zu drehen, walzen, springen und hopsen. Die Blechmusik war laut, der Qualm vereinte alle Düfte von Bier und Rauch, Tabak und Tänzerschweiß. Aber ohne Musi wär's a nackerter Kirta und ohne ein richtiges Kirtaraffats wär's auch nichts gewesen.
Der Montag ist natürlich blau, denn

Drei Tag dauert da Kirta
Sunda, Mahda und Irda

aber *Der Kirta waar a Plag,*
waara mehra wia drei Tag!

Der Dienstag war immer noch üppig, wenn auch alle schon leicht ermüdet waren. Aber es gab immerhin Makroninudl (eine Suppe mit Makkaroni) oder Hirnsuppe mit Backerbserln, Lüngerl mit weißem Kirchweihbrot, dreierlei Fleisch oder Giggerl, Schwarzfleisch mit Kren und Schweinsbraten mit einem saftigen Kartoffelsalat. Bekanntlich war der Kartoffelsalat früher im Niederbayerischen die einzige Form, Erdäpfel direkt und nicht erst durch die Sau gejagt zu essen.
Meist wurden auch Kirchweihmärkte abgehalten und das gab Unterhaltung genug. Buden, Karussell, Bierzelte, ›Guatlkrama‹ mit Pfefferminzkugeln, Magenbrot, Bärendreck (Lakritzenstangen), Lebkuchen mit roten Schleifen, süße und salzige Brezen, ja ganze Brezenbäume waren da zu sehen. Wichtig waren auf der Loher Kirchweih die Gurkenweiber, die vor den Augen der Besteller die frischen Gurken aufgehobelt und Salz, Pfeffer, Essig und Öl zur beliebigen Bedienung gleich dazu angeboten haben. Ohne sie wäre das keine richtige Loher Kirchweih gewesen.
Der Dienstag war Ausklang, denn die Mägen sind voll, die Geldbeutel leer. Sogar die Madeln mußten Federn lassen und zum Schluß am Dienstag nachmittag die Burschen zu Bier und Zigarren, Kaffee und Kuchen einladen und die Musik bezahlen.
Die Küchl waren alle, alle aufgegessen und wenn noch einer danach gefragt hat, bekam er zur Antwort:

Schnecken, Bavesen,
Kirta ist gwesen!

Mancherorts wurde der Kirta dann noch lustig in einer Zigarrenkiste voll Wursthäuten, Bratenknochen und Glasscherben begraben und die Älteste im Haus kehrte zuletzt mit langem Besen den Dreck, die Gäste und den Kirta hinaus.

Suppen

Am Anfang steht die Suppe, so war es schon ganz früh, seitdem es Kochkessel gibt, so ist es auch heute noch zu Beginn eines g'standenen Mahls – und das waren die Kirchweihmähler alle.

Gselchte Fleischknödel in der Supp'

Wie Fleischknödel (Seite 235), aber mit Selchfleisch. Wenn dieses sehr fett ist, muß man ganz wenig Mehl dazu geben, sonst wird die Masse zu weich. Man kocht sie gleich in der Fleischbrühe gar und gibt Schnittlauch dazu.

Lebernockerl-Suppe

50 g Butter, 2 Eier, etwas Salz und Pfeffer, ein wenig zerriebenen Majoran, Suppenwürze, ein Stück geriebene Zwiebel und feingehackte Petersilie rührt man gut durch und gibt 250 g durchgetriebene Rindsleber sowie 150 g Semmelbrösel dazu. Nach kurzem Quellen sticht man aus der Masse mit einem Löffel kleine Nocken ab, die in Salzwasser gekocht werden. Man gibt sie in die Suppe oder auch zu Sauerkraut oder zu einer Schlachtplatte. Anstelle von Leber kann man auch Rindermilz nehmen.

Milzschöberl-Suppe

100 g Rindsmilz wird geschabt und mit einem Ei, Salz, Pfeffer, Muskat und Petersilie sowie feingeriebener Zitronenschale und 3 Eßlöffeln Bröseln vermengt. Dann bestreicht man 3 bis 4 Weißbrotscheiben mit Schweinsschmalz oder Butter und verteilt darauf die Milz. Man bäckt die Scheiben bei Oberhitze goldbraun und schneidet kleine Würferl oder Rauten daraus, die man mit Schnittlauch in die fertige Suppe gibt.

Leberspätzel-Suppe

1 Eßlöffel Butter, 1 Ei, etwas geriebene Zwiebel, Salz und Majoran rührt man gut durch und gibt 100 g geschabte oder gemixte Rindsleber, 50 bis 60 g Brösel und 1/2 Eßlöffel sauren Rahm oder ein wenig Milch dazu und läßt die weiche Masse durch ein groblochiges Sieb in die kochende Suppe laufen. Nach kurzem Sprudeln sind die Spatzen gar und schwimmen obenauf. Man kann auch Milz verwenden.

Haschi-Krapferl

Zuerst bereitet man einen mürben Teig aus 150 g Mehl, 60 g Butter, 1 Eidotter und etwas Salz. Er wird dünn ausgewalgt. Auf die Hälfte des Teiges gibt man feingehackte Fleischreste, die mit einem Ei und etwas Salz, Pfeffer, Zitronenschale, gehackter Petersilie und etlichen Bröseln gebunden wurden. Der Teig wird dann zusammengeschlagen und mit einem Löffel zu kleinen Krapferln abgestochen. Man wendet sie in Bröseln, bäckt sie in heißem Schmalz fertig und gibt sie in die angerichtete Fleischbrühe.

Gebackene Fleischknödel

Ein Kalbskopf wird sehr weich gekocht und abgelöst. Das Fleisch treibt man durch die Maschine und gibt 2 Eier, die entsprechende Menge Semmelbrösel, Zwiebel, Salz, Pfeffer und feingehackte Petersilie oder etwas Majoran dazu. Die Masse läßt man leicht quellen, formt dann kleine Knödel, bäckt sie in Schmalz schwimmend goldbraun und gibt sie in die Suppe. Mit Remoulade sind die Fleischknödel Vorspeise.

Milzschnittl

200 bis 250 g Rindermilz wird geschabt und mit Salz, Pfeffer, Majoran und 1 Ei, etwas Salz und zerdrückter Knoblauchzehe verrührt. Dann schneidet man altbackene Semmeln von oben her schmal nebeneinander tief ein, aber so, daß sie unten noch zusammenhängen. Die Einschnitte werden mit der Milzmasse gefüllt. Man schneidet querdurch Scheibchen von der Semmel und bäckt sie in heißem Fett goldbraun. Diese Milzkrönchen können mit Salat serviert werden, sind aber eigentlich Suppeneinlage.

Backerbserl

3 Eßlöffel Mehl, 3 oder 4 Eier, Salz und ganz wenig Milch schlägt man zu einem zähen, festen Teig, den man durch ein groblochiges Sieb in heißes Fett einlaufen läßt. Wenn die Erbschen schön goldgelb sind, siebt man sie ab und gibt sie in eine angerichtete Fleischbrühe. Sie dürfen also nicht zu weich werden.

Die Kirta-Gans

Eine schön zurechtgemachte Gans wird innen mit Salz und Pfeffer, außen mit Salz eingerieben. Dann bereitet man eine Semmelfülle, die durch reichlich Kräuter und eine Handvoll geröstete und aufgeblätterte Haselnüsse, Zitronenschale und Zitronensaft und nach Möglichkeit noch mit einer Handvoll gekochter und durchgedrehter Kastanien und Rotwein verfeinert wurde. Man brät die damit gefüllte Gans unter häufigem Begießen goldbraun und halbiert sie dann der Länge nach, nimmt die Fülle heraus, schneidet sie in Scheiben und legt sie, in der ursprünglichen Form zusammengesetzt, wieder auf die Mitte der Platte. Dann wird die Gans in gleichmäßige, schräge Portionen aufgeschnitten und ebenfalls wieder zusammengesetzt auf die Fülle gelegt. Über den Mittelschnitt gibt man in Weißwein gebratene Apfelspalten und garniert sie mit Preiselbeeren oder Sauerkirschen. Die Gans wird mit Blau- oder Sauerkraut oder mit in Bröseln gewälzten Broccoli oder Rosenkohl umgeben.

Überbackenes Gansjung

Ein Gansjung wird in Essigwasser mit viel Wurzeln, Pfefferkörnern und Lorbeerblatt weichgekocht. Man löst die meisten Knochen aus und gibt das Fleisch in eine weiße Schwitze, die mit der Kochbrühe, Rahm und etwas Weißwein aufgegossen wird. Dann schmeckt man das Jung süßsauer-würzig ab und füllt es in eine feuerfeste Form. Man streut dicht Parmesankäse darauf und bäckt es im Rohr goldbraun.

Gebratene Ente mit Mandelkren

Eine sauber geputzte Ente wird mit Salz und Pfeffer eingerieben und mit einem Gemisch aus Apfelwürfeln, Zitronenschale, Petersilie, etlichen Semmelbröseln und 2 Eiern gefüllt. Man brät sie goldgelb gar und bereitet inzwischen den Mandelkren: Gleichviel geriebener Meerrettich, Brösel sowie geschälte und gehackte Mandeln werden an eine kleine weiße Buttereinbrenn gegeben. Man würzt mit etwas Salz und ein wenig Zucker und gießt mit etwas Rahm oder Milch auf. Wird der Meerrettich nur ganz kurz mitgekocht oder zuletzt roh hineingegeben, so bleibt er schärfer. Diesen Mandelkren gibt man auf eine heiße Platte und legt die tranchierte Ente darauf.

›Eine Aenten-Pastete‹

Schlage einer guten und fetten Aente die Brust ein und spicke sie mit feinem Speck, richte sie in eine aufgesetzte Pastete (Pastetenhülle). Fülle sie mit Schampion, Trüffeln, Gänslebern oder anderen guten Lebern, mit einem Stück grüner Zitrone, Salz, Pfeffer, Nägerln, gestoßenen Speck, und oben darauf lege Lorbeerblätter. Lasse sie 2 Stunden backen, und vor dem Anrichten drücke den Saft von Schalotten und einer Pommeranze hinein.

(Aus Huberinn ›Bayerisches Kochbuch 1800‹)

Schweinfurter Schlachtschüssel

Frisches Kesselfleisch, die Krone (Zwerchfell) und etwas Bauchfleisch schneidet man in schmale Streifen und gibt Pfeffer und Salz, Kren, Sauerkraut und Brotwürfel darunter. Man mischt alles gut und ißt die Schlachtschüssel vom Holzbrett. Dazu gibt es Most und Zwetschgenwasser, denn diese Mahlzeit braucht eine kleine Nachhilfe.

Bratwürstel auf Kren-Kartoffelpüree

Schweinsbratwürstel werden wie üblich auf allen Seiten goldbraun gebraten und dann auf einen Kartoffelbrei gelegt, der mit viel feingeriebenem Meerrettich abgeschmeckt wurde. Man streut in Butter oder Schweineschmalz gebräunte Zwiebelringe darüber.

V
Peter Jakob Horemans
Der Wirt
bei der Brotzeit

Hausgemachte g'schwollne Würst

500 g Kalbfleisch sowie 250 g Schweinefleisch treibt man zweimal durch die Maschine und gibt feingeriebene Zitronenschale, Salz, Pfeffer, 1 Ei und so viel Milch dazu, daß ein halbfester Fleischteig entsteht. Dieser wird so lange verrührt, am besten mit der Hand durchgeschlagen, bis er ganz zart und bindig ist. Daraus formt man gleichmäßige Würste und kocht sie in nur leise ziehendem, also nicht stark wellendem Wasser, damit sie ihre Form behalten. Sie werden herausgenommen, abgetropft und in Fett doppelseitig auf der Pfanne goldbraun gebraten.

Farcierte Zwiebeln

Mehrere gleichgroße Zwiebeln werden vorsichtig ausgehöhlt und mit einer feinen Fleischfarce, also einem weichgehaltenen Fleischküchelteig, gefüllt. Dann röstet man etwas Zucker in Butter braun, gibt das ausgehöhlte und kleingehackte Zwiebelfleisch hinein, streut wenig Mehl dazu und macht mit Fleischbrühe eine kurze Soße davon. In ihr werden die Zwiebeln zugedeckt zart weichgekocht, wobei man die Soße gelegentlich einmal aufgießen muß. Man kann sie mit Tomatenmark rot färben.

Der Kirchweihplatz

Sein Name deutet schon auf seine fladenartige Form hin, und er ist ja auch ein flachausgerollter Fladen, der sich besonders im Fränkischen erhalten hat. In nahezu jedem Bezirk macht man den Platz oder Blatz etwas anders – man kann daran geradezu eine Fladengeographie betreiben. Obenan steht der Kirchweihplatz, der, aus Weizenmehl gebacken, eine Festspeise ist. Man kennt ihn auch süß, aber in der Hauptsache pikant als Speck-, Zwiebel- oder Käsplatz, wobei man einen ärmlich ausgestalteten als Dämplatz und einen im noch feuchten Backofen gebackenen als Dampfplatz bezeichnet und schließlich auch noch einzelne Heimatorte unterscheidet.

Insgesamt haben die Plätze etwa die Größe eines derben Bauernschuhes und bestehen aus weizenem Hefeteig oder roggenem Sauerteig mit einem Belag aus saurem Rahm oder Zwiebeln oder Speck oder allem zusammen, so etwa wie der Zwiebelkuchen der Schwaben und die Pizza der Italiener. Sie sind also nur verfeinerte Nachfahren der einfachsten Form des Brotes. Kirchweih ist denn auch die Hauptzeit der Plätze, da ja manche Hausfrau gleich 30 Stück und mehr backen mußte, um alle Verwandtschaft und Freundschaft damit beglücken zu können. Am besten schmeckt der Platz, wenn er frisch aus dem Ofen kommt.

Fränkischer Zwiebelkuchen

Einen halbweichen, einfachen Hefeteig legt man auf ein großes, gefettetes Backblech. Dann schmort man 500 g aufgeschnittene Zwiebeln mit 2 bis 3 Eßlöffeln Schweinefett und 200 g Speckwürfeln glasig, zieht den Topf vom Feuer und gibt 60 g Mehl, 2 bis 3 Eier und 1/4 l dicken, sauren Rahm dazu. Diese Masse streicht man auf den Hefeteig, der zweckmäßigerweise einen Rand hat, damit nichts abläuft. Der Zwiebelkuchen wird in der Röhre goldbraun gebacken und erst angeschnitten, nachdem er einigermaßen erkaltet ist. Man serviert ihn zu Most, Wein oder Bier.

Salbei-Mäuserl

Salbeiblätter werden abgewaschen, auf einem Tuch getrocknet und in etwas Mehl gewendet. Inzwischen rührt man für den Ausbackteig 2 Eßlöffel Mehl mit 1 Eidotter, Salz und so viel Bier an, daß ein halbflüssiger Teig entsteht. Man fügt zuletzt den steifen Schnee hinzu und dreht die Salbeiblätter darin um. Sie werden in heißem Fett gebacken und bilden eine vorzügliche Beilage zu Bier, Wein oder kalter Platte.

Apfelküchel

4 bis 5 Eßlöffel Mehl, 2 Eßlöffel Zucker, etwas Zimt und Salz rührt man mit Weißwein zu einem flüssigen Teig an und gibt 2 Eßlöffel heißen Butter und den steifen Schnee von 2 bis 3 Eiern darunter. Der Teig muß etwas dicker als Pfannenkuchenteig, aber sehr schaumig sein. Inzwischen hat man aromatische Äpfel geschält und in nicht zu dünne Scheiben geschnitten. Man sticht das Kernhaus aus und wendet sie in etwas Zucker und Rum und zuletzt im Teig. Dann bäckt man sie in Fett schwimmend goldbraun und überstreut sie mit Zucker. Sie schmecken am besten, noch warm.

Fränkische g'schnittne Hasen

Das sind flache Hefeteigküchel, ähnlich den niederbayerischen Hasenöhrln, die mit dem Messer rautenähnlich ausgeschnitten und dann noch etwas zurechtgezogen werden. Man bäckt sie in Schmalz goldbraun und überstreut sie mit Zucker oder Zimtzucker.

Schmalznudeln

So hat man sie in Gebirgsgegenden für schwerarbeitende Holzknechte oder Bauern gebacken:
Dampfnudelteig (Seite 57), der nach Belieben auch mit einem Teil Roggenmehl angemacht wurde, rollt man zu nicht zu kleinen Nudeln aus und läßt sie schön gehen. Inzwischen gibt man in einen breiten Tiegel wenigstens 1 Pfund Butterschmalz, läßt es heiß werden und setzt die Nudeln hinein. Der Topf wird zugedeckt; dann läßt man die Nudeln in ihrem Schmalzbett schön aufgehen. Natürlich nehmen sie viel Fett auf, aber das sollen sie ja gerade. Das überstehende Fett wird als eine Art Soße verwendet, in die man die Nudeln eintaucht. Es handelt sich also um ein Familienessen mit dem Topf in der Mitte, aus dem jeder herausißt. Wem die Nudeln zu fett sind, der hat früher Sauerkraut oder saure Milch dazugegeben; heute neigt man wohl eher zu Zucker und Kompott als Dreingabe.

Zwetschgennudeln

Den Teig, wie zu Dampfnudeln, formt man zu kleinen Nudeln und zieht sie etwas auseinander, so daß man in die Mitte jeweils eine gespaltene, entkernte und mit einem halben Zuckerstückchen versehene Zwetschge legen kann. Man gibt nach Belieben noch eine Spur Zimt darauf und schließt die Nudeln sorgfältig. Sie werden nach dem Gehen dicht nebeneinander in eine mit heißem Schmalz reichlich versehene Reine gegeben, aber so, daß zwischen jede Nudel auch etwas Schmalz eindringt. Man kann sie dann später leicht voneinander lösen. Sie werden in der Röhre goldbraun gebacken; dann bringt man sie gestürzt und mit Zucker überstreut zu Tisch.

Gebackenes Heu

Der Teig wie zu Hobelspänen (Seite 16) wird dünn ausgewalgt und aufgerollt. Man schneidet ganz feine Streifchen, etwa so groß wie Suppennudeln, und gibt sie in heißes Fett. Sie müssen recht resch gebacken werden.

Butterkrapferl

Ein fester und fettarmer Hefeteig wird, noch bevor er zum ersten Mal gegangen ist, ausgewalgt und dick mit weichem Butter bestrichen. Man schlägt ihn zusammen, walgt ihn wieder, doch vorsichtig aus, damit der Butter nicht über den Rand austritt, und stellt ihn kalt. Dann bestreicht man ihn erneut mit Butter und schlägt ihn wieder zusammen. So wiederholt man das insgesamt viermal, ohne daß der Teig inzwischen aber gehen darf. Zuletzt walgt man ihn erneut aus und formt entweder kleine Hörnchen oder sticht mit einem Löffel runde Krapferl, die nach dem Gehen mit Eidotter bestrichen und schließlich goldgelb gebakken werden.

Reisschnitten

Zu Kirchweih, zum Dreschen und zu anderen Festen gab es als Besonderheit ›Reisbachens‹. Reis, in Bayern überhaupt früher in größeren Mengen verbraucht als im übrigen Deutschland, war eine beliebte Alltagskost, ebenso wie Teigwaren.

Für die Reisschnitten hat man einen saftigen, gut süßen und weinbeerlgespickten Milchreis gekocht und ihn 4 bis 5 cm hoch in einer gut gebutterten Reine recht resch und goldbraun gebacken. Davon hat man längliche Schnitten herausgestochen, die stark überzuckert mit anderem Schmalzbachenem die Schüsseln füllten.

DRISCHLLEGG ODER DRISCHLEG

Wenn anno dazumalen auf den Bauernhöfen der letzte Schlag des Dreschflegels oder später das Gesumm der Dreschmaschine verklungen war, dann war die Ernte endgültig vorbei. Die Musik der Arbeit, das Dengeln der Sensen, das dumpfe Rollen der Erntewagen auf der Tenne, den Takt des Dreschens gibt es heute kaum mehr.

Aber Drischllegg wird da und dort noch heute gefeiert, wenn der Drischl weggelegt wird und das Werk getan ist. Es ist ein kleines, häusliches Fest, das man den Erntehelfern und den Dreschern, also auch den Nachbarn, gibt. Natürlich ist ein guter Braten, vielleicht ein Stück Wild oder ein junger Bibgockel, also ein Truthahn, dabei. Solche Bibgockel oder Indiane hat's viel gegeben auf den Höfen, denn sie waren gut zum Ausbrüten der Henderln im Frühling. Die überzähligen hat man dann bei besonderen Gelegenheiten verzehrt.

In jeder Gegend hat es zum Drischllegg, wie es im Rottal hieß, oder zur Sichellege oder Sichelhenke im Schwäbischen oder zum Niederfall im Fränkischen eine andere Speisenfolge, aber immer eine festliche, eine hofeigene gegeben. Nach einer besonderen Suppe und nach dem Braten hat man, örtlich verschieden, Chiemgauer Bohnenknödel, dicke Bavesen, Regentaler Zimtnudeln, tellergroße Wollküchel, bachene Ochsengurgeln, Schmalzzelten, Apfelkrapfen, Roggene Schuchsen, Käsfleck und vieles andere dargeboten.

Nach dem Essen dann hat sich die Jugend über das altbekannte Tratzen gefreut, wenn das Rußpfandl umging, wenn die Woaznloas oder die Habergeiß kamen, wenn die mit Strohbündeln vermummten Burschen dem Bauern die Leviten gelesen, der Bäuerin die angebrannten Dampfnudeln vorgehalten hatten und wenn dann bei Zieharmonika und G'sangln, Lachen und Tanzen die Drischllegg zu Ende ging.

NOVEMBER hat XXX. Täg.

XI. Monat.	Der Heiligen Fest-Täg im Wintermon.	☽ Lau	Sonnen Aufg.	Sonnen Nider.	Erwählung der Aspecten, und vermuthliche Witterung.
Mitwo.	1 d Aller Heiligen,	♎	7. 6.	4.54.	□♂ / Es scheinet zu Ne-
Doner.	2 e Aller Seelē Ge.	♏	7. 8.	4.52.	● 8. Uhr, 29. min. Nachm.
Freyta.	3 f Hubertus Bisch.	♏	7.10.	4.50.	✠ ☻ ✶♃, ✶♂, gen und
Samb.	4 g Carolus Borro.	♐	7.11.	4.49.	✠ ☻ ✶♃♀, Sonnen-
⊙ 45.	Von dem Schifflein Christi / Math. 8.				Tagl. 9. Stund, 34. min.
Sonta.	5 A 24. Zacharias,	♐	7.13.	4.47.	✠ ☻ ☾ perig. schein ge-
Monta.	6 b Leonhard Bei.	♑	7.15.	4.45.	✶⊙♃, ✶♄, neigt an.
Erchta.	7 c Engelbert. Bis.	♑	7.17.	4.43.	✶⊙, ☌♃, ☿ i ♐, Ne-
Mitwo.	8 d Gottfrid Bisch.	♒	7.18.	4.42.	□♄, bel und Regen.
Doner.	9 e Theodorus M.	♒	7.20.	4.40.	☽ 11. Uhr, 50. min. Frühe.
Freyta.	10 f Andreas Aveli.	♓	7.21.	4.39.	✠ ☻ △♄, □☿ (☊ wider
Samb.	11 g Martinus Bis.	♓	7.22.	4.38.	✠ ☻ △⊙ / ✶♃, zu Un-
⊙ 46.	Vom guten Saamen und Unkraut / Matth. 13.				Tagl. 9. Stund / 12. min.
Sonta.	12 A 25. Martin Pa.	♓	7.24.	4.36.	✠ ☻ ✶♂, △♀, bestand
Monta.	13 b Brictius Bis.	♈	7.25.	4.35.	✠ ☻ ✶♂♀, □♃, mit
Erchta.	14 c Albertus Mag.	♈	7.26.	4.34.	□♂, Regen, Neblen und
Mitwo.	15 d Leopold Marg.	♉	7.27.	4.33.	☍♄, trüben Wolcken
Doner.	16 e Ottmarus Abt	♉	7.29.	4.31.	✠ ☻ △♃ / eingericht.
Freyta.	17 f Gregor. Thav.	♉	7.31.	4 29.	◉ 3. Uhr, 45. min. Frühe.
Samb.	18 g Otto Abbt,	♊	7.32.	4.28.	☍☿, Regen, Wind,
⊙ 47.	Von dem Senfftkörnlein / Matth. 13.				Tagl. 8. Stund / 54 min.
Sonta.	19 A 26. Elisabeth,	♊	7.33.	4.27.	✠ ☻ ☾ apog. und Schnee.
Monta.	20 b Corbian. Erbe.	♋	7.34.	4.26.	✠ ☻ △♄, Trüb und
Erchta.	21 c Mar. Opfferu.	♋	7.35.	4.25.	✠ ☻ ☍♃, ♂ in ♒, un-
Mitwo.	22 d Cæcilia Jgfr.	♋	7.36.	4.24.	△⊙, □♄, ☼ in ♐,
Doner.	23 e Clemens Pabst	♌	7.37.	4.23.	✠ ☻ △♀, lustige Zeit.
Freyta.	24 f Joh. v. Creuz,	♌	7.38.	4.22.	△☿, ☋, trocken Wetter.
Samb.	25 g Catharina J.	♍	7.39.	4.21.	☾ 8. Uhr, 20. min. Frühe.
⊙ 48.	Vom Greul der Verwüstung, Math. 24.				Tagl. 8. Stund, 40. min.
Sonta.	26 A 27. Conradus,	♍	7.40.	4.20.	△♃ (□♄♂, Schnee
Monta.	27 b Virgilius Bis.	♎	7.41.	4.19.	✠ ☻ ✶⊙♂, ✶⊙, und
Erchta.	28 c Felix v. Valois	♎	7.42.	4.18.	✠ ☻ ✶♀, ✶♃, Neblen
Mitwo.	29 d F. Saturninus	♎	7.43.	4.17.	✶☿, ☌♄, mit Son-
Doner.	30 e Andreas Apostl	♏	7.45.	4.15.	□♂, ✶♃, nenblickern.

Die Monds-Brüche in disem Monat.

Den 2. diß das Neue Liecht um 8. Uhr 29 min. Abends geht mit feuchter Witterung ein und aus.

Den 8. dito das erste Viertel um 11. Uhr 50. min. Frühe, setzet feucht und kaltes Wetter fort.

Den 17. dito das volle Liecht um 3. Uhr 45. min. Frühe, machet Schnee, Regen, und Neblen bis gegen das Ende.

Den 25. dito das letzte Viertl um 8. Uhr 20. min. Frühe, tritt mit Regen und Schne ein, worauff trockne Witerung einfällt.

Gut Aderlassen / den 3. 4. 5. 10. 11. 12. 13. 16. 19. 20. 21. 23. 27. 28.

Kranckheiten. □♄♂ / Böses Geblüte / unversehene Todtfälle / Podagra, kalter Brand, Miltz-Stechen / Ohren-Sauffen / Stein und Grieß.

Wintermond November

Ist's draußen kalt und grau, hängt drin die fette Sau

NOVEMBER

Wenn's kalt wird ...

Wenn sich einst das erste Frösteln einstellte, stellte sich auch die Küche schnell um. Jetzt wurden schwerere Gerichte und vor allem die ›warmen‹, auf den Tisch gebracht: dicke Suppen, fettes Schweinefleisch, Erbsen, Linsen, Schmalzgebackenes. Ausgefrorene, denen der eisige Wind zugesetzt hatte, haben eine heiße Biersuppe oder einen Punsch bekommen und die Männer haben rechtzeitig mit einem Obstschnaps gegurgelt; für die Kinder hat Mutter Hustenzeltel gekocht.

Biersuppe

1/2 l helles Bier kocht man mit einem Stück Butter gut durch und schäumt es ein wenig ab. Dann schlägt man 2 bis 3 Eidotter mit etwas süßem Rahm und fügt langsam 1/4 l heiße Milch hinzu. Diese Mischung gießt man in das kochende Bier und zieht den Topf vom Feuer. Die Suppe kann mit Röstbrotwürfeln bereichert werden.

Hustenzeltl

500 g Zucker läßt man mit 1/2 Tasse Wasser so lange über hellem Feuer kochen, bis die Masse honiggelb ist. Sie darf dabei nicht zu dunkel werden, sonst wird der Zucker bitter! Nun schüttet man eine schon vorher geriebene, große Zwiebel hinein und verkocht sie gut in der Zuckerlösung. Die Zwiebel darf nicht grobgehackt, sondern muß sehr fein gerieben werden, damit der Zwiebelgeschmack beinahe ganz vergeht. Man gießt die Masse dann auf ein ölbestrichenes Blech, drückt, während sie noch heiß ist, mit einem Messer kleine Karos ein und läßt sie erstarren. Die Bonbons lassen sich nun leicht auseinanderbrechen. Sie halten sich, in einer Blechdose luftdicht aufbewahrt, lange frisch und wirken schleimlösend und damit hustenstillend. (Hofküche München)

Heiße Maroni

Michel Montaigne schrieb auf seiner Reise von Augsburg nach Venedig (1580/81), als er in Mittenwald Station machte: »Hier bekamen wir in Deutschland zum erstenmal Kastanien angeboten und zwar ungekocht.« Es handelt sich also um geröstete Kastanien.

Sie sind bis heute eine süddeutsche frühwinterliche Attraktion geblieben, die heißen Maroni, die man auf der Straße aus der Stranize (Papiertüte) ißt. Natürlich haben sie die Italiener heraufgebracht – ihr Name leitet sich ja auch vom italienischen ›marrone‹ ab –; es waren ja genug davon in Bayern als Maurer, Stukkateure und Ziegelarbeiter, aber auch als Künstler und ›Kunsthändler‹, die an allen Häuserecken und Haustüren einstmals ihre ›figuri gipsi‹ anboten. Und Italiener waren es zumeist auch, die anfangs als Maronibrater auftraten, bis sich dicke, meist blaugefrorene Münchnerinnen diesem heiß-kalten Geschäft hingaben.
Heute fürchtet man ihre Kalorien, früher aber hat man die Maroni oder Kesten gern als Püree zu Wild oder Schinken unters Blaukraut gemischt, als Bratenfüllen, als süße Creme mit Schlagrahm und als rumgetränkten Nachtisch geschätzt. Auch Kuchen, Torten und Aufläufe gab es daraus, das beweisen alte Kochbücher wie das Augsburgische der J. S. Weiler von 1810, das Altadelige Bayer'sche der Gräfin Portia von 1837, das Regensburger der Maria Schandri um 1850 und andere.

Saftige Kastanien-Kirsch-Torte

100 g Butter, 3 ganze Eier und 2 Eidotter werden mit 75 g Zucker gut schaumig gerührt. Man gibt 65 g geriebene Mandeln, die geriebene Schale von 1/2 Zitrone, 1/2 Kaffeelöffel Zimt, 1 Likörglas Rum und 15 Stück geröstete, geschälte und dann fein aufgeriebene Kastanien darunter. Die halbe Masse füllt man in eine kleine, gefettete Springform, gibt dann 1 Dose gut abgetropfte, möglichst entkernte Kirschen oder Sauerkirschen darauf und deckt sie mit dem Rest des Teiges zu. Man bäckt die Torte bei Mittelhitze gar und bestreicht sie noch warm mit Marmelade und hierauf mit einem Guß aus 150 g gesiebtem Puderzucker, dem Saft von 1/2 Zitrone und etwas Rum. Zuletzt garniert man sie mit roten Belegkirschen und kleinen Stückchen von Zitronat. Sie hält sich sogar einige Tage hindurch frisch, wird aber wahrscheinlich schon sehr viel früher aufgegessen, denn sie schmeckt köstlich.

Kastanien-Pudding

2 Eidotter werden mit 150 g Zucker und knapp 1/4 l süßem Rahm schaumig geschlagen. Dann gibt man 250 g weichgekochte, durchpassierte Kastanien, 6 Blatt aufgelöste Gelatine, 1/2 Wasserglas Rum und zuletzt den steifgeschlagenen Schnee der Eier hinzu. Die Masse wird in kleine, ausgespülte Portionsförmchen oder Tassen gefüllt und nach dem Erstarren gestürzt. Jede Portion wird mit gesüßtem Schlagrahm hübsch verziert. Man kann die Puddings noch mit Preiselbeeren garnieren.

Kastanien-Creme mit Birnen

Etwa 30 Stück schöne, große Kastanien werden auf dem Backblech erhitzt und abgezogen, dann in 1/2 l Milch gekocht und durch ein Sieb gestrichen. Man gibt 60 bis 80 g Zucker daran und zieht 1/4 l Schlagrahm oder einen Vanillepudding aus einem knappen 1/2 l Milch darunter. Hierauf läßt man 1 gehäuften Löffel Zucker hell anbräunen, löscht mit etwas Wasser ab und schmort darin halbierte, geschälte Birnen weich. Man richtet sie auf der Creme an und gießt die braune Karamelsoße darüber. In die Mitte setzt man eine übrigbehaltene, weichgeschmorte Kastanie.

Kastanien-Kugeln

Die Kastanien werden kurz auf einem Blech in der Röhre geröstet, bis sie aufspringen; dann entfernt man die äußere und die innere Haut und kocht sie in genügend Wasser weich. Man tropft sie gut ab, drückt sie durch ein Sieb und gibt auf 500 g Kastanien 2 bis 3 Likörgläser Grand Marnier und 200 bis 250 g Puderzucker. Aus der gut verkneteten Masse werden runde Kugeln geformt, die man in Kokosflocken wälzt. Man steckt sie in alte Pralinenhüllen und bietet sie zum Naschen an.

ALLERSEELEN
2. November

In früheren Zeiten schenkte man sich am Allerseelentag mit Vorliebe Brezen. In der Wertach-Gegend beispielsweise und in Augsburg hing man sie als eine Art Seelenopfer an die meist schön geschmiedeten Grabkreuze. Die Seelenbrezel ist auch Fastenspeise (siehe Fastenbrezel, Seite 58/59) und kam deshalb auch in der vorweihnachtlichen Fastenzeit sehr gelegen.
Die charakteristische Form der Breze hat natürlich immer wieder zu Spekulationen und Deutungen über deren Ursprung angeregt. Man ging darin sogar so weit, in ihr die über die Brust gekreuzten Arme der Bestatteten zu erblicken, eine Ansicht, die man durch frühe Beschreibungen scheinbar bekräftigt zu finden glaubte, heißt es doch in einem alten Klosterbuch: »Eine Breze sieht aus, wie wenn man aus zwei Armen nur einen macht, indem man den einen über den anderen legt.« In Wirklichkeit dürfte aber die Erklärung viel einfacher, freilich auch weniger bedeutungsbeladen, sein. Die Volkskundler sind heute der Ansicht, daß es sich bei der Breze um das Ergebnis des menschlichen Spieltriebs handelt, der stets bestrebt ist, die vorgegebenen Dinge umzugestalten und ihnen neue Formen zu geben. Da die Franzosen (bretzel) und Engländer (pretzel) die deutsche Bezeichnung als Lehnwort übernommen haben, mag der Ursprung wohl bei uns zu suchen sein.
Daneben gab es noch die Seelenzöpfe, die sich sogar bis in die großstädtisch veränderte Gegenwart erhalten haben. Man bäckt sie sowohl sehr einfach wie auch durch Zugabe von Rosinen und Gewürzen verfeinert oder mit Zuckerguß überzogen als Zuckerseelenzopf groß und klein, als dreiteiligen, vierteiligen oder aufeinander gelegten Doppelzopf, aber stets klar als Zopf erkennbar. Überall sehen sie allerdings ein wenig anders aus und schmecken auch verschieden, wie man sie ja auch jeweils anders benennt. Es gibt Seelenstriezel, Allerseelenspitz und -kipf, Seelenzelten und Seelenbrot.
Die Namen für diese vielgestaltigen, in Größe und Güte so unterschiedlichen Gebäcke sind ebenso verschieden wie die Küchen, in denen sie gebacken wurden: Heiligenstriezel, -brezel, -kringel, -prügel, -stutzen, -kränze, -zelten oder

-buchteln und für die jüdische Gemeinde gebacken: Berches, Barches oder Berges, wie sie bis in die jüngste Zeit noch in München zu haben waren. In Oberfranken bezeichnete man die über Kreuz gelegten, an den Enden knochenartig verdickten Teigstränge als ›Totenbeinle‹, in Passau Seelenzopf, -striezel, -spitz oder -brot, im Allgäu kurz Seelen oder Seelenmichel, in Nürnberg Spitzlein, in Berchtesgaden Rauchwecken oder Stuckbrot, da es sich um mehrere aneinander gebackene Semmeln (Stuck) handelt; in Mittenwald werden sie, mit Mohn bestreut, Bucheln, in Oberbayern Gelauchte, im allgemeinen Süddeutschland Doppelkipf oder Seelenzipf, im Bayreuther Umkreis Hummelbauernzopf, sonst noch Pärle oder Pirlebrot betitelt. Es handelt sich um figürliches Gebäck, ein Mädchen, ein Männlein oder ein Pärchen, wie aus dem Namen hervorgeht. Dazu gehören noch die Seelenmännle um Augsburg, der Mohnzopf in Krumbach, die Dartscher in Franken, die Seelenlaibchen und -weck wie auch die Darstellungen von Pferden, Hirschen, Hasen, Hennen und überdies auch noch andere, mehrdeutige Hörnchen.
Man schenkte dieses Gebäck den Kindern und Paten und bedachte vor allem auch Arme damit; sie wurden, damit sie für die Verstorbenen beteten, großzügig, allerdings mit sehr einfachem Gebäck, beschenkt. In einigen Gegenden, besonders im Bayerischen Wald, zogen die ›Brotheischer‹ mit Körben und Kirmen von Haus zu Haus, um ihre Spendwecken zu bekommen. Das artete zum sogenannten ›Kirmrennen‹ aus, bei dem jeder so viel Spendwecken oder Seelenkipfe wie möglich sammeln wollte. Früher sagten sie noch ein Verserl auf:

I bitt' enk halt recht schö
Gebt's mir an Seelenkipf,
Gebt's ma fei an weiß'n
An schwarzen konn i net beiß'n.
Gebt's ma an langa
An kurzn konn i net g'langa

Später mußte der Eile wegen ein kurzes Vergeltsgott genug sein. Im Winter kochten die mit den Spendwecken Beschenkten dann Mehlspeisen und Suppen davon; böse Zungen sagten, daß sie ihre Weihnachtssau damit gefüttert hätten.

Im oberen Inntal wurden die Armen reichlich mit Seelenwecken aus Roggen- und Bucheckernmehl, den darum sogenannten Buchelenbroten, beschenkt. Die Lehensleute des Klosters Frauenwörth im Chiemsee bekamen während des Dreißigjährigen Krieges nur Brote aus Feldblumen, Bucheckern und Haarbolen (Leinsamenkapseln) geschenkt. Der kurfürstliche Hof zu München hat 1740 und 1750 an die Stadtarmen Tausende von Seelenzelten und -laiberln als Hofspende verteilen lassen. Das dafür entgegnete Vergeltsgott kam den armen Seelen zugute. Ihr Spruch lautete:

Wir bitten um einen Zelten,
Der Herrgott wird's vergelten.

Diese Spendlaibe an die Seelleute waren nur einfache Brote; die Patengeschenke hat man dagegen in bester Qualität und in Oberbayern bis zu einem Meter lang gebacken und dabei mit Zutaten nicht gespart. Man unterschied Semmel-, Butter- und Eierzöpfe, solche aus mürbem Hefenteig, feinem Biskuit und würzigem Brotteig. Sie wurden mit Papierblumen, den kleinen Steckröserln, geschmückt und mit Versen übergeben.

Zu Allerseelen, dem Zeltentag, kamen auch zum erstenmal im Jahr Honig und Mohn ins Gebäck, denn man nähert sich Advent und Weihnachten. Daneben gab es aber auch salzige Seelenspitze aus Roggenmehl mit Kümmel, die man zum jungen Wein genoß; bekannt sind auch die Münchner Bierzöpfl. Der Trunk gesellte sich ja immer gleichwertig der festen Nahrung zu. Deshalb hat man in München im Gasthof Königsbauer, im Hirschbräu, beim Zacherl, im Straubinger Hof und beim Giesinger Weinbauern Doppelbier und ersten Most als Allerseelentrunk ausgeschenkt, um sich nach der Seelenmesse und dem Friedhofsbesuch zu stärken.

Daheim, besonders in ländlichen Bezirken, wurden den Armen Seelen Lichter, Allerseelenzopf oder Milch und geweihtes Brot aufgestellt oder man hat ihnen einen Seelenlaib aufs Grab gelegt. Mancherorts wurde auch noch von Leonhardi am 6. November bis Martini am 11. November ein vorweihnachtlicher Allerseelen- oder Spitzmarkt abgehalten, auf dem es auch Brezen jeder Größe und Abwandlung gab.

Niederbayerische Armeseelen-Weckl

Gewöhnlicher Brotteig wird zu kleinen Weckerln geformt. Man läßt diese über Nacht in der warmen Küche stehen und gibt sie dann nebeneinander so in eine gut gefettete Reine, daß sie Platz haben, sich auszudehnen. Man kann sie nach Belieben mit etwas Wasser bestreichen und mit Kümmel bestreuen. Sie werden gut warm gestellt und dann gebacken. Diese Roggenweckerl schmecken frisch am allerbesten.

Godelwecken

500 g Mehl setzt man mit 40 g Hefe an und gibt 1/4 l Milch, 100 g zerlassenen Butter, 2 bis 3 Eier und etwas Salz daran. Der nicht zu weiche Teig wird auf einem Nudelbrett sehr stark durchgearbeitet, bis er ganz fein ist und nicht mehr an den Händen klebt. Man formt kleine, längliche Weckerl daraus und läßt sie gehen. Dann werden sie kreuzweise eingeschnitten, mit Dotter bestrichen, mit etwas grobem Hagelzucker bestreut und bei guter Hitze goldgelb gebakken.

SANKT HUBERTUS
3. November

Die Jäger sind ein eigener Volksstamm; sie sind an ihrem Äußeren, der Jagerkluft, zu erkennen; sie sprechen ein eigenes Idiom, die Jägersprache oder das Jägerlatein, sie haben ihren besonderen Ehrenkodex, ihre speziellen Jagdgesetze und ihr kostbares Gewaffe, ihre ganz auf sie abgestimmte Kultur, die sich in Jagdschmuck aus Hirschgrandln und Eichenlaub und in einer spezifischen Art zu wohnen äußert. Vom ausgestopften Mäusebussard bis zum Besteckgriff aus Geweihstangen, von der Garderobe aus Gamskrickln bis zum Papierkorb aus einem Elefantenfuß kann man alle Arten von Trophäen, original und mehr oder weniger sinnig verwandelt, bewundern. Auch eine eigene Jägermusik mit Jagdhornklang bei Beginn und Ende der Hatz, bei Hochzeit und Begräbnis, eine weidmannsbetonte Literatur, einen nur ihnen zugedachten Heiligen mit dem 3. November als Feiertag, mit Hubertusritt in Spezialdreß, sogar einen Hubertusorden und einen Weidmannsgruß gibt es. Was uns hier aber am meisten interessiert, das sind die dazugehörigen Kulinarien, innerhalb derer es kein Hasenschwanzl, sondern eine Blume, keine Ohren, sondern Löffel, keinen Rücken, sondern Ziemer, keine Füße, sondern Läufe gibt. Das beweist, daß sich sogar die Anatomie der Jägersprache beugt.

Die Jäger machen's aber auch einfacher, besonders wenn es sich um schlichte Treibjagden handelt und wenn danach ein Essen im Freien, ein Grasessen auf der Wiese oder am Waldrand stattfindet. Da gibt es dann Würstl und Brezen mit viel Schnaps oder Punsch, weil es ja schon kalt ist, oder auch ein heißes Lüngerl mit Knödeln. Nach diesem letzteren Gericht wurde das Abschlußessen einer Treibjagd als ›Knödlbogen‹ bezeichnet.

Ruhpoldinger Wildkrapfen mit Pilzen

Wenn Wildreste vorhanden oder einige Rebhühner oder Fasane zum Braten zu alt scheinen, dann sind gebackene Krapfen daraus immer noch ein Genuß. Zuerst wird das gekochte und gebratene Fleisch sorgfältig von allen Knochen gelöst und mit ebenso-

viel oder auch etwas weniger Pilzen durchgedreht. Man gibt etwas gehackte Zwiebel, Petersilie und 2 bis 3 Eßlöffel Mandeln, Salz, Pfeffer, 1 bis 2 Eier und etliche Brösel dazu. Daraus formt man kleine Krapfen, wendet sie in Mehl, Ei und Mandelblättchen und bäckt sie goldbraun. Dazu paßt Sauerkraut oder auch jedes andere Gemüse.

Hirschsteaks in Leberpüree

Ein Stück Wildleber wird gebrüht, gehäutet und in Scheiben geschnitten. Hirschleber wird zweckmäßig etwas gewässert. Dann dreht man sie mit knapp ebensoviel Pilzen durch. Dann werden 2 abgelagerte, gehäutete Hirschfilets in dicke schräge Scheiben geschnitten, gesalzen, nach Belieben gespickt und doppelseitig in Butter zart angebraten. Man legt sie auf eine Platte und gibt nun in das Bratfett die Leber, etwas Rotwein, Salz, Pfeffer, Thymian, 1 bis 2 Eßlöffel sauren Rahm, Zitronensaft und wenig Zucker. Die Soße kann noch mit Kapern und gehackter Essiggurke pikant nachgeschmeckt werden. Man gießt sie über die Steaks. Als Beilage reicht man Teigwaren oder Kartoffelbrei.

Wildschweins-Nuß mit Kastanienpüree

Aus dem Schlegel schneidet man eine schöne Nuß (geschlossene Muskelpartie) heraus, häutet und spickt sie. Dann wird sie gesalzen, in Mehl gewälzt und ringsum in heißem Fett rasch angebraten. Man gibt Rotwein, wenig Zimt und Nelken dazu und schmort die Nuß gar. Dabei gießt man, soweit nötig, mit Fleischbrühe auf. Das Fleisch wird in Scheiben geschnitten und mit gespritztem Kastanienpüree umgeben. Man reicht Sauerkraut oder buttergeschwenkten Rosenkohl dazu.

Wildente in Rahmsoße

1 bis 2 vorbereitete Wildenten werden gewaschen, wieder getrocknet, gesalzen und, wenn sie mager sind, in dünne Speckscheiben gewickelt. Man gibt sie in heißes Fett und fügt dann reichlich kleingehackte Suppenwurzeln, 2 gestoßene Wacholderbeeren und 2 bis 3 Pfefferkörner hinzu. Die Soße gießt man mit saurem Rahm auf, läßt sie bräunen und dickt sie ganz leicht mit wenig Mondamin ein. Die Ente wird ausgewickelt, tranchiert und mit dem kleingeschnittenen Speck auf Ananaskraut angerichtet.

Gefüllte Rebhühner

Die Leber von 2 Rebhühnern und ebensoviel Speck und 1 bis 2 eingeweichte Semmeln treibt man durch und würzt mit Knoblauch, Zitronenschale und Zwiebel, Salz und mildem Delikateßpaprika. Man kann 2 bis 3 Eßlöffel geriebene Mandeln oder

Erdnüsse hinzufügen. Nun wird die Fülle in die innen gesalzenen und gepfefferten Rebhühner gefüllt. Man steckt sie zu und gießt je Huhn 1 Glas Asbach Uralt darüber. Das macht sie besonders mürb. Die leicht aufgegossene Soße wird mit etwas geriebenem Soßenlebkuchen, einer zerdrückten Wacholderbeere, Zitronensaft und Suppenwürze abgeschmeckt und gesondert zu den auf Blaukraut gelegten Rebhühnern gegeben.

Hirsch-Rouladen

Ein Stück Hirschbauch wird von allen Hautstücken und Rippen befreit und dann 5 bis 6 Tage in eine Beize aus 1 Tasse Öl und 1 Tasse Rotwein, etwas Salz, Pfeffer, Senf und Küchenkräutern gelegt. Dann nimmt man es heraus, tropft es gut ab und salzt es. Das Fleisch wird flach aufgelegt und mit einer Fülle aus geschmorten Zwiebel- und Speckwürfeln, 1 Ei, Salz, Pfeffer, Petersilie, Senf und etlichen Bröseln bestrichen; dann rollt man es zusammen, näht das Ende fest an und brät die Roulade bei guter Hitze in Butterschmalz scharf an. Man gießt mit der Ölweinbeize auf und läßt sie langsam, bis 2 Stunden, im zugedeckten Topf garschmoren. Die Soße wird leicht gebunden und mit Paprika, ein wenig Kümmel, Petersilie und etwas Zucker abgeschmeckt.

Wildkrusteln mit Erbsen

Etwa 300 g Reste von einem Reh oder einem anderen Wildbraten oder von Wildgeflügel treibt man durch die Maschine und fügt noch ein Stückchen fetten Schinken hinzu. Dann bereitet man eine dicke weiße Einbrenne, zieht sie vom Feuer und gibt 3 Eidotter sowie das Fleischhaschee darunter. Die Masse wird auf ein dick mit Bröseln bestreutes Blech 2 bis 3 cm hoch aufgestrichen und schön geglättet. Nach dem Erkalten schneidet man gleichmäßige Stücke daraus, dreht sie in Mehl, dem übriggebliebenen Eiweiß und den Bröseln um und bäckt die Wildkrusteln dann langsam in nicht zu heißem Fett goldbraun. Man reicht grüne Erbsen dazu und garniert sie mit braunen Zwiebelringen oder mit geschmorten Speckstreifen.

Preiselbeer-Sülzchen

(Pikante Wildbeilage)

Eine Tasse eingekochte Preiselbeeren verdünnt man mit Milch auf 1/2 l und gibt 1 Eßlöffel Mayonnaise und 6 Blatt aufgelöste Gelatine darunter. Man füllt die Masse in gespülte Tassen oder Förmchen und stürzt sie nach dem Erstarren. Man setzt sie zwischen angemachten Salat und gibt auf jedes Sülzchen noch einen Klecks Mayonnaise.

Kalte Wildpretsoße

Je 1/2 Zwiebel und Schalotte werden sehr fein gewiegt und mit 4 gekochten Eidottern, etwas feingeriebener Zitronenschale und einer Prise Zucker vermengt. Man gibt 20 g kleingestoßene Wacholderbeeren, Zitronensaft oder Essig sowie Öl dazu. Die Soße soll halbdick sein; sie paßt besonders gut zu schwarzem Wildpret.

DAS WOLFAUSTREIBEN
10. November

Früher war die Weide der bayerischen Bauern nördlich der Donau und auch weiter gegen Westen zu Gemeinde-, also Allgemeinbesitz. Erst bei einer weitausgreifenden Neuordnung anläßlich der Gründung des Königreichs Bayern zu Anfang des vorigen Jahrhunderts gingen viele dieser ›Allmenden‹ in den Privatbesitz der Bauern über, und die Gemeindehirten wurden nach und nach arbeitslos. Sie hatten im Lauf der Jahrhunderte nicht nur eine eigene zunftmäßige Vereinigung, sondern auch Tracht und allerlei originelles Brauchtum geschaffen. In Hersbruck bei Nürnberg gibt es ein reich ausgestattetes Hirtenmuseum, in dem man noch viel über das Hirtenwesen erfahren kann.

Da Sankt Martin auch der Schutzpatron der Hirten war, darf es nicht wundern, wenn sie aus seinem Tag ein besonderes Fest gestalteten. Es paßte ja auch gerade, weil das letzte Rind nun im Stall stand, und weil der Martinstag ein allgemeinner Zins- und Lostag und überdies ein Feiertag war. Die Hirten erwarteten jetzt ihren Lohn und bezogen ihre Winterquartiere. Zum Abschluß des Hüterjahres wurden sie von den Bauern oder der Gemeinde am Abend vor Sankt Martin zu einem ordentlichen Mahl eingeladen, wozu nicht selten ein Kalb oder Schwein dranglauben mußte.

Nach dem Essen dann, aus Freude und aus Dankbarkeit und um ihre Fürsorge für das Vieh zu beweisen, veranstalteten sie nach Eintritt der Dunkelheit das Wolfaustreiben.

Es reicht bis in unsere Zeit herein, wird aber nicht mehr von den Hirten, sondern von den Dorfbuben ausgeführt.

Vor allem im Bayerischen Wald, im Gebiet um Zwiesel, hat sich das Wolfaustreiben erhalten. Da laufen die Acht- bis Zehnjährigen in der Dunkelheit mit Glocken, Kuhschellen und Geschrei oder Peitschenknallen dreimal um die einzelnen Häuser oder ums ganze Dorf und sagen dabei ihre Sprücherln auf:

Buam, hat's da?
Ja

Geht koana net a?
Na

Nacha Buam riegelts enk
Auf geht's

Vielen ist das Wolfaustreiben heute nicht mehr verständlich, weil es seit Generationen nur noch mündlich überliefert ist. Zum Dank bekommen die Buben, einem alten Heischebrauch zufolge, entweder von den ersten Martinswecken oder Kücheln etwas ab, oder sie begnügen sich mit Äpfeln und Nüssen. Heutzutage legen sie allerdings mehr Wert auf Bargeld.

SANKT MARTIN

11. November

Herbei, herbei zur Martinsgans,
Herr Burkhardt mit den Brezeln – jubilemus
Herr Urban mit der Flasche – cantemus
Herr Barthl mit den Würsten – gaudeamus
Sind alle starke Patrone zur Martinsgans

Martinslied aus einer alten Klosterchronik.

Das ist ein großer Heiliger, Sankt Martin! Ein Herr und Reiter auf einem Schimmel mit wallendem, blauem Mantel und schimmerndem Schwert, durchreitet er das Land, Patron der Pferde, Reiter und Soldaten, der Gefangenen und des Weinbaues und – der Gastronomie.

Der Patronatskatalog Sankt Martins ist aber noch größer: Er, selbst Soldat, war der Schutzherr des Fränkischen Reiches und Gönner der Armen, mit denen er seinen Mantel teilte. Darum belegten ihn auch die Schneider als Patron mit Beschlag, und von seinem geteilten Mantel, der ›cappa‹, der von den Merowingischen Königen als Reichskleinod in einem besonderen Raum, der ›capella‹, aufbewahrt wurde, stammt die Bezeichnung kleinerer Gotteshäuser als Kapelle und junger Priester als Kaplan.

Sankt Martin hatte einen Namen als Märtyrer, als Heiliger, als Wetterprophet und Bischof. In Ungarn geboren, lebte er in Frankreich und war Ende des 4. Jahrhunderts Gründer des ersten Klosters des Abendlandes in Poitiers; er starb als Bischof von Tours. Dem Heiligen sind allein in Bayern über hundert Kirchen geweiht, von denen die Martinskirche zu Landshut die bedeutendste ist und den höchsten Backsteinturm der Erde besitzt. Im Chorgestühl ist eingeschnitzt: »Wenn alle Wesen Zungen hätten, wären sie nicht imstande, das Lob des Heiligen würdig zu singen.« So hoch geehrt war Martinus, und so gewichtig lebt er unter uns!

Am Martinstag begann einst der Advent, und da endeten alle, damals noch vereinzelten, Kirchweihfeste. Man holte wieder die Spinnräder vom Dachboden; auch war er Los- und Zinstag, darum sang man:

Sankt Martin ist ein harter Mann
Für den, der nicht bezahlen kann!

Gleich Lichtmeß war der Martinstag auch Ehhaltenwechsel und wichtiger Termin für Steuern, Abgaben, Geschäfte und Verträge.
Daneben aber oder gerade deshalb feierte man unter seiner Schutzherrschaft das größte Weinfest, auch in Altbayern, wo außerhalb Frankens allerdings nur wenig wuchs, was wirklich Wein heißen durfte. Die Lehnsherren, der Pfarrer und der Lehrer bekamen ihren obligaten Martinswein, und man trank, besonders im Allgäu, in bäuerlicher Gemeinschaft, wie zu Johanni die Schön- und Stärke-Minne.

Kehrt Martin ein
ist jeder Most schon Wein

oder

Am Sankt Martinsfeste
zapft man Wein für Gäste.

Noch wichtiger und bekannter ist die Martinsgans. Um sie ranken sich vielerlei Legenden. Man erzählt, daß ihr Geschnatter den so asketisch lebenden Martinus verraten habe, als er sich in ihrem Stall versteckte, um der ehrenvollen Wahl als Bischof zu entgehen. Sankt Martinus wurde Bischof von Tours und die Gans sein Attribut. Er trägt sie, wenn er zu Fuß dargestellt wird, unterm Arm; eine andere Legende erzählt, er habe sie vor einem Wolf errettet. Die Gänse sind gerade zu dieser Zeit besonders schön fett. Sie galten als Lehensspeise, als Pacht- und Zinsvogel an Höfe und Klöster und natürlich als großer Bauernschmaus. »Erstlich loben sy Sanct Martin mit guetem wein, genßen, biß sy voll werden. Vnselig ist das hauß das nit auf diß nacht ein ganß zue essen hat, da zepfen sy yre neüwen wein an.« (Franck 1534.) Nach einer Quelle von 1546 aß man Gänse, Kapaune, Hühner und Enten. Wer eine Gans ißt, so hieß es, hat das ganze Jahr über Geld.
Eine andere, eine prophetische Eigenschaft, war den Gänseknochen vorbehalten. Von ihnen sagte man

Ist Sankt Martins Gans
am Brustbein braun,
wird man mehr Schnee
als Kälte schaun!

Die Gänseleber galt bei den alten Römern als Orakel, uns liefert sie die feinsten Schmankerl!
Es gibt sogar einen reizenden Traktat über die Martinsgans. Herr M. Melchior de Fabris, Pfarrherr zu Awern, hat ihn im Jahr 1595 geschrieben und ›Die Martinsgans‹ betitelt. Gedruckt wurde das kleine Buch im Kloster zu Thierhaupten nächst Augsburg. Das Titelblatt zeigt Sankt Martinus in einem Holzschnitt. Allerdings ist der Traktat keine Aufforderung, üppig zu leben, sondern im Gegenteil, gleich dem Heiligen, ohne alle Völlerei und in Sittenstrenge. Interessant daran ist, daß ausgerechnet die Martinsgans, die in Stadt und Land so hoch in Gunst stand, sozusagen als Reißer-Titel für eine Mahnpredigt herhalten mußte und daß der geistliche Herr auf die Macht Sankt Martins als Vorbild und Helfer so stark vertraute. So wichtig und gewichtig war also die Gans, daß sie von der Kanzel aus zitiert und vom Volksmund ringsum mit großen Worten und kleinen Versen besungen wurde.
Zweckmäßigerweise, für Gesundheit, Geldbeutel und Steuerkraft, folgte dann nach dem üppigen Gansschmaus einst das 40tägige Martinifasten bis Weihnachten. Deshalb hat man vorher auch noch richtig dreing'haut und eine Sau geschlachtet nach dem Motto

Um Martini schlachtet man ein Schwein.
Es muß um Lichtmeß gefressen sein!

Ein anderer Spruch, der Bildung und Eßlust vereint, lautete

Iß Gäns Martini,
Wurst in Festo Nicolai,
Iß Blasii Lemper (Lämmchen),
Hering Oculi mei semper

In der Rückschau auf vergangene Zeiten sieht man geradezu den genüßlichen Hochwürdigen oder den Landdoktor vor seinem Festbraten bei der ›anserina festivitas‹ (Gänsegelage). Vorher wurde sicherlich lange mit der Emerenzia, der Kathi oder Zenzi darüber verhandelt, denn

Sankt Martin ist ein guter Mann,
er bringt die Bratgans uns heran.

In jedem Haus in Stadt und Land bruzzeln und schmurgeln darum oft auch heute noch pralle Ganserln und verkünden schon durch ihren wohligen Ruch, was auf den Hungrigen zukommt. Fachmännisch wird der Vogel beurteilt, ob es sich um eine Grasgans mit gelber oder eine Maisgans mit weißer Fett'n handelt. Und auch die Beilagen sind wichtig, Blaukraut, halbsüßes Apfelmus, feste Reiberknödel und Salat. Fast jede Hausfrau in Altbayern wußte einst ein besonderes Rezept für die Füllen und die Soßen.

Zuletzt gab es ein nußgefülltes Martinshorn oder Hufeisen nach altem Brauch, dann noch Äpfel, Nüß und Küchl. Höchst wichtig waren die Martinsbrezen, die bei keinem Fest fehlen durften, denn ihre Form mit den gekreuzten Armen war ein allen verständliches Freundschaftsangebinde.

Die Breze als besonderes Martinskultbrot war oft riesengroß, wie auch die Martinshörner, eigentlich eine Nachbildung der Hufeisen vom Roß des Heiligen. Daneben hat man noch weiße, mürbe Martiniwecken, die sogenannten Martinsgeigen oder Martinsspitz gebacken, damals ein seltener Genuß, war man doch stets nur Roggengebäck gewöhnt.

In München hat der Stadtwächter einst große, lange Martiniwecken scheibchenweise an die in die Stadt einziehenden Bauern und Fuhrleute verteilt und dafür Geld oder Butter, Schmalz oder Eier bekommen, eine sicher sehr willkommene Martinszinsung für ihn, denn sein Salär dürfte nicht allzugroß gewesen sein. Im übrigen haben eben diese Bauern und Fuhrleute zu Martin auch an ihre Pferde gedacht und ihnen zu Ehren ihres hohen Patrons eine doppelte Futterration zugeteilt.

Sankt Martin wird mancherorts noch heute mit prunkvollem Umritt und dem Spiel des Mantelteilens vor dem Kirchentor gefeiert. In Obergünzburg und Marktoberdorf sind es bis 100 Berittene; im Fränkischen, auch im Allgäu, findet der Umzug bei Laternen- und Lampionschein statt, und die Kinder bekommen nach dem Absingen ihrer Martinslieder ihre Martinswecken. Berühmt ist auch der prächtige Martinsritt zu Miltach im Bayerischen Wald.

Anderwärts, beispielsweise im schwäbischen Oberland, finden Martinsmärkte statt, und das Laternenfest endet mit Glockenläuten, Peitschenknallen und Schellenlärm.

VI
Peter Jakob Horemans
Die Köchin beim Geldzählen

Die schönste, die schwerste muß es sein, und eine feine Fülle soll sie bekommen, damit sich ihr kräftiges Aroma verdoppelt. In jeder Gegend setzt man die Füllen anders zusammen; am langweiligsten ist jedenfalls die aus Semmeln. Nachstehend einige leckere Füllen zur Auswahl:

Kartoffelfülle

Man dämpft rohe, geschälte, in Würfel geschnittene Kartoffeln mit gewiegter Petersilie, Beifuß oder Majoran, etwas Zwiebel und der zerkleinerten Gänseleber kurz an, würzt mit Salz und Pfeffer. Die Fülle soll sehr kräftig schmecken.

Kastanienfülle

Man schneidet Kastanien oben ein, legt sie in die heiße Bratröhre, bis sie platzen, entfernt dann die äußere und innere Schale und kocht sie halbweich. Dann verwendet man sie nach obigem Rezept an Stelle der Kartoffeln.

Apfelfülle

Gleichmäßige, ausgehöhlte kleine Äpfel werden mit gekochten Kastanien oder Dörrzwetschgen, etwas Salz und Majoran eingefüllt.

Hefefülle

Eine Hefefülle, die auch sehr gut schmeckt, ist schon auf Seite 216 zu lesen. Die Gänse werden wie üblich gebraten, und die Soße wird dabei zweckmäßig entfettet.

Wie man bereits im 14. Jahrhundert in Bayern Gänse gebraten hat, zeigt uns die erste deutsche Kochbuch-Handschrift aus Würzburg mit dem Titel ›Daz buch von guter spise‹. Das Rezept Nummer 42 lautet:

Ein geriht von einer gense

Nim ein gans. die niht alt si. nim uz daz gekroese. snit abe die flügele und die diech (die Beine). stecke sie in einen irdinen hafen. der enge si. giuz daz wazzer uf. daz sie betuche (daß sie völlig darein getaucht seien). setze sie uf einen drifuz. der unden offen sie. bedecke den hafen. daz der braden ibt uz ge. siut daz gekroese sunder. und saltz die gans. und siude die gans in dem sode. biz sie vil nach trucken si und gar si gesoten. und nim denne süezze milich und sehs totern. und zwei haupt knobelauches. die groz sint. und schele die schone. und stoz sie mit ein wenic saltzez. und menge daz mit der milich. und mit den totern. und saffran tu dar zu. und giuz daz condiment auf die gans. laz sie erwallen und gib sie hin.

Wie sehr die Gans und ihr Verzehr in Volksbräuche und Sprüchwörter eingegangen sind, kann man überall noch feststellen. Besonders die Weiblichkeit wird oft mit ihr in Zusammenhang gebracht. Man spricht von einer dummen, einer g'scherten, einer g'schwollenen Gans, vom Gänseschnattern oder Ganseln junger Mädchen, vom Gänshimmel, in den sie kommen werden, vom Gänsewein (Wasser), der für sie am besten ist. Auch fröhliche und derbe Spiele mit den armen Gänsen hat man zur Volksbelustigung angestellt und in einem Nürnberger Kochbuch aus dem Jahr 1680 ist ein besonders grausames Rezept zu lesen, das rät, wie man eine Gans lebendig so braten kann, daß sie wohl gar ist, aber angeblich noch schreit, wenn man sie anschneidet.
Eine Chronik von 1790 meldet aus dem Ries: »In hiesiger Gegend werden so viele Gänse gezogen, daß davon jährlich 30 000 und mehr unter den Toren verzollt werden, welche man viele Meilen weit versendet.« Man hat ja auch viele gebraucht, als Lichtlgans, als Michaeli-, Martins- und Weihnachtsgans und dazwischen immer wieder zu häuslichen Festen, Hochzeiten und ähnlichen Anlässen.

Martinshorn mit Birnfülle

Ein guter, fester Hefeteig wird mit genügend Zucker und Butter verfeinert und viereckig ausgewalgt. Man gibt mürbe kleingeschnittene Birnen, gehackte Walnüsse, Zukker und Weinbeeren darauf und schneidet dann den Teig von Eck zu Eck querdurch, so daß zwei Dreiecke entstehen. Diese rollt man von der Mitte her auf und biegt die Enden der beiden Hörner leicht nach innen. Die Hörner werden mit Ei bestrichen, mit grobem Zucker bestreut und nach dem Gehen goldgelb gebacken.

Sankt-Martins-Hufeisen

Ein fester Hefeteig wird mit genügend Eiern, Butter, Zucker, 2 bis 3 Eßlöffeln gehackten Mandeln und geriebener Zitronenschale verfeinert und zu 2 bis 3 dünnen Wecken mit schmäler werdenden Enden geformt. Man drückt sie oben etwas flach und biegt die Spitzen um. Auf diese mit Ei bestrichenen ›Hufeisen‹ legt man zwei Reihen Nägel aus großen Rosinen und bäckt die Hufeisen nach dem Gehen hell aus.

Kleine Zuckerhörndl

200 g Mehl, 100 g Kartoffelmehl, 200 g Butter, je 130 g Zucker und feingeriebene Mandeln und ganz wenig Salz verarbeitet man rasch mit kühler Hand zu einem recht mürben Teig. Man stellt ihn kalt und formt dann eine Rolle daraus, die man in kleine Scheiben schneidet. Diese rollt man zu Würstchen und biegt sie zu Hörnchen auf. Sie werden mit zerklopftem Ei oder Eiweiß bestrichen, dick mit grobem Hagelzucker bestreut und 10 bis 12 Minuten bei guter Hitze im Rohr ganz blaß gebacken.

ADVENT
Ende November – Anfang Dezember

Im alten Bayern war Advent, der Beginn des Kirchenjahres, eine stille Zeit ohne viel Aufhebens und vorweihnachtlichen Spektakels. Diese vier Wochen, genau mit dem vierten Sonntag vor dem Christfest beginnend, waren davon geprägt, daß die Familie sich um Lampe und Ofen scharte. Man ging ins Rorate- oder Engelamt in kalter Frühstunde, schon um sechs Uhr. Als besonderes Adventszeichen gab es einen Kranz mit Kerzenlichtern, eine Woche nach der anderen eine brennende Kerze mehr. Der Vater brachte Tannenzweige heim, und daraus wurde der mit roten Bändern umflochtene Kranz gemacht, und die Kinder durften mit rotbackigen Äpfeln eine Pyramide basteln: Unten drei Äpfel im Dreieck, mit Holzstecken verbunden; davon ausgehend wieder drei Steckerl, die oben mit einem Apfel vereint wurden. In diesen Apfel kam dann ein Loch, in das eine kleine Kerze hineingesteckt wurde. Oder es wurden Apfelwichtel gemacht. Für sie wurden helle Äpfel mit einem Gesichtchen bemalt, mit einer spitzen Papiertüte als Hut und etwas Watte als großen Bart verziert und dann in Eierbecher gestellt.
Wenn der erste Schnee in der Adventszeit kam, wurden nach altem Herkommen die ersten Bratäpfel ins Rohr gegeben. Schön langsam, in der oberen Durchsicht des Kachelofens, bruzzelten sie schon seit mittags leise vor sich hin, um in der Dämmerzeit gar und saftig zu sein. Jeder hatte seinen Apfel oft genug gedreht und beäugt, damit er ja reif und süß war. Je runzliger, desto besser und um den ausgelaufenen dick und braun gewordenen Saft auch noch zu erwischen, hat man schon einen verbrannten Finger riskiert.
Eines Tages hieß es dreimal Hände waschen und vorzeigen, denn Mutter machte Marzipan für's Fest und wir durften helfen. Erst die Mandeln verlesen; die dunklen waren die bitteren, die gezählt und für die Extrawürze bestimmt waren. Dann hieß es schälen; ein Mordsspaß, wenn sie aus ihrer braunen Haut schnippsten. zwei- bis dreimaliges Durchdrehen durch die Mandelreibe, das war wieder langweiliger, aber dann das Verkneten mit Zucker und Rosenwasser und das Formen von Schweindeln, Zwergen, Gockeln und Herzen. Jeder durfte seinen Teil selber

gestalten. Der größere gab schöne Formen, große Herzen mit eingezwickten Rändern, Früchte, in alten zweiteiligen Modeln gepreßt und dann bemalt, kleine Kartoffeln, die in Kakao gewälzt wurden, und winzige Brotlaibe mit Einschnitten und ähnliches mehr. Dann kam alles zwischen Pergamentpapier in Schachteln und wartete, mit Ausnahme kleiner Adventsschleckerln, auf das große Fest.

Auch bei den Quittenpasten durften wir helfen. Wenn die heiße, dicke Masse auf große Bretter gegossen und schon etwas übertrocknet war, haben wir allerhand Stangerl und Rauten, Karos und Triangel daraus geschnitten oder Formen ausgestochen und alles nochmals in Zucker gewälzt. Erneut und ringsum abgetrocknet, wurden nette, kleine Schachteln und Dosen damit gefüllt, die wir zuvor mit Sternchen oder Engerln beklebt hatten. Das waren dann begehrte Geschenke für die Onkeln und Tanten, die Paten und sonstige Freunde.

Dazwischen wurden noch andere Pasten mit Mandeln und Gewürzen sowie Quittenwürsteln in Schafdärmen gemacht, und allmählich fing auch das Backen an.

Das war Advent! Gegen das Fest zu hörten wir spielenden Kinder manchmal draußen im Flur ein dünnes Silberglöckerl läuten und stürmten hinaus, denn wir wußten, das Christkind war vorbeigeflogen und hatte vielleicht einen Goldfaden, eine Nuß oder gar ein erstes Honigbusserl für uns fallen lassen.

Das Weihnachtsgebäck war vor dem Fest völlig tabu, aber anderwärts hat man oft spezielles Adventgebäck hergestellt, so etwa in Cadolzburg bei Nürnberg, wo die Bäcker berühmt dafür waren, daß sie besonders schöne Adventssterne für die Kinder gebacken haben.

In manchem Jahr bekamen wir auch einen gebackenen Adventskranz zugeschickt, einen aus Elisen-Lebkuchenteig mit Marzipankerzen. Er war so hübsch und gut

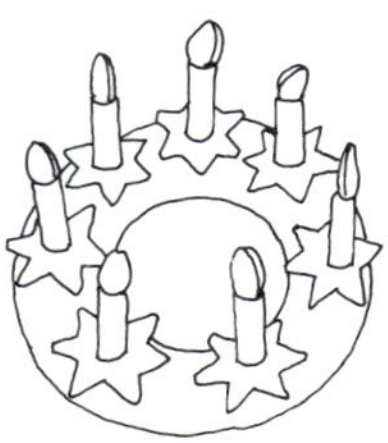

Gebackener Adventskranz

Die Teigmasse der Elisen-Lebkuchen (Seite 291) wird kranzförmig auf Oblaten gestrichen, was am besten gleich auf dem Backblech geschieht. Man bäckt den schön geglätteten Kranz gar und überzieht ihn mit geschmolzener Schokolade, doch so, daß noch etwas vom Kranz zu sehen ist. Dann setzt man mit etwas Zuckerguß vier Mürbteig-Sterne und auf diese aus Rohmarzipan gedrehte Kerzen darauf. Als Flamme wer-

den geschälte Mandeln angebracht, deren Spitzen in Schokolade getaucht sind.
Die Dosen und Schachteln in Mutters geheimem Versteck füllten sich nun mehr und mehr. Schließlich wurde ja auch allerhand gebraucht für die verschiedenen Klopfermänner, die Frauenträger, die Sternsinger, die Herbergsucher, für die Patenkinder und die übrigen Besucher. Es war ihr Stolz, niemanden unbeschenkt gehen zu lassen.

Früher begann der Advent bereits an Martini; heute wird vom Weihnachtstag an zurück gerechnet. Die Daten für diese ganze Festzeit stimmen ja alle nicht mehr, seitdem Papst Gregor XIII. im Jahre 1582 den nach ihm benannten Gregorianischen Kalender aufstellen ließ. Aber das vorangegangene Zeitdurcheinander wurde dadurch zumindest gemildert. So feiern wir eben nach neueren Bestimmungen (wenn 1582 ›neu‹ genannt werden kann) unsere adventlichen Tage.
Ehedem galt auch noch das große Adventsfasten, und es durften weder Hochzeit gefeiert noch Tänze abgehalten werden. Diese Bestimmungen stammen noch aus dem Jahre 836.

Marzipan

500 g verlesene Mandeln werden gebrüht, geschält und mild getrocknet, also nicht geröstet! Man gibt sie zweimal durch die Mandelreibe, so daß sie recht fein werden. Hierauf fügt man 500 g gesiebten Puderzucker und etwa 1/8 l Rosenwasser (Apotheke!) sowie 1 Fläschchen Bittermandelöl hinzu. Der Teig wird nun sehr gut verknetet, dann auf leicht mit Puderzucker bestäubtem Brett dicklich ausgewellt und ausgestochen oder zu Laiberln, kleinen Kartoffeln, Früchten, Puppen, Pilzen, Rübchen oder dergleichen geformt. Es gibt auch noch alte Modeln dafür. Nach Belieben kann man die Stückchen mit Speisefarben bunt bemalen. Sie werden gut in naßgemachtes Cellophan oder in Alufolie eingehüllt, damit sie saftig und weiß bleiben.

Quittenpasten

Sie sind eine der frühesten Leckereien überhaupt. Man stößt auf Rezepte dafür bereits in ältesten Handschriften, denn sie waren – nach damaligen Begriffen – weniger eine Süßigkeit als Medikament. Man gebrauchte sie als Digestivum, also als eine Art verdauungsförderndes Mittel.
Ganz früh wurden sie mit Honig gesüßt, denn Zucker war rar und kostbar. Sie hießen Kittenpaste, Kytenlatwerk, Qvittensulz oder Kvitenkäs und waren stets dickverkochtes Quittenmark mit Honig oder Zukker und Gewürzen. Man hat sie in kleine Spanschachteln gegossen, wie man sie bis vor wenigen Jahren noch bei den Nonnen in Frauenwörth im Chiemsee, in Altötting

und an anderen Wallfahrtsorten als Erinnerung erstehen konnte. Auch in Stückchen geschnitten oder in Förmchen gepreßt oder hübsch ausgestochen kann man sie gelegentlich noch kaufen, vor allem aber auch selbst machen. Das ist mehr eine süße Handarbeit als große Mühe und die ganze Prozedur verteilt sich auf mehrere Tage.

Zuerst werden 2 kg mit einem Tuch abgewischte Quitten samt Schale und Kernhaus geschnitzt und, knapp mit Wasser bedeckt, weich gekocht. Man darf sie dabei nicht umrühren, sonst brennen sie leicht an. Dann drückt man sie durch ein Sieb, wiegt den Brei und versetzt ihn mit genau der gleichen Menge Zucker. Nun kann man, wie Großmutter, die Masse so lange kochen, bis sie dick ist und klumpig vom Löffel fällt, oder man gibt nach moderner Weise 1 große Flasche Opekta und 1 Päckchen Citropekt dazu und kocht nur 5 bis 10 Minuten stark durch, wobei man gut umrührt. Dieses Quittenmark wird rascher fest und bleibt in Farbe und Aroma unverändert. Man gießt es heiß auf Pergamentpapier und streicht es glatt. Die Paste soll nur 1 bis 1 1/2 cm dick sein. Nach 3 bis 4 Tagen (man stellt sie möglichst in einen warmen Raum), wenn die Oberschicht etwas abgetrocknet ist, stürzt man sie samt dem Pergamentpapier mit kühnem Schwung auf einen neuen, etwas gezuckerten Bogen und läßt auch die zweite Seite bei Zimmertemperatur (keinesfalls kühl und feucht!) abtrocknen. Dann schneidet oder sticht man kleine Formen daraus und wälzt sie ringsum in nicht zu feinem Zucker

Die heiße Masse kann man auch in leicht geölte Spielförmchen, in kleine Tassen oder in gereinigte Schafdärme füllen, die man beim Metzger bekommt. Die Förmchen werden gestürzt und die Würstel paarweise abgebunden. Das macht viel Spaß, und die Masse ist recht ergiebig.

Apfelpaste

Auch aus säuerlichen, aromatischen Äpfeln läßt sich eine ähnliche Paste bereiten. Sie wird genauso gekocht, passiert, gewogen und mit gleichviel Zucker versetzt. Man gibt reichlich Zitronensaft, 2 bis 3 Kaffeelöffel Ingwerpulver, etwas geriebene Orangenschale und 100 bis 200 g sehr fein gehacktes Orangeat sowie zuletzt 1 Flasche Opekta dazu. Dann verkocht man die Paste, wie bei Quittenpaste beschrieben ist.

Apfel-Honig-Paste

An 1 kg dickgekochtes, aromatisches, aber ungesüßtes Apfelmus gibt man 300 g Honig, je 100 g geschälte, geröstete und gehackte Mandeln und Haselnüsse. Man kocht die Masse dick und fügt Citropekt und Opekta hinzu. Nach 10 Minuten Weiterkochen ist die Paste ausgießbereit. Sie wird, wie vorher angegeben fertig gemacht.

ANDREAS
30. November

Andreas ist ein wichtiger Los- und Orakeltag und wurde früher wie Sylvester mit Bleigießen und anderen ›Weissagungen‹ gefeiert. Er gilt zudem als Wetterprophet, aber auch als Ehevermittler, denn junge Mädchen, die wissen wollen, wie der Zukünftige heißt, werfen eine in einem Stück abgeschälte Apfelschale über ihre linke Schulter hinter sich gegen die Türe. So, wie dann die Schale liegt, sollten die Neugierigen den Anfangsbuchstaben des Orakelmannes herauslesen können. Viel klüger wäre es gewesen, allen Andreaszauber zu lassen und die Apfelschalen für einen guten Tee zu verwenden, wie es früher noch unsere Großmütter taten. Dies und die Tatsache, daß man in Altbayern in den Spitälern einst für die Insassen oder vielmehr Inlieger den feinen, weißen Andreaswecken gebacken hat, ist die einzige Beziehung des heiligen Andreas zu den Genüssen der Tafel.

Apfeltee

Die Schale von festen, vollsaftigen, also noch nicht mehligen Äpfeln wird dünn geschält. Man trocknet sie, locker aufgelegt, völlig durch und bewahrt sie in Säckchen auf. Allein oder mit Hagebuttenkörnchen vermischt und etliche Minuten durchgekocht, ergibt das einen guten Tee, der, vor allem abends getrunken, nicht aufregt, aber den Durst löscht und die Verdauung leise anregt. Mit etwas Honig gesüßt, schmeckt er noch einmal so gut. Im Sommer, mit Eiswürfeln versehen, ist er sehr erfrischend.

Andreaswecken

Ein feiner, fester Hefeteig wird mit 1 bis 2 Eßlöffeln Honig gesüßt und mit etwas Rum, Anis, Kardamom und geriebener Zitronenschale gewürzt. Man formt ihn zu einem Wecken, läßt ihn gehen, bestreicht ihn dann mit Milch und streut Zucker und Anis darauf. Dann wird er hell ausgebacken. Man kann auch kleine Weckerl daraus formen.

Heiße Andreaskreuz-Weckerl

In die erste Schüssel gibt man 250 g Mehl, 20 g in Milch aufgelöste Hefe, Salz, Vanillinzucker und 1/2 Päckchen Spekulatiusgewürz. Der Teig wird gut verarbeitet und warm gestellt. In einer anderen Schüssel rührt man 100 g Butter, 200 g Mehl, 30 g gehacktes Orangeat, 2 Eßlöffel Zucker, 1 Ei und 100 g Rosinen. Beide Massen werden vereint. Man formt kleine Weckerl, schneidet ein Kreuz ein, bestreicht sie mit Ei, streut Zucker darauf und läßt sie auf dem Blech gehen. Dann bäckt man sie im vorgeheiztem Rohr 15 bis 20 Minuten goldbraun und serviert sie noch heiß.

Jungfernäpfel

3 bis 4 geschälte, halbierte und ausgehöhlte Äpfel werden in eine gebutterte, feuerfeste Form gegeben. Man verteilt 1 bis 2 Eßlöffel Orangenmarmelade, 1 Glas Weißwein, 2 bis 3 Eßlöffel Zucker, 1 Vanillinzucker und eine Prise Kardamom darüber und läßt die Äpfel zugedeckt gar werden, ohne daß sie stark zerfallen. Dazu gibt man eine heiße, mit etwas Butter, Ei und Vanillinzucker verfeinerte Vanillesoße.

DECEMBER hat XXXI. Täg.

XII. Monat.	Der Heiligen Fest-Täg im Christmon.	☽ Lau	☼en Aufg.	☼en Nider.	Erwählung der Aspecten, und vermuthliche Witterung.
Freyta.	1 f Eligius Bischoff		7.46.	4.14.	☾ vac. ☿ in ♑, Schnee.
Samb.	2 g Bibiana Jgfr.		7.47.	4.13.	● 6. Uhr, 45. min. Frühe.
☉ 49.	Es werden Zeichen geschehen, Luc. 21.				Tagl. 8. Stund, 24. min.
Sonta.	3 A 1. Adv. Franc.		7.48.	4.12.	Xav.) ✠ ✶ ♄, ☾ perig.
Monta.	4 b Barbara J. M.		7.48.	4.12.	✠ ☌ ♃, Sonnenblicker
Erchta.	5 c Sabbas Abbt,		7.49.	4.11.	✶ ☿, □ ♄, trüb Wetter.
Mitwo.	6 d Nicolaus Bisch.		7.49.	4.11.	✶ ☉, ☌ ♂, Schneewolcke.
Doner.	7 e Ambrosius K. L.		7.50.	4.10.	✠ ✶ ♀, ✶ ☿, ☊, und
Freyta.	8 f Mar. Empfäng.		7.50.	4.10.	☽ 11. Uhr, 43. min. Nachm.
Samb.	9 g Leocadia Jgfr.		7.51.	4. 9.	✠ ✶ ♃, □ ♀ (☿ Retr.
☉ 50.	Von Johanne in der Gefängnus, Math. 11.				Tagl. 8. Stund, 18. min.
Sonta.	10 A 2. Melchiades		7.51.	4. 9.	□ ☿, Sonnenschein, dann
Monta.	11 b Damasus Pab.		7.52.	4. 8.	✠ ☌ ♀ ☿, △ ☉ Schnee
Erchta.	12 c Synesius M.		7.52.	4. 8.	△ ♀, ☍ ♄, ♀ i ♑, und
Mitwo.	13 d Lucia, Ottilia,		7.53.	4. 7.	□ ♂, neblichtes Wetter.
Doner.	14 e Nicasius Bis.		7.53.	4. 7.	✠ △ ♃, dickes Gewölck
Freyta.	15 f Valerianus M.		7.54.	4. 6.	✠ ☾ vac. und Schnee.
Samb.	16 g Adelheit Kays.		7.54.	4. 6.	◉ 10. Uhr, 46. min. Nach
☉ 51.	Vom dem Zeugnus Johannis, Joh. 1.				Tagl. 8. Stund, 10. min.
Sonta.	17 A 3. Wunibald,		7.55.	4. 5.	✠ (✶ ♄ ♀, ☌ ☉ ☿
Monta.	18 b Gratianus,		7.55.	4. 5.	✠ ✶ ♂ ☿, ☍ ♀, wieder
Erchta.	19 c Nemesius Bis.		7.54.	4. 4.	✠ ☍ ♃, Schnee und
Mitwo.	20 d F. Quatember,		7.54.	4. 4.	□ ♄, trübes Wetter.
Doner.	21 e Thomas Apostl		7.54.	4. 4.	△ ☿, ☍ ♂, ☊, Kalt.
Freyta.	22 f F. Zennon M.		7.54.	4. 4.	△ ☉, ☼ in ♑, Winters
Samb.	23 g F. Victoria J.		7.54.	4. 4.	△ ♀, □ ☿, Anf. kürtz. Tag.
☉ 52.	Im 15. Jahr Kaysers Tiberii, Luc. 3.				Tagl. 8. Stund, 8. min.
Sonta.	24 A 4. Adam, Eva		7.56.	4. 4.	△ ♃, Sonnenblicker,
Monta.	25 b H. Christ-Tag,		7.56.	4. 4.	☾ 12. Uhr, 6. min. Frühe.
Erchta.	26 c Stephä. Ertzm		7.56.	4. 4.	□ ♀, □ ♂, Es gibt
Mitwo.	27 d Johannes Ev.		7.55.	4. 5.	✶ ☉, ☌ ♄, ☿ dir. wieder
Doner.	28 e Unschuld. Kindl		7.55.	4. 5.	✠ ✶ ☉ ♄, ✶ ♃ Schnee
Freyta.	29 f Thomas Bisch.		7.54.	4. 6.	□ ♂, und hernach trocke-
Samb.	30 g David König,		7.54.	4. 6.	☌ ☿, ♂ i ♓, nes Wetter.
☉ 53.	Christi Eltern verwundern sich, Luc. 2.				Tagl. 8. Stund, 14. min.
Sonta.	31 A Sylvester Pa.		7.53.	4. 7.	● 5. U. 14. m. N. ☌ ♃ ♀

Gut Aderlassen, den 3. 4. 7. 9. 11. 14. 15. 17. 18. 19. 28.

Kranckheiten, Aspecten halber seynd keine neue zu besorgen.

Die Monds-Brüche in disem Monat.

DEn 2. diß der Neumond um 6. Uhr 45. min. Fruhe, erreget Eingangs trocken, am Ende Schne-Wetter.

Den 8. dito das erste Viertl um 11. Uhr 43. min. Abends, bringt anfangs Sonnenschein, dann Schnee, und Neblen.

Den 16. dito der Vollmond um 10. Uhr 46. min. Abends, zihlet auf vile Schnee und kalte Wind.

Den 25. dito das letzte Viertel um 12. Uhr 6. min. Fruhe, gibt anfänglich Schnee alsdann trocken Wetter.

Den 31. dito das Neu Liecht um 5. Uhr 14. min. Abends, tritt schön ein.

Christmond Dezember

Frost und wenig Licht, doch wir darben nicht!

BARBARA
4. Dezember

Zu Anfang des 19. Jahrhunderts kannte man noch keine Christbäume, also Fichte oder Edeltanne, sondern man stellte im Herbst kleine Kastanien-, Kirsch- oder Hollerbäumchen oder auch nur Zweige davon ins Wasser und brachte sie zum Blühen; man nannte sie Barbarazweige.

Über diesen Brauch, wie er in Kitzingen ausgeübt wurde, lesen wir 1795 in einem fränkischen Journal: »Die Gewohnheit am Barbaratage Bäume in die Stube zu stellen, um solche am Weihnachtsabend, zur Freude der Kinder, als ein Christgeschenk, mit allerlei Zuckerwaaren und andern zu behängen, oder nach allgemeiner Sprache zu putzen, ist, meines Wissens, in ganz Franken noch stark gebräuchlich ... Die gewöhnlichste Art der Bäume zu diesem Gebrauche sind Weichsel und wilde Kirschenbäume, auch junge Tannen und Fichtenbäume bey geringen Leuten, die sich solche selbst hohlen; auch werden Hollunderstauden von blauen oder weißen Hollunder dazu gebraucht.«

Von diesem Brauch ist bis heute noch das Einholen von Barbarazweigen am 3. Dezember übriggeblieben. Wer an diesem Tag kahle Äste in die warme Stube holt, kann damit rechnen, daß sie zum Christfest blühen und damit, so glaubte man, die Zukunft weisen. Junge Mädchen bekommen bestimmt einen Hochzeiter und alte Leute bleiben im kommenden Jahr gesund. Auch heute noch begegnet man den Barbarazweigen in so manchem Haus, besonders dort, wo die Kirsch- oder Schlehen-Ästchen aus dem eigenen Garten geholt werden können. Der Brauch, blühende Barbarazweige zusammen mit Kerzen, Äpfeln und Nüssen als Weihnachtssymbol zu verwenden, ist freilich ausgestorben.

SANKT NIKOLAUS
6. Dezember

Wenn auch viele Heilige und ihre Ehrentage an Gewicht und Gedenken verloren haben, der heilige Nikolaus ist in Stadt und Land bis heute von Bedeutung geblieben. Einst Bischof von Myra in Lykien, wird er urkundlich im Jahr 325 als Teilnehmer des Konzils von Nicäa erwähnt. Er galt als Freund der Armen und Kinder. Man hat ihn im Lauf der Zeit zum Patron der Schiffer, Flößer, Fischer, der Kalkbrenner und der Rosse gestempelt.

Wie beliebt der heilige Nikolaus in Bayern ist und welche Fülle von anderen Brauchgestalten der Vorweihnachtszeit es hier gibt, läßt sich an vielen Namen erkennen: In Oberbayern kommt der Nikolo oder kurz Niklo, am Lechrain der Seneklas, im Ries der Nußmärtl, im Illertal der Rumpelklos, im Allgäu und im Oberschwäbischen der Santeklas, im Fränkischen der Pelzmärtel und im nördlichen Niederbayern, in der Oberpfalz, tritt am Thomastag der Thama mit dem Hammer auf, nicht zu vergessen die Luzia, die mit einem Buckelkorb voller Ziegelsteine und mit einer Sichel die Kinder erschreckte.

Das Aussehen des Nikolaus war jeweils recht verschieden. Meist kam und kommt er noch als Bischof mit Mitra und Krummstab im großen Ornat, oft aber auch als furchteinflößender Krampus mit rasselnder Kette. Mit Sankt Nikolaus oder auch allein kam noch der Knecht Rupprecht mit Sack und Rute, wobei der Sack auf den Heischebrauch hindeutet, wenngleich er heute Gaben enthält.

Es gibt eine Fülle von Nikolaus-Spielen, Umzügen und bereits seit dem 11. und 12. Jahrhundert ein Nikolaus-Singen. In der Erinnerung der meisten bleibt jedoch der Nikolaustag mit den Gaben verbunden, die der Kinderfreund brachte. Dieser Festtag war früher einmal die Vorwegnahme von Weihnachten mit all seinen Schenkebräuchen. Deshalb sagte man z. B. im Allgäu, daß die Taufpaten ›klausten‹, also ihre Gaben am Nikolaustag verteilten. Diese auch als ›Christbürde‹ des Heiligen in den Sprachgebrauch eingegangenen Armenspenden hatten weitere Bedeutung. Vor allem das Nikolausbrot oder die ›Nikolai-Spendt‹, ein Laibl Brot und Fleisch, wurden 1766 aus der Abtei Seeon als übliches Jahresalmosen bekannt.

In der Propstei Fischbachau waren noch 1792 Nikolaus-Geschenke an die ›Religiosen‹, also die Klosterzugehörigen und Dienstboten und Armen, üblich. Die Chronik von Frauenchiemsee, die von den frommen Frauen recht regelmäßig geführt wurde und daher viele interessante Auskünfte gibt, vermeldet 1560: »Erstlichen an sanct Niclastag oder am Sonntag davor gibt man bei S. Niclaskirchen einem jeden menschen ein Laibl prot, darzue pacht man ain ofen vol prot.« Wir wissen aber auch von reicheren Geschenken, wie sie etwa Herzog Wilhelm V. an seinen Sohn Maximilian im Jahr 1582 als Nikolaus-Angebinde vergab. Es waren unter anderem silberne Löffel, Schreibzeug und feine ›fatziletlein‹ (Taschentücher), die damals noch eine Seltenheit darstellten. Die Tochter Marianne Karoline des Kurfürsten Max Emanuel bekam 1707 am Nikolaustag ein Spinett, ein grünes Brokatkleid, auserlesene Spitzen, Gold- und Silberstickereien und einen Hermelinmuff.

Der Bürger feierte es bescheidener, auch wenn Nikolaus bis ins 19. Jahrhundert noch das eigentliche Schenkefest, also Weihnachten in unserem Sinne, war. Man sagte deshalb auch vom Christkind, es ›nickelt‹ ein. Am Abend vor Nikolaus, also am 5. Dezember, gab es ein paar Kletzen, Speitel (dürre Apfelschnitze), Nüsse, Feigen, Äpfel und Kletzenbrot. Entweder brachte er diese Gaben selbst oder die Kinder stellten Schuhe oder hingen Strümpfe vor Tür und Fenster, damit der gute Heilige sie füllen konnte; Schuhe sind ja uralte symbolbeladene – und auch erotisch gedeutete – Gegenstände mit besonderer persönlicher Eigentumsbezogenheit. Daneben bastelten die Kinder Papierschifferl, die daran erinnerten, daß der heilige Nikolaus auch der Patron der Schiffer und Flößer war. Aus einer Tegernseer Handschrift vom 15. Jahrhundert ist noch ein Vers vom alten Nikolaus-Singen mit der Erwähnung eines Papierschiffchens erhalten:

Heiliger sanct Nicolas
in meiner Not mich nit verlas,
kombt heint zu mir
und legt mir ein
in mein klein Schiffelein
dabey ich Ewr gedenken kan
das jr seit ein frommer Man.

Manchmal lag neben den Kletzen und Äpfeln auch noch etwas Spielzeug, etwa ein buntes Holzpferdchen oder eine kleine Docke, wie sie als Nürnberger Tand in alle Welt gingen.

Man konnte diese Dinge alle auf dem Nikolaus- oder Kindermarkt in München kaufen. Er war der Vorläufer des bekannten Kripperlmarktes und der Gebnacht- oder Weihnachtsdult, die bis 1597 in der Neuhauser Gasse abgehalten wurden. Noch 1805 zählte man dort mehr als zweihundert Buden. In der Neuhauser Gasse stand nämlich bis zum Bau der Michaelskirche seit 1309 eine Nikolauskapelle und auf dem Haberfeld davor fand eben dieser Nikolausmarkt statt. Er war ebenso berühmt wie der Christkindlesmarkt von Nürnberg.

In anderen Gegenden waren schmalzgebackene Märtelsküchel oder Märtelslaibe, im Allgäu Klasenzelten und auch, ähnlich dem von Regen im Bayerischen Wald, ein Klausemann bekannt.

Nikolausmänner aus Regen im Bayerischen Wald

Bäcker wie Hausfrauen haben das saftige Kletzenbrot in großen Mengen gebacken und nach altem Herkommen mit Sternen aus weißen Mandeln verziert. Dieses Kletzenbrot war Inbegriff von Nikolaus und Advent. Man hat es in großen Mengen fürs Weihnachtsfest gebacken, wo es dann der Hausvater feierlich aufschnitt; in klein bekamen die Kinder, Knechte und Mägde das ihre. Daneben gab es Honigzelten und Nikolausgebildbrote wie Reiter, Hirsche, Hähne, die in der Kirche geweiht wurden.

Aus dieser altbayrischen Tradition heraus versteht man wohl am besten die auch heute noch so lebendige Kripperlmarktfreude, denn sie hat neben all den Äpfeln, Nüssen und Spielzeug auch noch die herkömmlichen ›Brote‹ bewahrt. Man hat es aus Weizen- und Roggenmehl, mit Honig gewürzt, mit Weinbeerl gespickt und vor allem mit Dörrobst verfeinert gebacken. Die Bäcker lieferten früh schon die ›weinbeergewürzten Nikolausbrote‹. So gab es beispielsweise den Burkardswecken, den jeder Schüler der Burkarder Pfarrei zu Nikolaus bekam. Im Sechsämterbezirk, bei Wunsiedel, wurde ein gewürzreicher süßer Nikolaus-Lebkuchen ›Pumpernickel‹ genannt. Im Bayerischen Wald hat man männerartige Gebildebrote von originell primitiver Form gebacken, die vor etwa zehn Jahren noch ein Regener Bäcker zur Erinnerung an dieses alte Gebäck hergestellt hat.

Aber woher kommt der Name ›Kletzenbrot‹? Kletzen sind mit der Schale getrocknete Birnen, die schon ›teig‹, also braun, weich und süß geworden sind. Das Wort Kletzen stammt nach dem Bayerischen Wörterbuch von Schmeller von Klotz, weil es sich ja um klotzige, derbe und unebene Trockenfrüchte handelt.
Die Kletzen waren als zumeist einziges Verbesserungsmittel beim Backen und als Winterobst so stark in den allgemeinen Sprachgebrauch übergegangen, daß man sie auch außerhalb des Backofens und der Kompottschüssel selbst heute noch verwendet. So heißt einer, der alt, runzelig und ungeschickt ist, ›Kletzenbeppi‹ (für nichtbayrische Deutsche: gedörrter Birnenjoseph). Einen schlechten Kaffee nennt man eine ›Kletzenbrüh'‹ und ein altes Weibel eine ›sperre (trockene) Kletzen‹ oder eine ›Hutzel‹. Damit sind wir schon bei den anderen Dörrbirnen angelangt, den feineren, weil sie geschält sind. Auch daraus machte man Brot; nämlich Hutzelbrot.
Über das einfachste Kletzenbrot, den ›Kolatzer‹, ist auf Seite 293 Näheres zu lesen.
Obwohl in jedem Kletzen- oder Hutzelbrot, im Allgäu auch Birnweck oder Birnzelten genannt, ungefähr dieselben Zutaten enthalten sind, hatte beinahe jedes Haus sein eigenes Rezept.

Das Kletzenbrot

Je 200 g Kletzen und Dörrzwetschgen, je 100 g Feigen, Trockenaprikosen und Apfelspeitel (trockene Apfelringe) sowie Rosinen werden knapp mit Wasser bedeckt und über Nacht eingeweicht. Dann treibt man alles (die Zwetschgen entsteint!) durch die Maschine, gibt die Einweichbrühe, 200 g gehackte Nüsse, je 50 bis 80 g gehacktes Zitronat und Orangeat, Saft und Schale einer Zitrone, 2 Eßlöffel Rum, 200 g Zucker, 1 ganzes Päckchen Lebkuchengewürz und etwa die Hälfte von 800 bis 1000 g frischem Brotteig vom Bäcker dazu. Daraus formt man 2 bis 3 größere oder mehrere kleine Laibe und schlägt den Restteig, der dünn ausgezogen worden ist, sorgsam darum. Die Oberfläche wird mit Honigwasser bestrichen und geglättet. Nach dem Gehen bäckt man die Laibe bei guter Hitze je nach Größe 50 bis 70 Minuten goldbraun. Zuletzt verziert man sie mit einem Stern aus geschälten Mandeln, Streifen von Zwetschgen, Rosinen und Haselnüssen, die mit Puderzucker angeklebt werden.

Hutzelbrot

Das ist ein etwas zartes Brot aus Weizenmehl, Eiern und Hutzeln.

3 Eier werden mit 125 g Zucker, 2 Päckchen Vanillinzucker, 1 Päckchen Lebkuchenge-

würz, etwas Ingwerpulver und Muskat gerührt. Dazu gibt man je 125 g vorgeweichte und kleingewürftelte Hutzeln (getrocknete Birnschnitze ohne Schale und Kernhaus), Aprikosen, Feigen, Zitronat, gehackte Nüsse und Mandeln sowie 200 g Rosinen, 1 Kaffeelöffel Kakao, 2 bis 3 Eßlöffel Rum und 150 g Mehl, das mit 1 Backpulver gesiebt wurde. Der derb-saftige Teig wird in einer mit Folie ausgelegten Kastenform bei Mittelhitze 1 1/2 Stunden langsam gebacken. Man läßt die Folie bis zum Anschnitt daran.

Weiteres Nikolausgebäck:

›Gute Gewürtz-Lebzelten‹

Nimm ein Pfund schönes Meel / ein Pfund gestossenen und gesiebten Zucker / Negelein, Muscaten-Nuß / jedes ein Loth / das Gewürtz alles gröblich zerschnitten / fünf Eyerklar / 3 Eyerdotter / wol abgeklopfet / und den Taig damit angemachet / und Lebzeltlein daraus formiret.

(Aus ›Kleines Nürnberger Kochbuch oder die Curiose Köchin‹ 1726.)

Lebkuchenherzen

125 g Honig, 70 g Fett und 100 g Zucker werden erwärmt und mit 250 g Mehl, 3/4 Packerl Backpulver, einer Messerspitze Nelken, 2 Messerspitzen Zimt, 1 gehäuftem Kaffeelöffel Kakao, einigen geriebenen Nüssen, etwas feingehacktem Orangeat und 1 Ei zu einem festen Teig verknetet. Man walgt ihn dick aus, sticht Herzen davon aus und bäckt diese auf einem gefetteten Blech. Nach dem Erkalten überzieht man sie mit einem Zuckerguß aus 150 g Puderzucker, 1 bis 2 Eßlöffeln Himbeersaft und 1 Kaffeelöffel heißem Kokosfett. Dann verziert man sie mit Mandeln oder etwas erwärmter Schokolade.

Wenn man nur 6 bis 7 große Herzen davon aussticht, kann man sie für Freundschafts- oder Patengeschenke verwenden.

Honiglaiberl

160 g erwärmter Honig wird mit ebensoviel Zucker und 2 bis 3 Eiern gut verrührt; man gibt 500 g Mehl, 2 Packerl Schokoladenpudding, je 1 Packerl Backpulver und Lebkuchengewürz, 2 Packerl Vanillinzucker, etwas Mandelöl und geriebene Zitronenschale dazu. Der zarte Teig wird verknetet und zu kleinen, länglichen Laiberln geformt, die man auf gefettetem Blech hell bäckt. Zuletzt bestreicht man sie dünn mit Zuckerguß oder mit geschmolzener Schokolade und garniert mit Mandeln.

Zitronenbusserl

3 Eiweiß werden sehr steif geschlagen; man gibt unter Weiterschlagen 210 g feinen Zukker und 1 Packerl Vanillinzucker darunter. Die steife Masse wird mit 210 g gerösteten und dann feingeriebenen Haselnüssen verrührt und mit etwas geriebener Zitronenschale und einigen Tropfen Zitronenöl versehen. Man setzt mit einem kleinen Löffel Häufchen auf Oblaten und bäckt sie bei Mittelhitze hell gar. Die Ränder der Oblaten werden abgebrochen, und dann klebt man je zwei Busserl mit etwas erwärmter Schokolade zusammen. Man kann sie auch mit Marzipan füllen.

Zimtkuchen

125 g erwärmter Honig, 125 g Zucker, 2 Eidotter, 2 Kaffeelöffel Zimt, je eine gute Prise Nelken, Kardamom, Piment und Salz rührt man gut schaumig. Dazu kommen 250 g Mehl, 3/4 Packerl Backpulver, 125 g grobgeschnittene Mandeln und je 60 g kleingehacktes Zitronat und Orangeat. Der Teig wird mit etwas schwarzem Kaffee geschmeidig gemacht; er muß schwer reißend sein. Man füllt ihn in eine gut gefettete Kastenform oder in ein altes Kupfermodel und bäckt ihn bei Mittelhitze langsam gar. Zuletzt wird er mit einem weißen Zuckerguß überzogen und mit kleingeschnittenen kandierten Früchten und Mandeln hübsch garniert.

DIE KLOPFERNÄCHTE

Die Klopfer- oder Klopfelsnächte sind die letzten drei Donnerstage vor Weihnachten. Sie wurden nach dem Brauch benannt, daß arme Leute, zuletzt waren es noch die Kinder der Dorfarmen, vor die Häuser zogen, anklopften und um Gaben baten, wobei sie bestimmte rhythmische Verse sagten. Zuerst ist das Wort in abgewandelter Form im Schwäbischen zu belegen als Knöpflinsnächt (Augsburg 1462). An diesem Tag wurden Knöpflein – Knödel – gekocht. So kam es zu den Verwechslungen Klöpfeln – Knöpflein.

Die Anklöpfer erhielten, wenn sie an die Türe kamen und anklöpfelten, Kletzen, Nüsse, Äpfel, ins Bettelhaferl etwas Schmalz, Küchl, Scheiben von Kletzenbrot und die ersten Lebzelten. Dafür sagten sie ihre oft derb-frohen Verse auf

Nudln raus, Kletzen raus
oder mir hau'n a Loch ins Haus.

Darüber berichtet schon 1534 Sebastian Franck in seinem Weltbuch: »Drey Dornstag vor Weihenacht klopffen die meydlin vnnd bueben von hauß zue hauß, durch die statt an den thüren an, die zuekunfft der geburt des Herren verkündigende, vnnd ein glückseliges jar den einwonern wünschende, dauon entpfahen sy von den haußessigen öpfel, biren, nuß vnnd auch pfenning zuelon.«

Sie kamen je nach Gegend am Donnerstag vor Weihnachten oder drei, sogar vier Donnerstage vor dem Fest oder aber nur am Donnerstag vor der längsten, der Thomasnacht.

Jetzt herrschte auch das große Adventsfasten als innere Vorbereitung auf das Weihnachtsfest und als äußere auf die große Festfresserei mit der Mettensau. Neben den anderen Fastenspeisen galten nun Erbsen, Linsen und Bohnen viel. Zunächst als winterlich-wärmende Kost, die den Eiweiß- und Kalorienbedarf deckte.

Erbsenbratlinge

Weichgekochte, abgetropfte Trockenerbsen werden mit gerösteten Semmelwürfeln, ein wenig Mehl, Salz, Pfeffer, Senf, Majoran und 1 bis 2 Eiern vermengt. Aus dieser kurz

gequollenen, halbfesten Masse formt man Bratlinge, die in der Pfanne doppelseitig ausgebacken werden. Man reicht Sauerkraut oder sonst ein Gemüse dazu.

Linsensalat

Gut weich gekochte Linsen werden abgegossen und mit Essig, Öl, Salz, etwas Zukker, Senf, gehackter Zwiebel, Knoblauch und Petersilie angemacht und eine Weile kaltgestellt, damit der Salat durchziehen kann. Sehr gut schmecken auch Pfifferlinge oder gekochter, gewürfelter Sellerie darunter.

Rote Bohnen

Bohnenkerne werden weichgekocht und abgetropft. Man gibt sie mit reichlich gehackter Zwiebel in etwas Fett und fügt 2 Kaffeelöffel milden, ungarischen Delikateßpaprika hinzu. Die leicht aufgegossenen Bohnen werden noch durchgeschmort, mit Salz, Pfeffer, etwas Essig oder Senf und – nach moderner Art – mit Tomatenmark oder Tomaten-Ketchup würzig süßsauer abgeschmeckt. Man kann auch Dosenbohnen verwenden.

DIE ZWÖLF RAUHNÄCHTE

Die Herkunft der Rauhnächte, auch Rauchnächte oder Rauhtage genannt, hängt vielleicht mit der reinigenden Kraft des Rauches zusammen, denn in dieser Zeit wurden das Haus, das Vieh und auch vielerlei Nahrung, besonders aber das Brot, und zwar die eigens dafür gebackenen ›Rauchwegken‹, ein Münchner Gebäck dieser Zeit, ›geraucht‹. Auch Zeltenbrot (Kletzenbrot) wurde in den drei wichtigsten Rauhnächten an Weihnachten, Silvester und Neujahr eingeraucht und vielfach sogar kirchlich gesegnet. Im Münchner Heilig-Geist-Manual steht zu lesen: »man gibt ze rauchen« so und so viele Brote. Sogar die Milchtöpfe hat man ›geraucht‹, also gesegnet: »Item allew milichhefen sturzen sy auf den Tisch und rauchenz, so stilt man in (ihnen) dy milich nicht.«

Die zwölf Rauh- oder Unternächte werden teilweise vom Thomastag bis Sylvester, teilweise von Weihnachten bis Dreikönig gerechnet. Diese Tage und Nächte ›zwischen den Zeiten‹ standen einst ganz im Zeichen des Brotes, wofür das Kletzenbrot stellvertretend galt. Es war sogar Orakel. Wenn nämlich ein Bursch von seinem Dirndl am Stephanitag eine glatte Scheibe bekam, weil das Kletzenbrot – oder im Allgäu der Birnzelten – gut geknetet und sorgfältig gebacken war, so wußte er: Es stimmt zwischen uns. Eine rupfige Scheibe, aus der die Kletzen und Nüße herausschauten, sagte ihm das Gegenteil.

Am Tag vor Weihnachten wurden die Rauhnudln gebacken, eine Art Rohrnudeln aus Weizenmehl, aber tellergroß, also so groß wie ein Brotlaib, weil sie dann geviertelt wurden. Bei ärmeren Leuten waren sie mit Kletzenbrühe zusammen das Essen am Heiligabend vor der Mette.

Obwohl das Brotbacken, das Nähen, Putzen, Mistfahren und Holzmachen im Advent verboten waren, lief das Backen fürs Weihnachtsfest unbehelligt weiter.

THOMAS

21. Dezember

Der Thomas- oder Damerltag ist deshalb von besonderer Bedeutung, weil ihm die längste Nacht des Winters vorangeht. Er war ein Los- und Rauhtag und manchmal auch noch der letzte Stichtag, an dem die Mettensau geschlachtet wurde. War dies der Fall, so gab es natürlich abends schon frisches Kesselfleisch. Mit den Würsten hielt man sich noch zurück, sie gehörten zum Fest. Nach dem Essen gab es Thomasringerl oder schmalzgebackene Thomasküchel, denn man feierte ja insgesamt schon den üppigeren Weihnachts-Festeskreis.

Thomasringerl

Ein halbfester, feiner Hefeteig wird mit Safran schön gelb gefärbt und mit Zitronenschale und -saft sowie feingehacktem Zitronat abgeschmeckt. Man formt kleine Nudeln daraus, durch die man nach dem Gehen den Zeigefinger steckt. Dann dreht man sie rasch um den Finger, so daß größere, gleichmäßige Ringe entstehen, die man sofort in heißem Schmalz goldgelb bäckt. Zuletzt werden sie noch überzuckert. Man kann auch aus verschiedenen Früchten ein Gesicht auflegen.

Das große Schlachten

Mit Allerseelen begann einst überall das große Schlachten, nicht nur auf den Bauernhöfen, sondern auch auf den Hinterhöfen so mancher Stadthäuser, denn man wollte zum Fest rechtzeitig gerüstet sein. Mußten doch noch die Schinken, Speckseiten und Würste in den Rauch.

In manchen Gegenden wurde auch Sankt Hubertus oder Martini oder erst der Andreastag, manchmal sogar noch der Damerltag zum Schlachten ausersehen, je nachdem, wie groß der Bedarf war. Jedenfalls hieß es

Jetzt geht's gega Weihnachten,
da dean d'Bauern d'Sau schlachten.
Nacha geht's gega d'Liachtmessen,
Da ham sie's wieder zamgfressen.

Die Mettensau oder der ›Weihnachter‹ mußte schwer und fett sein, denn man brauchte viel Braten, Kesselfleisch, Speck, Mettenblunzen oder Röslwürst (Blutwürst) mit reichlich Speckbröckerln und Leberwürste für die Familie und die Nachbarn, die Paten, die ärmeren Verwandten, die Sternsinger, Anklopfer und Frauentrager. Diese Mettenwürste oder Bauernseufzer wurden im Alpengebiet ›Gonigl‹ genannt.

Die Metten- oder Metzelsuppe, also die Kochbrühe von Blut- und Leberwürsten, war nicht weniger begehrt, gar wenn es die eine oder andere Wurst ›zrissen‹ hat. Nach der Christmette mußte sie mit viel Fettaugen und Brot auf dem Tisch stehen.

Die Saubladern (Blase) wurde aufgeblasen und getrocknet; sie hatte eine mehrfache Verwendung, zunächst als Geldbeutel im Kommodkasten, also eine Art Sparkasse, dann als Tabaks- oder Schnupftabaks-Beutel, dann zum Verschließen von Schmalztöpfen und Einmachgläsern und nicht zuletzt als Karnevalsbladern für die Jugend.

Trotz der adventlichen Fastenzeit, die ja schon lange nicht mehr streng eingehalten zu werden pflegt, gab's und gibt's vergnügte Schlachtfeste, sogar mit Musik und Tanz, im Alpenvorland den speziellen Sautanz, zu dem nicht nur üppig zugegriffen, sondern auch mächtig getrunken wird.

Jedenfalls waren Surfaß und Rauchfang voll und in der Speis hingen genug frische und geräucherte Würste, auf den Brettern lagen genug Schwartenmagen und Pressack, um dem kommenden großen Bedarf ruhig entgegensehen zu können.

Das vorweihnachtliche Backen

Schon zwei bis drei Wochen vor Weihnachten war es üblich, mit dem Backen zu beginnen, damit die schweren Lebkuchen reifen und weich werden konnten und damit man auch gewiß fertig war zum Fest. In Bayern wurde sowohl in der Familie wie beim Lebzelter stets sehr viel Weihnachtsgebäck hergestellt.

Bevor es Rohrzucker gab, war der Honig das einzige Süßungsmittel und damit Grundlage aller feineren und süßen Gebäcksorten. Vor allem waren es die Klöster, die Bienenzucht betrieben, um Honig für ihr Backwerk und den Met sowie Wachs für ihre Lichter zu haben. Sehr früh schon geben die verschiedenen Handschriften und Chroniken Auskunft über die Lebküchnerei, die in der Hauptsache eine Spezialität der Nonnen gewesen ist. Die Priorin Klara von Altenhohenau bei Wasserburg sandte z. B. im Jahr 1517 dem Fürstbischof von Freising einen süßen Neujahrsgruß, für den er sich »mitsampt der vererung aines lecelten« bedankte. In Frauenwörth im Chiemsee haben die Nonnen einen ›Mandelschmarrn auf Oblaten‹, ›Schachbretter‹ und ›Paternosterlebzelten‹ mit allerlei süßem und ›wildem‹ Gewürz gebacken. Und noch bis zur Gegenwart kann man bei ihnen große, schön geprägte Lebkuchen mit dem Klosterwappen erwerben.

Man schenkte sich gerne Lebkuchen zum Fest in kleinen, geschnitzten Holztruhen, von Hof zu Hof, von Kloster zu Kloster und den Herren Bischöfen und Gesandten. Anläßlich des Reichstages zu Nürnberg 1487, als Kaiser Friedrich III. von Habsburg einzog, wurden gleich 4000 Stück rautenförmige Lebküchlein verteilt. Sie waren bei Groß und Klein so begehrt, daß sich auch das Gewerbe sehr früh schon um das Backen dieser süßen Zelten, Fladen und Kuchen angenommen hat und sich bald zu eigenen Lebzelter-Zünften mit sehr strengen Vorschriften gegen das Bäcker- und Zuckerbäckerhandwerk abgrenzte. Die Lebküchner hatten ganz andere Rechte und Pflichten als etwa die Zuckerbäcker. Die Nürnberger Zünfte werden bereits im 13. Jahrhundert erwähnt, und eine Ulmer Chronik nennt schon 1350 einen ›Heinrich, den Lepzelter‹. Auch Coburg hatte eine solche frühe Zunft, in der alle Lebküchner, Wachszieher und Metsieder vereint waren, Passau dagegen besaß die einzige reine Metsiederzunft. Nürnberg aber blieb maßgebend, denn Honig gab es genug im Reichswald.

Die Gewürze hatten die Kreuzritter aus dem Orient mitgebracht; später war Venedig groß im Handel damit, und mancher Augsburger, Nürnberger oder Ravensburger ›Pfeffersack‹ ist über den Lebkuchenweg reich geworden. Man spricht ja auch von Pfefferkuchen, obwohl der scharfe Pfeffer nie darin verwendet wurde, sondern vielmehr der Nelkenpfeffer, das ›Kardamömlein‹ und die scharfe Ingwerwurzel.

Die Lebküchnerei hat noch ein weiteres Gewerbe gefördert, nämlich das der Formenstecher, von deren Kunstsinn und Phantasie heute noch viele schöne Modeln aus Holz und Ton lebendiges Zeugnis geben. Das Ulmer Brotmuseum wie auch das Münchner Nationalmuseum und viele Heimatmuseen können noch Hunderte davon zeigen. Ebenso gibt es in Bayern noch viele traditionsreiche Lebzelter, Wachszieher und Metsieder wie Seitz in München, Brammeshuber in Fürstenfeldbruck, Wiedemann in Deggendorf, Krönner in Straubing und andere mehr, die bis zur Gegenwart mit ihren alten Modeln arbeiten, so daß uns die schönen Madonnen, Bischöfe, Nikoläuse, Engel und Krippen, Wappen und Löwen, Kavaliere und Rokokodamen, Früchte, Blumen und Kinder, Tiere und Jagdbilder erhalten geblieben sind.

Der Weihnachtsstollen, ursprünglich eine sächsische Spezialität, spielte in Altbayern noch keine Rolle, höchstens als Geschenk aus dem Norden. Bei uns war der Weihnachts-Striezel daheim, ein länglicher, wickelkindähnlicher Wecken, aus dem sich angeblich auch der Stollen entwickelt haben soll. Der nachträglichen Deutungen sind viele, aber ob Stollen, Stuten, Wecken, Striezel oder Ofenkindl, Hauptsache ist, sie gelingen.

Weihnachts-Striezel

Etwa 450 g Mehl, 25 g aufgelöste Hefe, 1 Ei und 1 Eiweiß, 2 Eßlöffel Zucker, 80 g weichen Butter, etwas Salz, 1 Packerl Vanillinzucker, eine gute Prise Muskat und die notwendige Milch verarbeitet man zu einem zarten Hefeteig, an den man 2 Handvoll Rosinen und Weinbeeren, etwas Zitronat und Orangeat sowie 1/2 Tasse voll kleingeschnittene grüne und rote kandierte Früchte gibt. Der recht feste Teig wird zu einem dreiteiligen Zopf geflochten und nach dem Gehen mit dem übrigbehaltenen Eidotter bestrichen. Man bäckt den Striezel bei mäßiger Hitze goldbraun und klebt dann mit etwas angerührtem Puderzucker noch grüne und rote Belegfrüchte darauf.

Niederbayrisches Zwetschgenbrot

250 g vorgeweichte Dörrzwetschgen werden in Streifchen geschnitten. Dazu gibt man 250 g mit 1 Packerl Backpulver vermischtes Mehl, etliche grobgehackte Nüsse, 1 Fläschchen Mandelöl, Salz, 1 Päckchen Lebkuchengewürz und so viel Zwetschgen-Einweichwasser, daß ein zäher Teig entsteht. Er wird in einer gut gefetteten Kastenform 1 1/2 Stunden bei Mittelhitze gebacken. Das Anschneiden erfolgt erst nach einigen Tagen.

Münchner Lebkuchen

Je 250 g Weizen- und Roggenmehl, 1 1/2 Packerl Backpulver, 400 g Honig, 100 g Zucker, 2 Eier, einen großen, geriebenen Apfel, 2 Vanillinzucker und 1 Packerl Lebkuchengewürz verknetet man gut. Der über Nacht gelagerte Teig wird dann dicklich ausgewellt, zu Lebkuchen ausgestochen und gebacken. Man bestreicht diese mit Honig und legt eine passende Scheibe ausgewalgtes Marzipan darauf. Zuletzt überzieht man die Lebkuchen mit etwa 200 g Kochschokolade und steckt geschälte Mandeln hinein.

Münchner Marzipan

Anderwärts auch Springerle oder Reiterle genannt, wird dieses weiße, zarte Gebildbrot mit holzgeschnitzten Modeln zu Reitern, Hirschen, Hähnen, Vögeln, aber auch Engeln, Spinnerinnen, Kavalieren, Fatschenkindern, Kutschen oder Liebespaaren geformt. Das besonders in der Barockzeit stark bereicherte Bilderbuch aus dem Backofen ist eine wahre Fundgrube an kleinen Kunstwerken.

Um die gebackenen Formen scharf konturieren zu können, muß der Teig sehr zart und bildsam sein. Ein bewährtes, altüberliefertes Rezept dafür lautet:

5 große Eier und 500 g Zucker werden sehr gut gerührt. Großmutter nahm sich 1 Stunde Zeit dafür, eine moderne Maschine schafft's in 10 Minuten. Daran gibt man, je nach Größe der Eier, 700 bis 800 g gesiebtes Mehl und 1 Likörglas Rum oder Kirschwasser, etwas Mandelöl und eine Prise Salz. Man wellt den gut verkneteten Teig aus, drückt saubere, trockene Holzmodeln darauf, schneidet den Rand mit dem Backrädchen sauber ab und stürzt das Model, damit man den Teig noch gut in die Schnitzerei drücken kann. Er wird mit leichtem Schlag herausgestoßen und auf Holzbretter gelegt, um die Formen etwas vortrocknen zu lassen. Dann bäckt man sie bei sehr milder Hitze ganz weiß gar. Das Marzipan braucht, kühl und trocken in Schachteln aufbewahrt, drei Wochen, bis es zart weich und aromatisch ist.

Würzburger Marzipan

5 Eier, 500 g Zucker, 1 Kaffeelöffel Zimt, etwas Nelken, 1 Messerspitze Pulverkaffee, die Schale von 1 Zitrone, Mandelöl und Salz rührt man 1 Stunde lang weißschaumig oder 10 Minuten in der Maschine. Daran gibt man ein wenig gemahlenen Anis und Koriander sowie 1 bis 2 Eßlöffel Rum und 800 bis 900 g Mehl. Der Teig wird, wie bei ›Münchner Marzipan‹ beschrieben ist, weiterbehandelt.

Nürnberger Elisenlebkuchen

3 Eier, 200 g Farinzucker (brauner Zucker) und 1 Packerl Vanillinzucker werden sehr schaumig gerührt; daran gibt man je eine Prise Zimt und Nelken, etliche Tropfen Mandelöl sowie je 75 g kleingehacktes Orangeat und Zitronat, 1 Kaffeelöffel Backpulver, 50 g Mondamin und 250 g gehackte Mandeln. Diese Masse streicht man so auf kleine runde Oblaten, daß sie in der Mitte dick und am Rand abgeflacht sind. Man läßt die Lebkuchen über Nacht in der Wärme stehen und bäckt sie dann bei Mittelhitze nicht zu dunkel gar. Nach dem Erkalten überzieht man sie mit weißem, rosa und braunem Guß. In die noch frische Glasur steckt man Mandeln, Pistazien und Pinienkerne oder verziert sie mit bunten Streuseln auf herkömmliche Art.

Roggener Gewürzkuchen

Das war beim Hofwirt Obermaier die Grundlage aller Weihnachtsbäckerei, denn der Gewürzkuchen war saftig und ergiebig und wurde freudig erwartet. Ein herzhaftes Dauergebäck aus Roggenmehl von guter Farbe.

3 gute Eßlöffel Butterschmalz, 3 bis 4 Eier und 500 g Zucker werden lange genug gerührt. Dazu kommen 2 Eßlöffel Zimt, 1/2 Eßlöffel Nelken, 500 g Honig, 1 Tasse grobgehackte Nüsse, 1 Tasse Rosinen, Salz und etwas Bittermandelöl. Dann mischt man 1 kg Roggenmehl mit 2 Packerl Backpulver, fügt es an die Rührmasse und gleicht den Teig mit schwarzem Kaffee aus; er muß schwer reißen. Er wird in eine große, gut gefettete Bratreine oder in 2 Kastenformen gefüllt. Da er stark steigt, darf man ihn nur zu knapp Dreivierteln einfüllen. Der Gewürzwecken wird hierauf bei schwacher Hitze langsam 70 bis 80 Minuten gebacken. Man macht dabei mit einem Holzspan die Garprobe. Der Kuchen soll erst eine Woche später angeschnitten werden.

Pfeffernüsse

Die echten Pfeffernüsse müssen oben eine glatte Haut und unten ein deutlich erkennbares Füßchen haben. Man rührt 5 Eier mit 500 g Zucker eine Stunde mit der Hand oder 15 Minuten in der Maschine und gibt eine gute Prise Kardamom, 1/2 Kaffeelöffel Zimt, eine Spur Nelken, 35 g feingehacktes Zitronat und nach Belieben ebensoviel Orangeat, eine Messerspitze Pottasche und 600 g gesiebtes Mehl daran. Je nach der Größe der Eier benötigt man gegebenenfalls noch etwas mehr Mehl oder man gibt 1 Packerl Vanille-Puddingpulver hinzu. Der halbfeste Teig wird dicklich aus-

gewalgt und zu kleinen, etwa markstückgroßen Plätzchen ausgestochen. Diese stellt man über Nacht kühl; am nächsten Tag bestreicht man sie am Boden mit etwas Arrak oder Rum und bäckt sie dann hell aus. Die Oberfläche muß weiß bleiben.

Waschkorb-Gebäck

2 Eier, 200 g Zucker und 2 Packerl Vanillinzucker werden mit Salz und Mandelöl gerührt. Man gibt 750 g Mehl, 4 gestrichene Kaffeelöffel Hirschhornsalz, das in etwas heißer Milch aufgelöst wurde, und so viel sauren Rahm daran, daß ein geschmeidiger Teig entsteht. Er wird über Nacht kühl gestellt, dann dünn ausgewalgt, mit Milch oder Ei bestrichen, ausgestochen und mit wenig Zucker bestreut. Dann wird das Gebäck hell gebacken. Das Gebäck wird schön mürb und hält sich lange frisch.

Muskatsterne

Je 125 g Butter und Zucker rührt man mit 1 Ei schaumig und gibt 250 g Mehl, 1/2 Päckchen Backpulver, 150 g geriebene Haselnüsse oder Walnüsse, 1/4 geriebene Muskatnuß, 1 gehäuften Eßlöffel Schokoladepulver und 2 bis 3 Eßlöffel Rum dazu. Der zarte Teig wird gut verknetet, auf Puderzucker dicklich ausgewalgt und zu Sternen ausgestochen. Dann bäckt man sie bei Mittelhitze 15 Minuten gar und überzieht sie mit einem Guß aus 100 g Puderzucker, etwas Rum und heißem Kokosfett.

Nürnberger Busserl

An 500 g leicht erwärmten Honig gibt man 500 g Mehl. 8 g aufgelöstes Hirschhornsalz, 4 g Pottasche und eine Prise Salz. Man läßt den Teig, fest in einen Steintopf gedrückt und zugedeckt, 3 bis 4 Tage im Keller kühl stehen und verarbeitet ihn dann mit 1 Pakkerl Lebkuchengewürz, etwas Muskatnuß, 2 Packerl Vanillinzucker, der geriebenen Schale von 1 Zitrone, 100 g gewiegten Haselnüssen, 80 g gehacktem Zitronat und 50 g gehacktem Orangeat. Daraus formt man etwa walnußgroße Kugeln, die beim Backen schön breit laufen. Nach ungefähr 12 Minuten Backzeit bei Mittelhitze werden die Busserl schließlich leicht mit Zuckerguß bestrichen.

WEIHNACHTEN
24./25. Dezember

Das Christfest wurde einst völlig anders begangen als unsere heutigen Weihnachten. Es gab keinen vorfeiertäglichen Rummel mit elektrisch beleuchteten Christbaumwäldern auf allen Straßen, man kannte keinen geradezu manischen Geschenkzwang und keine Glitzergaudi, sondern man feierte ein stilles, fast bescheidenes häusliches Fest.

Der 24. Dezember oder Heiligabend war ein gewöhnlicher Werktag; erst gegen Abend wurden die Straßen leerer, die letzten Vorbereitungen mußten noch geschehen. Man hatte es wichtig »wie der Schneider am Heiligabend«, aber nicht etwa für die große Bescherung, sondern für die feiertäglichen Essensfreuden.

Da noch Fastenzeit war, hatte das Mittagessen keinerlei Bedeutung, auch für den Abend hatten die wenigsten Hausfrauen viel Zeit und überdies begann der kulinarische Festkreis erst nach der Mitternachtsmette. Sie war, besonders auf dem Land, der offizielle Abschluß des großen Advents- oder Weihnachtsfastens und der Anfang der nunmehr einsetzenden mehrtägigen festlichen Üppigkeit.

In ärmeren Häusern mußte man bis zur Mettensuppe kalt ›kolatzen‹. Dieses bayerisch umgewandelte Wort kommt vom italienischen colazione (Frühmahl) der fastenden Mönche und bestand in den schon erwähnten Rauhnachtsnudeln oder dem ›Kolatzer‹, einem einfacheren Kletzenbrot aus Roggenmehl mit mageren Zutaten. Das traf vor allem auf die Leute aus dem hinteren Bayerischen Wald an der böhmischen Grenze zu.

In den Bürgerhäusern sah es anders aus. Da gab es den großen Weihnachtskarpfen, den man in den Städten aus Holzbottichen fischte.

Erst viel später kam die Weihnachtsgans in Mode; meist waren die prallen Vögel ja schon zur Kirchweih und an Martini in den Topf gewandert. Deshalb hieß es auch

Wenn man singt:
Uns ist ein Kind geboren,
hat die Gans ihren Geschmack verloren.

Sicherlich haben auch viele Bürger noch in Erinnerung an ihre bäuerliche Herkunft am Weihnachtsabend Blut- und Leberwürste oder eine typische ›Schlachtschüssel‹ aufgetischt, sich aber nachher wohl mit Punsch und Weihnachtsgebäck vergnügt.

Bei Hof gab es große Galadiners, die aber vielfach auch erst am ersten Feiertag, also am eigentlichen Christfest, stattfanden. Ein alter Speisezettel vom Hof des Herzogs Wilhelm v. aus dem Jahr 1500 vermeldet zu solcher Gelegenheit sogar 24 Gänge, jeder mit mehreren Platten. Man muß das Fassungsvermögen der Herrschaften von damals uneingeschränkt bewundern. Und wenn es geschneit hatte, wurde anschließend mit einem langen Zug von festlich geschmückten Schlitten eine fröhliche Weihnachtspartie abgehalten.

Die alte Weihnachtssitte, sich hauptsächlich Eßbares zu schenken, wurde etwa bis zum Ersten Weltkrieg in allen Häusern, auch bei Hof, eingehalten. Von der Münchner Hofküche gingen seit altersher gefüllte und festlich gezierte Wildschweinsköpfe aus der eigenen Jagdbeute hinaus, während Dresden Christstollen, Coburg Schmätzchen, Stuttgart Springerle, Hessen Frankfurter Prenten, Nürnberg Lebkuchen, die Hansestädte Marzipan versandten. Im Bürgerhaus waren gleichfalls Marzipan und Quittenpasten, selbstangesetzte Liköre und Würste, Gänseleberpasteten, Truthühner und ähnliches begehrte gegenseitige Geschenke. Man hat aber auch die Armen nicht vergessen und ellenlange Spendwecken oder Kletzenbrot und an Nachbar- oder Waisenkinder das sogenannte ›Waschkorb-Gebäck‹ (Seite 292), eine ergiebige Art von Weihnachtsgutseln, verschenkt.

Keiner wurde vergessen, nicht die Paten, nicht die Spitalinsassen, und manches Vergeltsgotthaferl, ein buntbemalter Steinguttopf mit Henkel, hat sich mit fetter Wurstsuppe und Blunzen gefüllt.

Der Christbaum, erst etwa 150 Jahre alt, hatte seine Vorläufer in aufgehängten Zweigen oder hölzernen Tischpyramiden, die mit Äpfeln und Wachskerzen aufgeputzt waren. Als Geschenke gab es nur Nüsse und Äpfel, Kletzen und Lebkuchen, Kletzenbrot und später (saure) Orangen. Manchmal auch etwas Wollenes, Gestricktes, ein Spielzeug, eine warme Hose. Sankt Nikolaus hatte ja alle Bescherung vorweggenommen und die Familie freute sich vor allem auf den Gang zur

VII
Peter Jakob Horemans
Kavalier bei Wein und Hühnchen

Mette. Sie war ja einstmals der Mittelpunkt des weihnachtlichen Geschehens und wurde daher wie jedes bedeutsame Fest mit einer speziellen Mahlzeit beschlossen, der ›Mettensuppen‹, für die man eigens die Sau gemästet und geschlachtet, die Würste gemengt und das Fleisch gekocht hatte.
Natürlich waren der nächtliche Gang zur oft weit entfernten Kirche, das flackernde Licht der Laternen, die Kälte und die hell erleuchtete, weihrauchduftende Kirche sehr eindrucksvoll und deshalb ein besonderer Höhepunkt. Freilich fand die Weihnachtsmette einst weniger zur Mitternachtszeit, sondern am Abend statt. Nur so erklärt sich auch, daß sich nach der Mette im Wirtshaus traf, wer nicht zum Feiermahl nach Hause eilte. Da ging es dann freilich hoch her, und da man ja bis zum Beginn des Gottesdienstes streng gefastet hatte, mag oft genug auch über die Stränge geschlagen worden und der sprichwörtliche ›Mettenlärm‹ wenig feierlich und weihnachtlich gewesen sein. Daher der Spruch »Macht's koa solchene Mett'n!«, um kreischende Kinder zur Ruhe zu verweisen. Die anderen ausgefrorenen und hungernden Kirchgänger aber erwarteten daheim die vom ›Mettenbinkel‹ – einem mächtigen und eigens dafür aufbewahrten Riesenholzscheit – wohlig erwärmte Stube und die Mettensuppe. Zu deren Vorbereitung war eines der Familienmitglieder eigens zuhausegeblieben, und von dieser Sitte leitete sich auch der Reim ab:

Junge Frett'n,
geh zur Mett'n!
Alte Frett'n,
bleib dahoam!

Die Mettensuppe war die fette Brühe, in der die Blut- und Leberwürste gekocht wurden, und ist dabei eine geplatzt, dann war die Suppe noch gehaltvoller. Dazu gab es Brot, wenn es nicht schon in Form einer ›Schnittlsuppe‹ in Erscheinung trat. Für diese Schnittlsuppe wurden eigens weiße Zelten gebacken und in die Mettensuppe hineingeschnitten. Im Bayerischen Wald hieß diese Fleischbrühe mit Brotschnitten ›Brittsuppe‹. Dann wurden schwerbeladene Schüsseln aufgetragen mit der ›Engelspeis‹, nämlich Blut- oder Röselwürsten und Leberwürsten, oft auch Bratwürsten, Kesselfleisch und Kraut nach Belieben. Und mancher der Ehhalten

wünschte sich sicherlich jeden Monat einmal Weihnachten! Zuletzt kamen noch Küchel, Kletzenbrot und Nüsse auf den Tisch. Das war der Heilige Abend.
In so mancher Gegend wurde jedoch erst der Christtag selber, also der 25. Dezember, als eigentliches Weihnachtsfest gefeiert, nachdem Mette und die Mettensuppe den Auftakt gebildet hatten. Da wurde dann erst am Morgen die bescheidene Bescherung gerichtet; die Festmahlzeit mit Karpfen und Gans, Truthahn, Wild oder wieder Mettensuppe, Voressen und Knödeln, Kesselfleisch oder Braten, Kraut und viel Bier begann erst mittags.
Noch war es »Zwischen den Zeiten«. Alle Haus-, Feld- und Werkstattarbeit ruhte; die Nächte waren lang, die Kinder spielten, die Äpfel bruzzelten. Weihnachten war Höhepunkt und zugleich Mitte des großen Festkreises, denn er reichte noch bis zu den Heiligen Drei Königen.

Weihnachtliche Festgerichte

wie sie abwechselnd in einem niederbayerischen Arzthaushalt die Feiertage verschönten:

Perlhuhn

Früher gab es noch mehr von diesen so häßlich schreienden, aber so wohlschmeckenden Wildhühnern, die ihrer aparten Schönheit wegen in vielen Hühnerhaltungen zu finden waren. Heute bekommt man sie gelegentlich im Delikateßladen.
Man bereitet sie wildartig wie Fasan zu, indem man sie im Speckhemd brät und die Soße mit Rotwein, saurem Rahm, grünem Pfeffer, Paprika, etwas Rosmarin und Preiselbeersaft pikant süßsauer abschmeckt. Als Beilagen kann man dazu Sauerkraut oder Blaukraut oder auch Rosenkohl mit Kastanien servieren.

Mit Kümmel glacierter Wildschweinsbraten

Ein Stück Wildschweinsschlegel wird von der Schwarte befreit und mit einem Gemisch aus Salz, Pfeffer, einem Hauch Nelken und Curry, etwas gepulvertem Rosmarin, Zucker und viel gehacktem Kümmel eingerieben. Man brät den Schlegel in heißem Fett scharf an und gießt auf die Oberfläche ständig von der entstehenden Soße, die mit etwas Weißwein aufgegossen und mit Kräutchen nachgeschmeckt wird. Reherl oder Steinpilze und Teigwaren bilden die passende Ergänzung.

Hirschfilet im Festgewand

Ein gut abgelagertes Hirschfilet wird gespickt und mit Salz, etwas Paprika und Rosmarin gewürzt und mit einer Farce aus einer halben, feingehackten und mit kleinsten Speckwürfelchen geschmorten Zwiebel bestrichen. Dann hüllt man das Filet in einen ausgewellten Blätterteig ein, garniert mit Blätterteigstreifchen und bestreicht die Hülle mit Eidotter. Das Filet wird zuerst offen, dann mit Folie bedeckt bei guter Hitze 30 bis 40 Minuten gebacken. Es muß dabei innen noch schön saftig und rosa sein. Dazu kann man noch Steinpilze oder Champignons reichen.

Selleriebombe

Wenn vom Wild oder einem anderen Braten viel übrig geblieben war, so kann man daraus ein neues Festgericht bereiten: Ein großer Selleriekopf wird in Salzwasser weichgekocht, geschält, geköpft und vorsichtig möglichst stark ausgehöhlt. Das Sellerie-Innere hackt man mit den Fleischresten, gibt etwas Schinken, Speck und Petersilie, 1 bis 2 Eier, 1 bis 2 vorgeweichte und ausgedrückte Semmeln, 30 bis 50 geriebene Haselnüsse oder Pinienkerne, etwas Tomaten-Ketchup, Kräuter und Gewürze dazu und füllt die pikante Masse noch rein. Darauf kommt dann der Deckel, der mit Käse bestreut wird. Die Bombe wird nun unter häufigem Begießen mit saurem Rahm in der Röhre goldbraun gebraten. Dazu reicht man Kartoffelbrei und Salat oder Kapernsoße.

Bunter Würstelbraten

Ein geschlossenes Stück Kalbsbraten wird mit einem langen, spitzen Messer 6 bis 8 mal tief durchstochen. Die Löcher weitet man mit dem Messerwetzer oder dergleichen aus und steckt Wiener Würstchen, dicke Stifte von Speck, Gelben Rüben und Essiggurken abwechselnd hinein. Der gesalzene und mit Pfeffer und Curry eingeriebene Braten wird dann fertiggemacht, und die Soße wird mit Rahm und Weißwein sowie Petersilie und Selleriesalz abgeschmeckt. Man schneidet den buntgespickten Braten in dickliche Scheiben und garniert ihn mit Feingemüse aus der Tiefkühltruhe.

DER JOHANNISTAG
27. Dezember

Es gibt einen Winter- und einen Sommer-Johanni, und beide waren Lieblingsheilige und hochgeschätzte Patrone. Der Evangelist Johannes ist sehr stark ins Volksbewußtsein eingegangen, auch wenn dies kaum noch in Erscheinung tritt. Zunächst trank man an seinem Tag die allbeliebte Johannisminne und wünschte sich bei einem Glas Wein oder Most gegenseitig Glück und Segen. Der Johanniswein wurde dazu eigens in der Kirche beim Gottesdienst geweiht und hernach vom Mesner in der Sakristei verkauft. Einen Rest davon hat man in die Weinfässer zurückgegossen, damit sich der Segen ausbreiten konnte.

Von diesem durch Johanni besonders behüteten Wein kostete man dann am Abend einen Schluck oder trank ihn an Sylvester. Stets aber wurde etwas im Hause behalten, damit Brautleute sich zum offiziellen Verspruch damit zuprosten, und bei der Brautmesse davon kosten, oder Kranke sich daran laben konnten. Von Dürers Mutter weiß man, daß sie auf dem Sterbebett noch um gesegneten Johanniswein bat. Er wurde auch zur rechtskräftigen Beilegung von Handelsgeschäften und Verträgen getrunken. Heute noch gehen ja die Bauern nach einem Viehhandel ins Wirtshaus, um das Geschäft mit einem Trunk zu besiegeln. Bei der in engstem Kreise gefeierten ›Bergweihe‹ in Berchtesgaden, zu der selbst ernsthafte Interessenten kaum Zutritt erhalten, wird der Johanniswein heute noch gereicht.

Die Sitte des Minnetrinkens, die bereits Hartmann von Aue um 1200 erstmals erwähnt, stammt aus dieser Zeit und war wohl ursprünglich ein Abschiedstrunk, den der Gastgeber vor der Reise seinen Gästen gewährte. Als Otto I., der Große, in Regensburg weilte, sagte er am Schluß des ihm im Kloster St. Emmeram gebotenen Banketts: »Wir haben vom Gut Sankt Emmerams getrunken, da ist es recht, daß wir das Mahl mit seiner Minne beenden.«

UNSCHULDIGE-KINDEL-TAG

28. Dezember

An den lieben Kindleinstag
Geht heftig an der Jungfern Plag'
denn mit Ruten sie zu hauen,
viel' junge Pursch sich lassen schauen.

Dieser Tag zählt zwar nicht zu den bekannten kulinarischen Festlichkeiten, doch war auch er mit alten Essensgewohnheiten und heute wohl fast vergessenem Brauch ausgestattet. Am Unschuldigen-Kindel-Tag kamen junge Burschen, um ihre Liebste zu ›pfeffern‹ oder zu ›fitzeln‹, also mit grünen Weidengerten zu schlagen, um ihr damit Segen und Gesundheit zu wünschen. Nach einer Nürnberger Quelle von 1730 besuchen »Kinder ihre Freunde und Bekandten, hauen sie gelinde mit Ruthen, so sie pfeffern heissen, und empfangen hierauf von ihnen einige Geschenke, ja sie lauffen wol gar auch mit Ruthen auf den Gassen herum, und fallen unbekandte Leute an«. Um 1800 wird aus Nürnberg berichtet, daß die Fitzler »Liqueurs und so genannten Nürnberger Pfeffer-Kuchen« erhielten. Für dieses ›Kindeln‹ bekommen die Kinder heute Pfeffernüsse, Kletzenbrot und Zwetschgenschnaps und manchmal auch noch ein Ofenkindl.

Das Ofenkindl ist ein mit Zucker, Butter und Rosinen verbesserter Hefeteig, der laibartig geformt wird, um einem Fatschenkindl ähnlich zu sehen. Mit Weinbeeren markiert man das Gesichtchen und mit dünnen Teigsträngen die Fatschen (Wickelbänder). Dieses Kindl ist wahrscheinlich auch der Ursprung des Weihnachtsstollens, von dem man annimmt, er sei ein einfach nachgeformtes Christkind.

SYLVESTER
31. Dezember

Mit dem Jahresende und der Jahreswende hat der Heilige Sylvester nur insofern zu tun als er am 31. Dezember 355 gestorben sein soll. Vielleicht hat man ihm dieses bedeutsame Datum auch nur zugesellt, wie so manchem anderen Heiligen sein Attribut. Jedenfalls gilt ihm am letzten Tag des Jahres kaum ein Gedanke. Vielmehr bewegt die Menschen seit je an diesem Tag die Frage, was das nächste Jahr wohl bringen werde. Darum ist es nur zu naheliegend, daß er ein Los- und Orakeltag geworden ist. Bekannt sind heute noch das Bleigießen, gelegentlich auch das Pantoffelwerfen, das Zaunsteckenzählen und das Schifferspiel.

Diese Dinge aber sind vor allem in der aufregenden Stunde kurz vor Mitternacht aktuell. Den Tag über, vor allem von Mittag an, herrscht allerlei traditionelles Tun in Form alter Sylvesterbräuche. Im alten München, besonders in den Vorstädten, kamen die Buben auf Steckenpferden angeritten, vermummt und angemalt, und wünschten das Neujahr an, um nach dem Absingen ihrer Liedln und Verslein milde Gaben, etwa Würste, Fleisch oder allerlei Gebäck, einzuheimsen. In der Au waren sie als Hexen verkleidet, und sie taten recht übermütig und beutesicher, denn sie wußten ja, daß sich die Spender mit den Geschenken einen guten Ausgang des Jahres sichern wollten. Davon übriggeblieben sind nur noch die üblichen Neujahrstrinkgelder an Postboten, Kaminkehrer und Müllmänner.

Während die Männer als Stammgäste beim Tambosi oder beim Radlwirt, beim Weinbauern oder in Thumbergers ›Metheck‹ oder im ›Methgarten im Tal‹ vom Wirt mit den Neujahrswünschen Rauchwecken und Gratis-Punsch entgegennahmen, hatten es die Hausfrauen eilig, daheim alles zu richten, denn auch der Sylvestertag hatte in Bayern seine Speise-Tradition, die von der Glückssymbolik bestimmt war. Da spielte vor allem der Fisch eine wichtige Rolle. Wie an Weihnachten Gans oder Truthahn, kam jetzt der Karpfen zu Ehren. Eine große Schuppe davon wurde im Geldbeutel aufbewahrt, damit das ›Fünferl‹ das ganze Jahr nicht ausging.

Wenns kein Karpfen sein konnte, mußte es wenigstens ein Heringssalat sein, ein

Brauch, der sich bis heute erhalten hat, denn »das Fischessen bringt Glück«, obzwar es eigentlich nur als ›Zuckerl‹ für das einstige Sylvesterfasten gedacht gewesen ist. Man hat ja immer schon versucht, das harte Muß wenigstens lachend zu tragen. Und da Sauer lustig macht, wird der Heringssalat, gelegentlich auch ein ›Italienischer Salat‹, den es übrigens in Italien gar nicht gibt, entsprechend gut gewürzt.

Heringssalat

Zwei gewässerte Salzheringe oder, noch besser, Matjesheringe werden in Würfel oder Streifen geschnitten. Man gibt 1 bis 2 gewürfelte Äpfel und etwas gewürfelten, gekochten Sellerie oder – einfacher – etliche aufgeschnittene Kartoffeln darunter. Auch die zerkleinerte Heringsmilch schmeckt gut darin. Dann würzt man kräftig mit Essig, Öl oder reichlich Mayonnaise, Zucker, etwas Pfeffer, Salz, so weit nötig, feingehackter Zwiebel, Senf und nach Belieben noch mit dickem, saurem Rahm, wenn man dafür etwas weniger Öl oder Mayonnaise nimmt. Der Salat kann mit Eiern und Tomaten oder Essiggurken oder mit einem Kranz von Rote-Rüben-Salat garniert werden.

Als nicht weniger wichtig gilt das nachmittägliche Krapfenbacken, wobei einige mit Senf gefüllt wurden, damit es was zu lachen gibt (Krapfenrezepte Seite 52).
Zum Sylvestergeschäft gehörte es einst auch, noch Brot und Wurst zu besorgen, denn Bäcker wie Metzger pflegten ihre Kunden an diesem Tag damit zu beschenken, um sich die Kundschaft auch im kommenden Jahr zu bewahren.
Gelegentlich, wie sollte es anders sein, kommt auch die gute alte Weißwurst auf den abendlichen Sylvestertisch. Mit viel süßem Senf und frischen Brezen. Festlich ist das gerade nicht, aber ein gut bayrischer Jahresschluß!
Der große Punschtopf für die Familie will auch noch gefüllt sein. Ein vertrauenerweckendes altes Rezept, handgeschrieben und aus dem schon einmal benützten, abgegriffenen Kochbuch der Pfarrersköchin Karoline Biller stammend, lautet da:

Sylvesterpunsch

»Man thut 3 Maß Wasser in einen Hafen schneidet 10 Lemoni u 2 Oraschen wen man welche hat und giebt es ins siedende Wasser, 1 1/2 Quintl Thebu (?, wahrscheinlich Tee oder Teepulver) las es 3 Minuten sieden, dan seiht es durch ein Tuch, indeßen stellt

man 1 1/2 Maß Wein nebst Zucker zum Feuer läßt ihn heis werden, schiedet dan alles zusammen und giebt nach Belieben Arrak darein.«
Das ist zwar etwas ungenau, aber, übersetzt und ergänzt, ist das Rezept sicher gut. Jedenfalls sind 3 l Wasser, 10 aufgeschnittene Zitronen, 2 Orangen, etwa 3 g Tee, 1 1/2 l Wein (am besten roter) sowie 1 bis 2 Wassergläser voll Arrak die richtigen Zutaten.

Heißer Eierwein

6 Eier, 4 Dotter und langsam aufgießend 1 l Weißwein werden sehr gut verschlagen. Man gibt 250 g in ganz wenig Wasser aufgelösten Zucker, nach Belieben etwas geriebene Muskatnuß und 1 Päckchen Vanillinzucker dazu und erhitzt den fortwährend geschlagenen Schaum, ohne daß er zum Kochen kommt.

Großvaters Whist

Großvater wartet schon immer auf die kalte Zeit und die Weihnachtsfeiertage, um seinen geliebten Whist brauen zu können. Sein Rezept:
Für einen größeren Kreis werden 8 g Tee mit 1/2 l Wasser aufgebrüht. Dazu gibt man 500 g Zucker, den Saft von 6 großen Zitronen und 3 Flaschen Médoc oder einen anderen roten Bordeaux-Wein. Die Masse wird gut heiß gemacht, darf aber nicht zum Kochen gelangen. Man serviert den Whist in bauchigen Gläsern.

Wasserpunsch

Er heißt so, weil vorher alles Wasser aus dem Zimmer entfernt werden muß, damit der Punsch keinen unangenehmen Wassergeschmack anzieht.
Zuerst erhitzt man 1 Teil (etwa 1/2 l) Portwein mit ebensoviel 42%igem Rum, rotem oder weißem Bordeaux sowie Arrak und Weißwein. Die Mischung darf nicht kochen. Sie wird mit Zuckersirup nach Geschmack gesüßt.

Kardinal

Von 2 Orangen reibt man die (ungespritzten) Schalen fein ab und gibt sie mit 400 g Zucker und dem Saft von 4 Orangen in ein Bowlengefäß. Darauf gießt man 2 Flaschen Weißwein und 2 Eßlöffel Ananassirup. Wenn der Zucker gelöst, der Wein schön durchgekühlt und die Gäste durstig sind, gießt man eine Flasche Sekt darauf.

Heiß und duftend, das ganze Zimmer mit Behaglichkeit erfüllend, wurde der Punsch dann reihum mit dem großen Suppenschöpfer in schöne alte Henkelbecher aus dem Glaskasten in der oberen Stube gefüllt und wärmte Herz und Gemüt.
Mit erhobenem Glas, beim Glockenschlag zwölf Uhr, ging dann das letzte Lärmen, Schießen, Knallen los.

Das Jahr ist aus, der Kochlöffel hat Ruh'

FÜR TROCKEN UND NASS
EIN DEO GRATIAS!

NACHWEIS DER ABBILDUNGEN UND VERDANKUNG

Die Farbtafeln

sind Ausschnitte aus verschiedenen Gemälden, die der kurbayrische Hofmaler Peter Jakob Horemans (Antwerpen 1700–1776 München) für die Münchner Residenz geschaffen hat und sich jetzt im Besitz der Bayerischen Staatsgemäldesammlungen befinden. Lange Zeit ins Magazin verbannt, wurden diese köstlichen Kulturdokumente mit dem übrigen weltlichen Oeuvre des Künstlers 1974 in einer Ausstellung gewissermaßen erstmals der Öffentlichkeit vorgestellt. Die für die Zwecke des Buches etwas veränderten, freilich ebensowenig authentischen Titel lauten gemäß dem Katalog der Horemans-Ausstellung:

I Kücheninterieur mit Biertrinkerin, 1765, (Gegenstück zu Tafel IV); *Seite 25*

II Stilleben mit vornehmer Dame, 1762, (Gegenstück zu Tafel VII); *Seite 79*

III Küchenstilleben mit weiblicher Figur und Papagei (Allegorie des Geruchs), 1771; *Seite 113*

IV Kücheninterieur mit Kaffeetrinkerin, 1765, (Gegenstück zu Tafel I); *Seite 159*

V Bildnis eines Wirts, 1765; *Seite 237*

VI Küchenstilleben mit geldzählender weiblicher Figur und Papagei (Allegorie des Gehörs), 1760; *Seite 263*

VII Stilleben mit vornehmem Herrn, 1762; *Seite 295*.

Auf den an sich dekorativ oder allegorisch gedachten Bildern finden sich viele realistisch beobachtete Einzelheiten: unter den Küchenutensilien etwa die einheimischen irdenen grünen Teller und braunen Schüsseln, die nach dem Herstellungsort bei Landshut in Niederbayern so genannte ›Kröninger Ware‹ (Tafeln I, III, IV) oder die damals gebräuchlichen bauchigen Weinflaschen, die sogenannten ›Plutzer‹ (Tafeln VI und VII), daneben die in ganz Deutschland verbreiteten ›Westerwälder Krüge‹ mit ihrem blauen Dekor (Tafeln III, V, VII). Der vertraute Steingut-Maßkrug mit Zinndeckel erscheint ebenso wie die röschen riemischen Weckerl (Tafeln III, V, VI, VII) und der wohlverzierte Butterlaib (Tafeln II, VI), dazu die schönen Bauernstühle (Tafeln III, IV), wie sie heute noch gebräuchlich sind. Und nicht zu vergessen die Biergläser voll schäumenden Gerstensafts (Tafeln I, III). Die biertrinkenden Köchinnen deuten nicht auf die – von mißgünstigen Betrachtern vielleicht vermutete – Trunksucht der altbayrischen Köchin hin, sondern sind Ausdruck der Zeitsitte, einen Teil der Entlohnung – gerade beim Personal der Hofküche, aus dem ja Horemans wohl seine Modelle zum Teil wählte – als Deputat in Naturalien zu leisten, wozu regelmäßig auch Bier gehörte.

Die Monatsbilder

sind Kupferstich-Reproduktionen einer Gemäldeserie, die der Maler, Diplomat und Kunsthistoriker Joachim von Sandrart (Frankfurt 1606–1688 Nürnberg) in den Jahren 1642/43 in Amsterdam im Auftrag des Kurfürsten Maximilian von Bayern für den Speisesaal des alten Schlosses zu Schleißheim geschaffen hat. Der weltgewandte Künstler war seit 1645 im Gebiet des heutigen Bayern ansässig: bis 1660 zunächst – unterbrochen von kriegsbedingten Aufenthalten in Ingolstadt und München – auf seinem Schloß Stockau bei Reichertshofen (das auch auf dem November-Bild erscheint), dann in Augsburg und schließlich von 1674 bis zu seinem Tod in Nürnberg. Die noch erhaltene und in der Schleißheimer Filialgalerie der Bayerischen Staatsgemäldesammlungen ausgestellte Monatsfolge erlangte zu ihrer Zeit große Beliebtheit und wurde wiederholt gestochen. Die Platten der hier wiedergegebenen Folge dürften dem Datum auf dem Dezemberblatt gemäß wohl um 1673 entstanden sein, finden sich aber auf einem Papier abgezogen, dessen Amsterdamer Wasserzeichen erst für die Zeit um 1740 verbürgt ist. Die Stichfolge hat das Germanische Nationalmuseum in Nürnberg freundlicherweise zur Verfügung gestellt, wofür dem Leiter des Kupferstichkabinetts, Herrn Dr. Fritz Zink, ganz besonders gedankt sei.

Die Kalenderblätter

entstammen einem in München erschienenen und bei dem kurfürstlichen Hof- und Landschafts-Buchdrucker Johann Jakob Vötter gedruckten ›Neuen Astronom- und Astrologischen Calender‹ auf das Jahr 1747 aus dem Besitz der Stadtbibliothek München, den der Leiter der Abteilung Monacensia, Herr Ludwig Hollweck, dankenswerterweise zur Reproduktion im geringfügig verkleinertem Maßstab überließ.

Zum Schluß gedenken Autorin und Verlag noch dankbar der entgegenkommenden Unterstützung durch Herrn Dr. Günther Kapfhammer vom Institut für Volkskunde der Kommission für Bayerische Landesgeschichte bei der Bayerischen Akademie der Wissenschaften, der das Manuskript einer fachlichen Durchsicht unterzog und wertvolle Ratschläge erteilte. Die erklärenden Skizzen zu den Rezepten auf den Seiten 41, 123, 124, 204, 269 und 279 zeichnete Eugen Sporer. Die Ektachrome zu den Farbtafeln fertigte Joachim Blauel in Gauting.

KLEINER KÜCHENDOLMETSCH

Um selten gewordene alte bayrische Koch- und Küchenbegriffe sowie solche aus fremden Sprachen übernommene, die ein bayrisches Gewand angelegt haben, zu erklären, sei hier ein kleines Diktionär angefügt. Es soll zum einen den »nichtbayerischen Deutschen« (wie es einmal so nett in einer Amtsstube in Berchtesgaden angeschlagen war) behilflich sein, die Rezepte und Brauchtumsbeschreibungen besser zu interpretieren; zum anderen aber mögen auch eingeborene und ihres Bayerntums bewußte Städter alte bäuerliche oder weithin abgekommene Ausdrücke wieder entdecken. Freilich war es nicht möglich, hier allen lokalen Färbungen des Dialekts nachzugehen, denn diese ständig gebrauchten Ausdrücke des täglichen Lebens haben sich natürlich – nicht nur in den stammesmäßig anderen Mundarten des Fränkischen und Schwäbischen – auch in den einzelnen Landschaften Altbaierns oftmals verschieden entwickelt: was im Oberland so klingt, kann sich im Niederbayrischen ganz anders anhören und hier südlich der Donau wieder in deutlichem Unterschied zum Bayrischen Wald und Böhmerwald jenseits des großen Flusses.

Antlaß Erlaß, Ablaß
Arnt Ernte
Arntgogg(e)l Opferhahn
Arntmahl Erntemahl
bachen gebacken
Baug(e)n Ringförmiges Gebäck, Brezenringe
Baves(e)n (ital.) Gebakkene, gefüllte Brotschnitten
Beerl Beeren
Betzerl Junglamm, Lämmchen
Biberl Küken
Blunz(e)n, Plunz(e)n Blutwurst
Bratling Auf der Pfanne Gebratenes, Pfanzel
Bries Kalbsmilch, Bröschen
Broccoli (ital.) Rosenkohl
bruzz(e)ln, bruz(e)ln (ital.) hörbar in Fett braten (intransitiv)
Bschoad-Tüchl Tuch zur Auf- bzw. Mitnahme des Ehrengeschenks, dann auch von Essensüberbleibseln
Bucht(e)l Gebäck in Form von kleinen runden Nudeln
Busserl Gebäck in Form von kleinen Plätzchen
Butz(e)n Kernhaus von Obst, ungenießbarer Stiel bei Salat- und Kohlköpfen
Catücken Grüner Salat
Cucumer (ital.) Gurke (im Italienischen eigentlich: Wassermelone)
Damerl Thomas
Dampfl, Dampferl Hefeansatz
Dartscher (schwäb.) Allerseelengebäck
Datschi (von datschen: zusammendrücken) Flacher Kuchen vom Backblech
Dauch, Tauch Soße, Tunke, auch Kompott
Dock(e), Dockn Holzpuppe
Dodloar (von: Godnoar) Paten-Eier
draht gedreht

Duckänt(e)l Duckentchen
Dult Jahrmarkt
Ehalt(e)n, Ehhalt(e)n Ländliche Dienstboten
Ei(n)kemmat Erntemahl
Enaiß Anis
Erdäpf(e)l Kartoffeln
Fatsch(e)nkind Wickelkind
Ferch(e)n Forellen
Flad(e)n Urtümliches, flaches Gebäck
Fleck(e)l Viereckige Stücke
Gaumenletz(e)n Leckere Spezialität
Germ Hefe
Giggerl Junghahn
God(en), Göd(el) Pate(n)
Golli Legierte Fastensuppe
G'räuchert(e)s Geräuchertes, Rauchfleisch
G'schwoll(e)ne Milde, weiße Kalbswurst, nicht unähnlich der Weißwurst
G'segn(e)t(e)s Gesegnete Speise
G'selcht(e)s Geselchtes, Rauchfleisch
Guatl Bonbon, auch Plätzchen, Keks
Gugelhupf Napfkuchen
Gült, Güld Stiftung von ewiger Gültigkeit
Gutsel Bonbon
G'weicht(e)s Geweihte Speise
Haschi Hachée
Hasenöhrl Schmalzgebackenes; spitzer dünner Kuchen
Hauberling Haubenförmige Nudel
Hax(e), Hax(e)n Bein, Schenkel
Heinz, Hainz(e,en) Pflock mit Querstäben zum Heutrocknen
Heischebrauch Eine Art Bettelrecht
Hirgstmilli wörtlich: Herbstmilch; Name einer sauren Milchsuppe
Hoaba, Hoiba Heidelbeeren, Schwarzbeeren
Holler Holunder
Hörndl Gebäck in Form von Hörnchen
Hutz(e)l Getrocknete Birne, dann getrocknetes Kernobst allgemein
Hutz(e)lbrot Früchtebrot
Indian Puter
Irta (von: Erchtag) Dienstag
Karbonade Fleischklops
Karfiol (ital.) Blumenkohl
Kas Käse
Kaser Almhütte für Käsebereitung, dann Sennhütte allgemein
Kerwa, Kerwe (fränk.) Kirchweihfest
Kess(e)lfleisch Gekochtes Schweinefleisch
Kipf(e)l Gebäck in Form spitzer Hörnchen
Kirta (altbair.) Kirchweihe
Kitz, Kitzerl Jungziege
Kletz(e)n Gedörrte Birnen, dann Dörrobst allgemein
Kletz(e)nbrot Früchtebrot
Knöd(e)l Kloß
kol(l)atz(e)n (ital.) ein kleines, meist kaltes Abendessen einnehmen
Kol(l)atzer (ital.) Einfaches Kletzenbrot aus Roggenmehl
Körb(e)l Kerbelkraut
Kracherl Kohlensäurehaltige Limonade
Krama Kramer, Krämer
Krapf(e)n Schmalzgebäck, meist flachkugelförmig
Kräut(e)l Kerbelkraut
Kreiwacker Eine Art Auflauf
Kren (slaw.) Meerrettich
Krust(e)l Rösche Rinde
Küachl, Küch(e)l, Kücherl Schmalzgebackenes
Kuchl Küche
Laiberl Kleine Laibchen
Lamperl Junglamm, Lämmchen
Leberkäs Fleischkäse
Lebzelt(e)n Lebkuchen
Leckerl(e) Konfekt
Lemoni, Limoni (ital.) Zitrone, übertragen auch: Südfrüchte

Magenbrot Einfaches Honigbrot

Mahda Montag

Makroni (ital.) Makkaroni

Maroni (ital.) Edelkastanien

Mette, Mett(e)n Gottesdienst, Christmette

Mett(e)nsupp(e)n Alte weihnachtliche Mahlzeit aus Blut- und Leberwürsten

moar mürb

Mod(e)l Hölzerne oder metallene Form

Mörs(e)l Mörser

Mostrich (ital.) Senf

Muas Schmarren, Mehlspeise, urspr.: Brei

Niklo Nikolaus

Nock(e)n, Nockerl Ovale Klöpschen

Nud(e)l, Nu'l Runde Hefenudeln

Oa, Oar Ei, Eier

Oarspitz(e)ln (Oarpecka) Österliches Eierspiel

Panade Bröselkruste

Pfanzelt (von: Pfannzelten; oft auch verballhornt zu Pflanzerl) Pfannengebackenes, Klops

Pfinsta (von Pfinztag: fünfter Tag der Woche, vom Samstag an gezäklt) Donnerstag

Piment Nelkenartiges Gewürz

Platzerl Plätzchen

Polenta (ital.) Steifer Maisbrei

Quintl (ital.) Quentchen (vierter Teil eines Lots)

Radi (ital.) Rettich

Raffats Rauferei

Rahm Sahne

Ramerl Fette, saftige Rinde an Gebratenem und Gebackenem

Rana, Rane(n) (von: Rannen, Randen) Rote Rübe(n), Rote Beete

Rank(e)n Stück Speckseite

Ratsch(e)n Holzrassel, speziell: Karfreitagsklapper

Rauchfang Schornstein Kamin

Rauhernud(e)ln Schmalzgebackenes zur Rauhnachtszeit

Reherl Pfifferlinge

Reibe(r)knöd(e)l Rohe Kartoffelknödel

Reindling In der Bratpfanne gebackene Speise

Rein(e), Reind(e)l Längliche Backform, Bratwanne

resch rösch, knackig, knusprig

Ringerl Gebildbrot in Form von Ringen

Rog(e)n Milchner eines Fisches

Römische (Weckerl) eigentlich: Riemische (Wecken), aus Roggenmehl-Sauerteig gefertigte Brötchen

Rös(e)lwurst Blutwurst

Rupfhaub(e)n Mehlspeise

Salettl (ital.) Gartenhaus, Laube

Schado (franz.) Chadeau, süße Soße

Schelf(e)n Schale(n)

Scheps Schöps, leichtes Nachbier (Zweitsud)

Scherb(e)n Gebäck in grober Stückform

Scherrer Backschaufel

Schleckerl Süßigkeit

Schmalz Ausgekochte Butter

Schmarr(e)n Mehlspeise, eine Art zerstochener Eierkuchen

Schnitt(e)l Kleine Schnitte(n)

Schöberl Suppeneinlage in Form gebackener Rhomben

Schuchs(e, en) Zungenförmiges, innen hohl aufgetriebenes Schmalzgebäck

Schwammerl (Einzahl und Mehrzahl) Eßbare(r) Pilz(e)

Schwart(e)n Dicke Haut am Fleisch, Fettschicht an Rauchfleisch

Schwart(e)nmag(e)n Derbe Schwarten-Blutwurst
Schweiferl Schwänzchen
Spatz(e)n Mehlspätzle in größerer, eierartiger Form, etwa wie Nockerl
Speis Speisekammer
Speit(e)l Getrocknete Apfelschnitze
sperr trocken
Spitz(e)l Gebäck in Form von Spitzen, auch Stangen
Sterz, Störz Schmarren aus Kartoffeln, Mais u. a.
Stranize(l), eigentlich Starnizl, Stanizl (ital.) Kleine Papiertüte
Straub(e)n Spritzgebäck, schmalzgebacken
Striez(e)l Länglicher, flacher Kuchen, Stollen, Brot
Strud(e)l Gefüllte Rolle, meist Kurzform für Apfelstrudel oder Rahmstrudel
Sunda Sonntag
Surhax(e)n Eisbein
Tartelette, eigentlich Tortelette (ital.) Törtchen
Topf(e)n Quark, Weißkäse
Vogerl-Salat Rapunzel-Salat
Voressen Kaldaunen
Waberl Weibchen
Wachler Erntearbeiter
Wacker Brei
(aus)walgen, walgeln (aus)-walken, -wälgern, -wellen
Wand(e)l Wannenförmige kleine Brat- oder Backform
Weck, Weck(e)n, Weckerl Laib, Laibchen
Weiset Geschenk
Weps Wespe
Wiebele (fränk.) Kleines Eiergebäck
Zelt(e)n, Zelt(e)l Flaches Gebäck
Zipf(e)l Gebäck in Form von länglichen Dreiecken
Zwetschgendatschi Flacher Pflaumenkuchen vom Blech
Zwetschgendauch Dörrpflaumenkompott

NAMEN- UND SACHREGISTER

VERZEICHNIS DER SPEISEN NACH SACHGEBIETEN

Suppen

Fleischspeisen, Wild und Geflügel

Fisch, Krustentiere, Schnecken etc.

Eierspeisen

Gemüse und Pilze

Zuspeisen

Mehl- und Süßspeisen

Gebäck

Schmalzgebäck

Obst

Süßes

Getränke